DIVRÈ JAAKOV

PAGINE DI PENSIERO EBRAICO

RAV JAAKOV ADES

figlio di RAV JEUDÀ

SimchatChaim.com

SOMMARIO

(All'inizio degli argomenti si trova un sommario più particolareggiato)

Avvicinarsi al Signore

L'amore per la *Torà* e parole d'incoraggiamento allo studio del talmud

Parole del Gaon di Vilna circa il servizio divino

Strade per ascendere a livelli spirituali più alti

Tra i pregi della *keduscià*

Come portare la luce allo spirito

Una lettera riguardo alla fede nel Signore e nella *Torà*.

Consigli per persone in crisi che credono esser cadute in rovina.

L'insegnamento della *Torà*

Circa la preghiera per la ricostruzione del Santuario

• I capitoli sono stati scritti a distanza di tempo e per questo ci sono dei brani ripetuti più di una volta per la completezza dell'argomento trattato nel capitolo.

• Ulteriori spiegazioni ad argomenti qui trattati si trovano nel commento *Divrè Jaacov* al *Tanach* e alle *Aggadot del Talmud*.

AVVICINARSI AL SIGNORE

RAV JAAKOV ADES
figlio di RAV JEUDÀ

SOMMARIO

Primo capitolo: Riguardo all'intenso desiderio interiore d'ogni ebreo di servire il Signore. Secondo capitolo: Spiegazione del concetto che dice "Il Signore, la *Torà* ed il popolo ebraico sono sono tutt'uno"; l' essenza dello spirito ebraico. Terzo capitolo: Riguardo al fatto che il Signore rinnova in ogni istante la Creazione e l'importanza di questa nozione. Quarto capitolo: Gli "aggiustamenti"(Tikkunim) che avvengono nei mondi celesti attraverso lo studio della *Torà* e l'adempimento alle *mizvot*; l'utilità che ne perviene al popolo ebraico; l'uomo deve risvegliare se stesso a servire ilSignore anche perchè ciò è d'aiuto per tutto il popolo d'Israele. Quinto capitolo: Riguardo al Dono della *Torà* sul Monte Sinai ed all'influenza di questo ogni volta che si studia;la sensazione di vicinanza al Signore mentre si studia.[Questo capitolo tratta un poco anche di questioni inerenti alla fede].
Sesto capitolo: Riguardo al fatto che l'esistenza dell'Universo deriva dalla *Torà*. Settimo capitolo: Riguardo alla ricompensa nel *Gan Eden* e la punizione nel *Gheinnom*. Ottavo capitolo: Riguardo al fatto che molti rinunciano allo studio della *Torà* perchè gli sembra che pur se provassero ad applicarsi non raggiungerebbero grandi risultati per mancanza di talento o perchè comunque alla fine non avrebbero il tempo per continuare a dedicarsi. Si spiegherà come questi ragionamenti siano totalmente sbagliati e che queste persone potrebbero invece raggiungere ottimi risultati nello studio della *Torà*. Nono capitolo: Le parole del Bach riguardo allo studio della *Torà* (Orach Haiim cap.47). Decimo capitolo: Riguardo al concetto già menzionato che ogni studio di *Torà* o esecuzione di una *mizvà* crea un legame tra il Signore e l'anima ed un'influenza spirituale dal Signore verso l'uomo. Risposta per coloro che sostengono di non percepire quest'influenza.

Undicesimo capitolo: Riguardo alle mizvot inerenti ai rapporti tra la gente. Dodocesimo capitolo: Riguardo alle ottime qualità che si acquisiscono attraverso lo studio della *Torà*. [Prima parte] Il gran valore della *mizvà* dello studio: Ogni parola studiata è una *mizvà* positiva e per essa si merita una ricompensa enorme. [Seconda parte] Lo studio della *Torà* è uno degli scopi basilari della Creazione. [Terza parte] Il cambiamento interiore dell'individuo attraverso la studio della *Torà*. [Quarta parte] Ancora riguardo al cambiamento interiore dell'individuo attraverso la studio della *Torà*. [Quinta parte] Chi studia la *Torà* riceve un aiuto Divino soprannaturale. Tredicesimo capitolo: Riguardo alla devozione per lo studio; rinuncia ad altre cose che impediscono l'assiduità nello studio della *Torà*. Quattordicesimo capitolo: Riguardo la *tefillà*. [Prima parte] Uno stimolo per valorizzare la *tefillà*; diversi aspetti della *tefillà*. [Seconda parte] La concentrazione del pensiero sul Signore, durante la *Tefillà* e in altri momenti. [Terza parte]Ancora riguardo la concentrazione del pensiero sul Signore. [Quarta parte]Riguardo alle richieste già formulate nel libro di preghiere e quelle personali. Quindicesimo capitolo: L'enorme obbligo d'occuparsi di *Torà* quanto più possibile. Sedicesimo capitolo: Le parole della Messilat Yesharim, cap. 25. Diciassettesimo capitolo: Riguardo a questioni di *kedushà* e di pudicizia ed il gran vantaggio che perviene a tutto il popolo ebraico quando ogni singolo è attento in questi argomenti. Diciottesimo capitolo: Riguardo al divieto della superbia. Diciannovesimo capitolo: Riguardo al divieto dell'iracondia. Ventesimo capitolo: Riguardo all'importanza della gioia e dell' entusiasmo nel servizio del Signore e nello studio della *Torà*.

PRIMO CAPITOLO
Riguardo all' intenso desiderio interiore d'ogni ebreo di servire il Signore

1. In ogni ebreo c'è una profondissima volontà interiore di avvicinarsi al Signore. C'è chi la percepisce spesso e chi raramente ma questa radice interiore esiste presso ogni ebreo.
2. Nel Midrash Rabbà, alla fine della *parashà* di Toledot, i Maestri

raccontano che quando i nemici distrussero il Santuario volevano (probabilmente per umiliare il popolo ebraico) che il primo a rubare fosse un ebreo. Un ebreo di nome Josef Meshita si prese quest'incarico, entrò in Santuario e rubò una *menorà*; allora gli chiesero di rientrare per rubare qualcos'altro ma non acconsentì dicendo:" Non mi basta che ho fatto inquietare il mio Creatore una volta! Dovrei forse farLo inquietare ancora una volta!?" Cercarono di sedurlo con molto denaro e con la promessa di una carica importante, minacciarano di torturarlo ed ucciderlo, ma non acconsentì assolutamente. Infine lo uccisero in una maniera terribile, segandogli il corpo con una sega da legno; mentre segavano urlava ma non per il dolore, bensì diceva:"Ohimè che ho fatto inquietare il mio Creatore!"

3. C' è da domandarsi da dove prende un ebreo in un istante la forza per un simile cambiamento! Consideriamo che un minuto prima acconsente ad entrare in Santuario e rubare, tradimento particolarmente deplorevole in quei difficili tempi per il popolo ebraico, mentre il Santuario veniva distrutto, molti morivano e gli altri venivano presi in prigionia, feriti o comunque soffrivano la fame ed altre disgrazie! Un minuto dopo avviene presso di lui un capovolgimento, grazie al quale ascende al più alto livello, morire per santificare il Nome, non solo, ma mentre muore non grida per la sua sofferenza bensì per aver fatto inquietare il suo Creatore!

4. La risposta è che in ogni ebreo c'è un' anima santa la cui unica volontà è eseguire quella del Signore, impegnando tutte le forze. Ci sono però diversi strati nell' anima, una parte dei quali hanno altra volontà e talvolta sono essi ad influire sulle azioni dell' uomo, specialmente quando si trova in un ambiente dove non usa *servire il Signore*. Per questo, anche quell' ebreo che "inciampa", entrando in Santuario e rubando, può, ciò nonostante, eseguire immediatamente un tale cambiamento, grazie appunto alla vera parte della sua anima, nella quale c' è una sacrosanta essenza la cui volontà è servire il Signore a tutti i costi.

5. Compito dell' ebreo è agire su se stesso affinchè sia la parte "santa" della sua anima a dirigere le sue azioni e tutti i suoi comportamenti sì che vada sempre nella strada del Signore.

6. Ci sono diversi sistemi per riuscire in questo: uno dei principali è la nozione stessa di quanto grande sia la parte buona in noi, quanto potente la forza d'arrivare ad alti livelli nel servizio del Signore e poi ancora sapere come sono grandi le influenze d'ogni nostra azione, parola, intenzione, pensiero o volontà positiva.

7. Ogni ebreo deve sapere che se si rendesse conto fin alla fine di queste sue grandi forze interiori è indubbiamente chiaro che questa sola conoscenza gli darebbe la forza di superare tutte le prove, di servire il suo Creatore con tutta la sua energia, di giorno e di notte! Forse così non esisterebbe più ostacolo in questo mondo, ma in genere non abbiamo la possibilità di conoscere queste forze fino in fondo. Tuttavia più l'uomo conosce queste forze e la loro potenza più aumenterà in lui la volontà e la capacità di servire il Signore. Nei prossimi capitoli tratteremo più particolareggiatamente di queste forze.

SECONDO CAPITOLO

Spiegazione del concetto che dice "Il Signore, la *Torà* ed il popolo ebraico sono sono tutt'uno". L' essenza dello spirito ebraico

1. Il Ramchal nella sua opera Adir Ba-Marom, il Nefesh Ha-Chaim (shaar 4, cap.11) ed ancora altri libri, riportano una massima dello Zohar che dice: "Il Signore, la *Torà* ed il popolo ebraico sono tutt' uno" (C'è chi ha notato che nello Zohar non appare la massima con queste precise parole e quindi i libri sopra citati intendono solo spiegare così un' espressione simile che compare nello Zohar).

2. Questo concetto va sicuramente spiegato, perchè come è possibile dire che il Signore, il Quale non ha corpo nè somiglianza ad esso, la Cui essenza riempie ed affascia i Mondi, sia "tutt'uno" con il Libro della Torà ed il popolo ebraico, che è composto invece da uomini in carne ed ossa!

3. Per spiegarlo dobbiamo ricordare che l'uomo è composto d'anima e corpo. Del corpo ce ne rendiamo conto bene e lo conosciamo; riguardo all'anima, invece, nonostante ne

conosciamo l'esistenza e la percepiamo bene essendo chiara la differenza tra un vivo ed un morto, tuttavia è difficilissimo definirne l'essenza con precisione. Il poco che ne possiamo capire è un paragone ai raggi solari la cui fonte è il sole; così come se poniamo un'asse di legno tra i raggi ed il sole, non li vedremo più al di là dell'asse, anche l'anima ebraica, di cui tutta l' essenza è irradiata dal Signore, non sarà evidenziata se poniamo ostacoli tra essa ed il Signore. (Certamente l'esempio è impreciso poichè la distanza tra l'anima ed il Creatore è assolutamente imparagonabile alla distanza tra i raggi ed il sole; inoltre, non solo l'anima ma tutto quel che c'è nell' Universo proviene dal Signore. Il concetto è comunque evidente.)

4. Tornando alla massima dello Zohar riguardo all'essere "il Signore, la *Torà* ed il popolo ebraico tutt'uno", il senso è che le anime di Israele sono un'emanazione di luce spirituale, proveniente dal Signore che ne è appunto la radice; quindi "il Signore ed il popolo ebraico sono tutt'uno" perchè Lui è la radice di questa emanazione ed il popolo è l'emanazione stessa. (Nel linguaggio cabalistico un'emanazione spirituale positiva è chiamata *illuminazione* o *luce*: uno dei motivi è perchè nella realtà materiale la cosa più spirituale è la luce ed è essa una cosa positiva, ma mi sembra ci siano ancora dei motivi più profondi per via dei quali viene usata quest'espressione).

5. Per comprendere che anche la *Torà* è tutt'uno con il Creatore ed il popolo ebraico, bisogna prima citare un gran concetto spiegato in diversi libri dai nostri Maestri, tra i quali il trattato di Sanedrin (99); dice il verso *chi fatica, essa fatica per lui* ed i Maestri lo interpretano così: *chi fatica per la Torà, essa chiede al Signore per lui che lo aiuti a comprenderla.* Da questo apprendiamo che la *Torà* non è solamente un libro che abbiamo in questo mondo, bensì anche una realtà spirituale esistente nei mondi celesti la quale è in grado di chiedere delle cose al Creatore (così come, ad esempio, è risaputo che esiste la realtà spirituale degli angeli).

6. Secondo quanto sopra spiegato è comprensibile la massima che anche la *Torà* è tutt'uno con il Creatore ed il popolo ebraico. Il Signore ha stabilito che l'influenza spirituale sulle anime di Israele,

da Lui proveniente, passi attraverso la realtà spirituale della *Torà*, la quale è anch'essa un tipo d'influenza spirituale proveniente dal Creatore. (Così viene spiegato nel libro Adir Ba-Marom del Ramchal ed anche se forse non sono stato preciso in qualche particolare il senso è più o meno questo).

7. Il più grande anelito dell'animo umano è legarsi meglio alla sua radice e riceverne influenza e rafforzamento. Secondo quanto sopra spiegato il modo di raggiungere questo è attraverso un aumento nello studio della *Torà* e la sua messa in pratica, perchè attraverso queste *luci* si risveglia e passa l'influenza Divina [la messa in pratica comprende tutte le cose inerenti al servizio del Signore spiegate nella *Torà*, cioè l'esecuzione delle *mizvot* positive e l'attenzione a non trasgredire quelle negative, sia quelle inerenti al rapporto col Signore che quelle inerenti ai rapporti umani, e così pure la preghiera: tutto ciò è definito *Torà* per quanto riguarda il risveglio della suddetta influenza.]

8. Quando una persona riflette su tutte queste cose, si deve risvegliare nel suo cuore un gran desiderio di studiare la *Torà* e per tutte le cose inerenti all'esecuzione della volontà Divina. Allora comprende che attraverso ciò l'anima si lega alla sua radice e le si aggiunge una *luce* simile ad essa stessa. Questo è veramente l'ardente desiderio dell'anima, più forte di tutti gli altri desideri per le cose di questo mondo, come dice la Messilat Yesharim nel primo capitolo: "Poichè l'anima proviene dai Mondi Celesti, il suo vero piacere è solo quando si trova alla *luce* del Signore Benedetto".

TERZO CAPITOLO

Riguardo al fatto che il Signore rinnova in ogni istante la Creazione e l'importanza di questa nozione

1. È scritto: "In principio D-o creò il cielo e la terra ...".

Ci sono delle differenze tra la Creazione Divina del mondo e la creazione umana di un oggetto; esponiamone due: il Signore ha creato dal nulla mentre un uomo che crea un oggetto usufruisce di materie esistenti, montando ed unendo; una seconda differenza: dal momento che un uomo ha terminato la creazione dell'oggetto questo esiste senza più bisogno dell'uomo, mentre il Signore rinnova in ogni istante tutta la Creazione come nel momento nel quale l'ha creata, e se volesse distruggere il mondo non avrebbe bisogno di nulla di nuovo per farlo, bensì basterebbe che smetta di rinnovarlo. Il libro Nefesh HaChaim tratta a lungo di questo nella prima e terza parte.

2. Così è scritto nella prima parte, cap.2: Presso il Signore non avviene come presso l'uomo. Un costruttore che, ad esempio, costruisce qualcosa col legno, non crea il legno bensì solamente prende dei pezzi già esistenti e li sistema; dopo la costruzione, se pure l'uomo si allontana, essa rimane. Invece presso il Signore, come al momento della Creazione i mondi sono stati formati dal nulla con la Sua infinita capacità, così da allora ogni giorno ed ogni istante tutta la realtà delle cose, l'ordine e la sussistenza dipende solo dalla perpetua influenza Divina e rinnovazione di *luce*; se il Signore interruppesse sia pure per un istante la Sua influenza, immediatamente tutte le cose tornerebbero al nulla ed al caos. Nella terza parte, cap.11, è scritto che una delle basi della fede è, per ogni ebreo, interiorizzare che il Signore è il vero padrone delle forze e che Lui è lo spirito, la vitalità e la radice dell'uomo, di tutte le creature, di tutte le energie ed i mondi.

3. Poi continua a spiegare che tutta la Creazione è avvenuta con la parola del Signore; infatti nella *parashà* di Bereshit è scritto che per ogni cosa ha detto *che sia* e così fu. La parola Divina è una realtà spirituale vera e propria, con la potenza di creare tutto. Questa realtà spirituale che ha iniziato la sua azione al momento della Creazione è rimasta, non ha smesso di agire da allora ed è essa che permette l'esistenza e mantiene tutto quel che c'è al mondo, essendone appunto come l'anima vitale.

4. "E tutti gli esseri viventi insieme vedranno che la bocca del Signore ha parlato"(Isaia cap.40 verso 5). Il Nefesh HaHaim spiega così questo verso: In futuro la nostra capacità si raffinarerà fino al punto che riusceremo a vedere con i nostri occhi materiali come si espande la parola Divina in ogni cosa dandole vitalità (vedasi lì per ulteriore approfondimento).

5. Scrive inoltre che già durante la Rivelazione sul Monte Sinai il

popolo vide queste voci (cioè le "voci" della Creazione), come dice il verso:"Tutto il popolo vide queste voci..."(Esodo 20-18) [Invece secondo l'interpretazione semplice del verso, le "voci" si riferisce a quei suoni particolari che accompagnarono il Dono della Torà). La *Torà* si può spiegare però in molti modi perchè già dal Sinai sono state trasmesse molte spiegazioni per ogni verso (*pshat, remez, drash* e *sod*); secondo il *sod* le "voci" si riferisce appunto alla voce del Signore al momento della Creazione: al Sinai poterono realmente vedere come questa voce sia l' "anima" di tutto. (Vedasi ancora nel capitolo che tratta del Dono della *Torà* sul Monte Sinai)].

6. Questa nozione è molto efficace nell'aiutare l'uomo a sentirsi sempre vicino al Creatore poichè, pensandoci, vede sempre la mano del Signore e la Sua influenza in tutto quello che lo circonda. Non basta però studiarla una volta; più la si ripeterà e si abituerà il pensiero ad essa e più se ne ricaverà vantaggio, sentendosi in questo modo vicini al Signore.

QUARTO CAPITOLO

Gli "aggiustamenti"(Tikkunim) che avvengono nei mondi celesti attraverso lo studio della *Torà* e l'adempimento alle *mizvot*. L'utilità che ne perviene al popolo ebraico. L'uomo deve risvegliare se stesso a servire il Signore anche perchè ciò è d'aiuto per tutto il popolo d'Israele.

1. È spiegato nello Zoar e nei libri di cabala che oltre questo mondo, il Signore ha creato ancora decine di migliaia di mondi ed innumerevoli *superiori* forze spirituali. Attraverso le *mizvot* e le buone opere degli ebrei vengono costruiti e *riparati* questi mondi e grazie a questo scende sul tutto il popolo ebraico un'enorme influenza di bene, materiale e spirituale. Se invece, D-o ne guardi, si tralascia lo studio della *Torà* e si compiono trasgressioni, avviene il contrario.

2. Questo è uno dei concetti più basilari della cabala: Ci sono dei mondi superiori, la cui situazione e quella del nostro mondo dipendono l'una dall'altra, in ambedue le direzioni, come sopra spiegato, sicchè attraverso le azioni del popolo d'Israele in questo mondo viene stabilita la situazione dei mondi superiori e in base ad

essa di nuovo viene stabilita la situazione in questo mondo.

3. Il Nefesh HaChaim (prima parte, cap.4) spiega che la distruzione del Santuario è avvenuta con questo principio: attraverso le azioni non buone dei figli di Israele è stato distrutto il Santuario *superiore* di tutti i mondi spirituali e di conseguenza, distruttosi quello per via delle trasgressioni del popolo ebraico, i popoli ricevettero il potere di conquistare quello terreno, sul Monte del Tempio, e distruggerlo.

4. Così anche l'esilio dei Figli d'Israele dalla loro terra e la sua consegna in mano dei popoli sono avvenuti con questo principio: avendo peccato gli ebrei, intaccarono delle sfere superiori rispettive alla santità di *Erez Israel* e di conseguenza questa venne colpita e fu consegnata in mano dei popoli.

5. Sulla base di questo concetto è scritto nel Nefesh HaChaim (prima parte, cap.4): "Che nessun ebreo D-o guardi dica Come potrei mai io con le mie azioni in questo mondo influire qualcosa!? Bensì sappia e ben interiorizzi che nessun particolare delle sue azioni e parole e dei suoi pensieri va perduto. Sono le sue azioni così importanti, grandi ed elevate, da salire ognuna in alto secondo la sua radice ed influire nelle sfere celesti, tra le limpide *luci superiori*!" Quindi l'uomo deve far attenzione ad usufruire completamente delle sue forze per lo studio della *Torà* e l'esecuzione delle *mizvot*, poichè ognuna di esse, una volta compiuta, influenza in bene, con ingente potenza, su tutti i mondi.

6. Poi è lì scritto anche al contrario riguardo all'influenza negativa. Quando l'uomo intelligente comprenderà bene questo, il suo cuore si riempierà di timore e spavento, pensando fino a dove arrivano le sue cattive azioni, a come può un piccolo peccato rovinare e distruggere!

7. Ho sentito un esempio che rende l'idea: un'uomo, dalla base, spingendo un pulsante fa partire un missile, colpisce e distrugge il nemico, salvando il suo paese, oppure spinge quello sbagliato uccidendo nel suo stesso paese. Quando lo lodano o lo rimprovano sostiene di non aver fatto nulla, avendo soltanto premuto un pulsante. Il suo sbaglio è che quello non è un semplice pulsante

bensì fa parte di un apparato programmato affinchè una minima azione possa causare le conseguenze più cruciali.

8. Ne conseguiamo che quando una persona si occupa di *Torà* aiuta tutto il popolo ebraico poichè "riparando" i "mondi superiori" fa venire gran benedizione e successo per tutto Israele. A volte chi studia un'ora alla fine sente di non aver concluso molto, ma invece non può sapere quali salvezze ha portato durante quest'ora di studio; è possibile che abbia salvato degli ebrei dall'uccisione o che per suo merito siano guariti dei malati. Non solo è così riguardo allo studio ma anche riguardo ad ogni *mizvà* che si compie. Però la forza dello studio della *Torà* è particolarmente grande, come hanno detto i Nostri Maestri nella *mishnà* del trattato di *Peà*:"Lo studio della *Torà* è paragonabile a tutto il resto". Non solo è così quando si studia e si compie una *mizvà*, bensì anche quando ci si astiene dalla trasgressione si aiuta tutto il popolo d'Israele. (Vedasi Nefesh HaChaim quarta parte cap.11 fino alla fine, dove tratta ampiamente di questo e così pure nei primi capitoli della prima parte).

9. Ogni ebreo ha in cuore gran misericordia per chi soffre e vuole aiutarlo: è scritto infatti nel *Talmud*, trattato di Yevamot, che la misericordia e la carità sono delle qualità del popolo ebraico. Quindi quando abbiamo il dubbio se occuparci di *Torà* in un determinato momento o di altri affari, anche se non riusciamo a concludere che ci sia in quella circostanza l'obbligo di studiare, possiamo sempre tentare di decidere per lo studio grazie alla volontà d'aiutare i sofferenti ai quali il nostro studio porterà bene. Anche se non è possibile sapere chi e come abbiamo aiutato studiando, comunque rimangono vere le parole dei Maestri i quali hanno detto che sicuramente portiamo aiuto studiando.

QUINTO CAPITOLO
Riguardo al Dono della *Torà* sul Monte Sinai ed all'influenza di questo ogni volta che si studia;la sensazione di vicinanza al Signore mentre si studia.

[Questo capitolo tratta un poco anche di questioni inerenti alla fede].

DIVRÈ JAAKOV - PAGINE DI PENSIERO EBRAICO

[Prima parte]

1. La Rivelazione Divina sul Monte Sinai è ampliamente descritta nella *parashà* di Itrò vedasi lì. Qui spiegheremo solamente un particolare riportato nei libri dal quale possiamo imparare cose inerenti allo studio della *Torà* ed al servizio del Signore.

2. Anche se non è lo scopo di questo libro portare dimostrazioni a concetti nei quali crediamo bensì spiegare le strade per avvicinarsi al Signore, tuttavia avendo qui trattato della Rivelazione sul Monte Sinai spiegheremo qualcosa riguardo alla fede in questo evento. C'è una differenza basilare tra l'ebraismo e le alter religioni basate su storie di rivelazioni: nelle altre religioni si racconta di rivelazioni ad un singolo o a poche persone e quindi sono religioni che dipendono dalla disposizione a credere che quei singoli non abbiano mentito. Chi conosce i particolari dei racconti delle altre religioni sa che la normale logica non permette assolutamente di accettare la loro versione; sarebbe difficile ora dilungarsi nel riportare le storture e dimostrare la terribile stranezza dei loro racconti. Riguardo alla religione ebraica invece, la Rivelazione sul Monte Sinai, come spiegato nella *Torà*, fu agli occhi di milioni di persone: è scritto che erano presenti seicentomila uomini dai venti anni e in su, quindi con le donne sono circa un milione e duecentomila persone, con i giovani al di sotto dei venti più di due milioni e bisogna ancora aggiungere un miscuglio di altri popoli che uscì con loro dall'Egitto. Non sarebbe possibile inventare un racconto simile; se ad esempio un uomo raccontasse d'avere visto un'animale del quale non s'è mai saputo fino ad oggi, chi vuol crederci ci crede e chi non vuole non ci crede, ma se racconterà d'averlo visto insieme ad altri milioni di persone, l'ascoltatore obbietterà:"Dove sono spariti quei milioni di persone?" E se veramente tutti quei milioni di persone confermeranno di aver visto così, sicuramente è così! Perchè dovrebbero milioni di persone inventarsi simile bugia, a maggior ragione quando si tratta di una cosa che comporta l'accettazione del giogo della *Torà* e delle *mizvot*!

3. Questo è proprio il motivo per il quale ci sono grandi religioni che sono state create sulla base della rivelazione sul Monte Sinai e

dell'ebraismo. Per il resto, affinchè gli fosse possibile un cambiamento dalla religione ebraica allo loro, dovettero inventare illogiche menzogne. Ci sarebbe da meravigliarsi per quale motivo avrebbero dovuto basarsi sulla religione di Israele: infatti, se ammettono che all'inzio la religione ebraica era quella giusta, come è avvenuto, attraverso episodi illogici, il cambiamento!? (Questo è anche il gran motivo per il terribile odio di quelle religioni verso il popolo d'Israele: l'esistenza stessa del popolo ebraico è una contraddizione a tutta la loro religione e rende il loro cambiamento inaccettabile). Il motivo per il quale nonostante questo hanno basato la loro religione sull'ebraismo era affinchè perlomeno il primo strato poggiasse su qualcosa che la logica possa accettare.

L'ebraismo, con la rivelazione Divina al Sinai, davanti a milioni di persone, cosa che non sarebbe possibile inventare, era l'unico sistema per iniziare con una cosa vera.

4. Non c'è da domandare che se veramente la logica obbliga ad accettare la fede della rivelazione sul Sinai, come è possibile che ci siano degli studiosi che non accettano questo fondamento dell'ebraismo!? Questa non è una domanda: oggi vediamo anche intellettuali che cercano, contro ogni logica, di negare la shoà! Quando una persona ha un interesse personale può dire in nome della scienza cose contro ogni logica; a volte perchè l'interesse lo porta a parlare diversamente da quel che pensa ed altre perchè questo lo conduce a pensare diversamente. Riguardo al nostro argomento molti possono essere gli interessi: ad esempio quando si ha difficoltà pratica a cambiare strada. Lo stesso concetto è espresso nel verso che dice: "Non accettare dono corruttivo poichè questo accieca la vista dei saggi e falsa le parole degli *zaddikim*". Il Gaon di Vilna, mi pare, fa delle osservazioni su questo verso:

a. Perchè la ripetizione *accieca la vista dei saggi* e poi *falsa le parole* degli *zaddikim*?

b. Perchè prima l'espressione *accieca* e poi *falsa*?

c. Perchè prima parla di *saggi* e poi di *zaddikim*?

Spiega il Gaon che i giudici in tribunale per riuscire a stabilire un giudizio veritiero devono:1-Capire con precisione quel che è successo. 2- Capire qual'è l'*alachà* in quel caso specifico. Il dono corruttivo impedisce ambedue le cose perchè offusca la visione della realtà ed impedisce una comprensione obbiettiva dell'*alachà*. *Accieca la vista dei saggi* si riferisce alla mancanza di visione precisa della realtà [quindi è adatta l'espresione *accieca* e l'espressione *saggi* (che non significa necessariamente "saggi nella *Torà*"). *Falsa le parole degli zaddikim* invece si riferisce a parole non obbiettive in nome dell'*alachà*; qui è scritto *zaddikim* perchè la comprensione dell'*alachà* appartiene a loro. Così riguardo alle religioni che hanno deviato dall'ebraismo: l'interesse impedisce la reale visione dei fatti e poi ne distorce la comprensione.

5. Ci sono due tipi di studi secolari, le scienze teoriche, come la filosofia e simili e quelle precise come la fisica. Riguardo alle teoriche troviamo nella stessa università un professore che insegna una religione ed un altro che ne insegna un'altra, chi insegna la miscredenza di un tipo e chi di un altro. Ne consegue che anche non considerando quel che sappiamo che solo l'ebraismo è la verità e tutto il resto è vanità, loro stessi sono d'accordo che non può avere ragione se non uno di loro mentre tutti gli altri sbagliano totalmente; come sono diventati allora tutti professori!? Questo perchè nelle scienze teoriche ricevere una buona posizione non dipende dalla giustizia delle parole bensì dal saperle esporre in modo interessante, dando la possibilità all'ascoltatore di saperle ripetere bene, ma niente di più. [Ci sono anche cose basate in parte su scienza precisa e in altra su teorie, quando all'inizio della dimostrazione ci sono dei dati di fatto ma in seguito delle teorie soggettive. Molte loro idee riguardo alla Creazione appartengono a questa categoria, sicchè non sono più credibili di quanto lo siano idee basate completamente su teoria. Un esempio per rendere l'idea: nessun industriale sarebbe disposto ad investire denaro per comprare macchinari la cui capacità è dimostrata solo parzialmente su dati di fatto bensì investirà solo sulla base di dimostrazioni complete.]

6. Ci sarebbero ancora concetti da esporre per dimostrare le basi della fede ma non è questo il luogo; forse, con l'aiuto di D-o, li spiegheremo in altra occasione. Qui, trattando della Rivelazione sul

Monte Sinai, abbiamo solamente toccato l'argomento, per quanto riguarda il servizio del Signore.

[Seconda parte]

1. Torniamo al particolare, riportato nei libri, del quale volevamo trattare e da cui possiamo imparare cose inerenti allo studio della Torà ed al servizio del Signore. Scrive il Ramchal nel libro Derech HaShem che sul Monte Sinai, oltre a tutte le rivelazioni specificate nei versi della *parashà* di Itrò, ce ne fu un'altra: Il Signore fece vedere chiaramente come tutto quel che esiste proviene da Lui ed è da Lui emanato. Nulla avrebbe sussistenza senza il Signore, perchè in ogni istante tutto si ricostituisce attraverso una continua emanazione Divina. Questo concetto, come spiega il Nefesh HaChaim nella terza parte dell'undicesimo capitolo, è accennato da un verso della Torà. [Vedasi anche sopra al terzo capitolo].

2. Diamo un esempio della chiarezza con la quale percepirono allora che la nostra sussistenza dipende dal Signore in ogni istante. Se raccontassimo a qualcuno su un' altra persona che non è un essere umano bensì un robot inviato da un altro paese per spionaggio, la nostra tesi sarebbe respinta con l'aiuto di cento dimostrazioni. Invece se dicessimo sulla stessa persona con la quale stiamo parlando che essa non è se non un robot, questi non avrebbe bisogno di niente per dimostare il contrario, conoscendo se stessa e la sua essenza come creatura dotata di anima. Così ai piedi del Sinai ognuno si è reso conto chiaramente di come tutta la propria realtà ed esistenza è qualcosa proveniete dal Signore, sì da esser considerata fuori luogo ogni discussione in merito.

3. Ma anche senza la Rivelazione ai piedi del Sinai, se l'uomo conoscesse meglio il suo spirito si renderebbe conto d'esser stato creato dal Signore, perchè l'essenza dello spirito è un'emanazione Divina [tutto lo è, ma riguardo allo spirito l'emanazione è più diretta].

4. Ci sono molte persone che ben percepiscono questo concetto; questa sensazione è un gran vantaggio perchè può portare ad un grande attaccamento al Signore. Tuttavia anche senza questa percezione si può arrivare a grandi livelli di attaccamento al

Signore. [Molti di coloro che sostengono di non percepire nulla di simile in effetti qualche percezione la hanno, ma non se ne rendono conto perchè questa non è dell'intensità desiderata]. La mancanza di una chiara percezione del Signore dipende dal corpo il quale nasconde lo spirito.

5. Anche per chi non ha provato questa sensazione di cui al par.3 ci sono diversi sistemi che possono avvicinarla, uno dei quali è lo studio della *Torà*. Questo per diversi motivi. [Le cose qui riportate sono basate in parte sul libro Hiddushè HaRav Rozovsky sul trattato di Makkot (nuova edizione, alla fine del libro)]. Abbiamo spiegato sopra che questa sensazione fu percepita con completezza da tutto il popolo ai piedi del Sinai; nel Nefesh HaChaim, parte 4 capitolo 14, spiega che durante lo studio della *Torà* la percezione dei concetti studiati è simile a quella che fu al Sinai, come scritto nella traduzione dello Zoar all'inizio della *parashà* di Chukkat:"Colui che si sforza nello studio della *Torà* è come si trovasse ogni giorno al Sinai per riceverla" (precisando "colui che si sforza" intende forse sottolineare "chi si sforza nonostante non sia arrivato ai risultati sperati"); questo perchè così come al momento di quella sacra rivelazione "vennero attaccati" alla parola del Signore, anche ora in ogni momento di studio ci si unisce alla Sua parola. Ogni studio di *Torà*, anche quel che domanderà un semplice alunno al suo maestro, è parola del Signore a Mosè. Anche ora quando ci si occcupa di una parola di *Torà* questa parola è come una fiamma che esce in questo momento dalla bocca del Creatore (non s'intende un fuoco materiale bensì una santa essenza spirituale e così riguardo "la bocca del Signore") ed è come si stesse ricevendo questa parola da D-o, presso il Sinai. Questo è il significato della "percezione dei concetti studiati che è simile a quella che fu al Sinai". In quel momento di studio viene emanata un'influenza luminosa di benedizione dalla sua fonte superiore verso i mondi, sicchè la terra viene benedetta ed illuminata dalla stessa luce. Il Nefesh HaChaim intende dunque dire che quelle luci che furono al Sinai ritornano, sia pure con intensità minore, in ogni momento nel quale un ebreo si occupi di *Torà*. Quindi, attraverso lo studio lo spirito umano può in qualche modo arrivare alla sensazione di un

vero legame al Creatore.

6. In conclusione impariamo da quanto scritto sopra, con delle aggiunte, i seguenti concetti:

a-Esiste un livello al quale lo spirito umano riconosce realmente la sua vera essenza come emanazione proveniente dal Signore; allora percepisce un vero legame a Lui.

b- Ai piedi del Monte Sinai tutto il popolo d'Israele arrive con completezza a questo livello.

c- Anche dopo questo evento molti individui arrivano a questa sensazione, a diversi livelli d'intensità ed ognuno in certi periodi, più o meno a lungo.

d- Anche chi non ha questa sensazione (ed è probabile che la abbia ma non nella quantità desiderata) ha diversi sistemi per raggiungerla, tra i primi dei quali è lo sforzo di occuparsi di *Torà* il più possibile.

e- Anche senza questa sensazione interiore è possibile credere con integrità nel Signore e servirLo con tutto il cuore, considerando che ognuno deve agire secondo il suo specifico compito, affidatogli dal Creatore.

f- Bisogna sapere che molti libri ebraici parlando di "semplice fede" si riferiscono appunto a questa sensazione di cui abbiamo trattato. Non c'è da domandare che se pur l'anima identifica la sua essenza come proveniente dal Signore questo non vuol dire che percepisca un legame alla *Torà* di Israele e ne senta la verità, poichè, come già spiegato nel secondo capitolo, l'influenza spirituale sulle anime di Israele passa attraverso la realtà spirituale della *Torà*. L' anima è quindi in grado di percepire anche questo, se non ci sono elementi esterni che ne indeboliscono la capacità.

SESTO CAPITOLO
Riguardo al fatto che l'esistenza dell'Universo deriva dalla Torà

1. Il Talmud, nel trattato di Shabbat 88a, riporta i versi dai quali si apprende che il Signore ha fatto una condizione con il creato:"Se gli ebrei accetteranno la *Torà* lo manterrà ma altrimenti tornerà al caos".(Vedasi lì tutto il brano del Talmud).

2. Il Nefesh HaChaiim nell'undicesimo capitolo della quarta parte spiega a lungo questo concetto. In breve, scrive che in questo mondo abbiamo il libro della *Torà*, ma nei Mondi Superiori si trova la sua radice, una sacrosanta realtà spirituale che si chiama *Torà* anch'essa [vedasi quanto scritto sopra nel secondo capitolo]. Dalla Creazione fino alla Rivelazione sul Monte Sinai tutto il creato si reggeva solo grazie a questa realtà spirituale dei Mondi Superiori, chiamata *Torà*. Questo perchè il Creatore ha stabilito che ogni emanazione verso i mondi deve passare attraverso un'altra emanazione, quella della *Torà*.

3. Ma dal Sinai in poi non basta più la sola radice che è nei mondi superiori ma va rafforzata attraverso lo studio della *Torà* in questo mondo grazie al quale, anche ora, l'emanazione rimane d'intensità sufficiente per permettere la sussistenza dell'Universo.

4. Scrive il Nefesh HaChaim:"E' assoluta verità che se mancasse sulla terra, sia pure per un istante, studio o pensiero di *Torà*, l'Universo tornerebbe al caos."

5. L'Universo sussiste perchè, grazie al Cielo, non c'è mai un istante simile e c'è sempre chi si occupa di *Torà*, tuttavia la quantità di emanazione Divina dipende da quanto noi ci occupiamo di *Torà*.

Se ce ne occupiamo con tutte le forze acquisiamo vita eterna e facciamo scendere dalla sua occulta radice, che si trova al di sopra di tutti i mondi, santità, benedizione ed una grande luce sull'Universo, grazie alla quale vengono riparati i danni causati dall'umanità.

7. Il Nefesh HaChaim riporta che i *talmidè chakamim* sono definiti dai nostri Maestri *i pilastri del mondo*, come è scritto: "Se non ci fosse il Mio Patto (la *Torà*) di giorno e di notte non metterei la legge (di natura) del cielo e della terra" (Isaia 33-25). Così pure hanno spiegato sul verso che dice "La sapienza ha costruito la sua casa..." (Proverbi 9-1): "Ha detto il Signore: Se l'uomo ha il merito di aver studiato *Torà* e sapienza è da Me considerato come se avesse creato il cielo e come se mantenesse il mondo intero." È inoltre scritto:"Ha detto il Signore ad Israele: Figli Miei, occupatevi di *Torà* di giorno e di notte e considero come se manteneste tutto il mondo". Vedasi nel Nefesh HaChaim ancora da diversi fonti dei

Nostri Maestri potenti insegnamenti sull'enorme dipendenza che c'è tra la sussistenza del mondo e lo studio della *Torà* da parte del popolo ebraico.

8. L'uomo deve far ben caso a questi concetti ed interiorizzarli [è consigliabile studiarli nel Nefesh HaChaim, quarta parte, dal cap.11 al cap.34], ed allora saprà apprezzare ogni momento di studio della *Torà*, rendendosi conto che è qualcosa molto più importante ed influente di molti affari di questo mondo, come scritto: "E' più preziosa delle gemme, e tutto ciò che hai di più caro non la uguaglia."(Proverbi 3,15).

SETTIMO CAPITOLO
Riguardo alla ricompensa nel Gan Eden e la punizione nel Gheinnom

1. È scritto nelle Massime dei Padri: "E' meglio un'ora di soddisfazione nel Mondo Futuro di tutte le soddisfazioni di questo mondo". I Maestri spiegano che anche se concentrassimo tutti i piaceri che ha avuto ed avrà l'intera umanità, dalla Creazione fino alla fin dei giorni, non è questo paragonabile neanche ad un minuto del piacere che prova l'anima nel mondo futuro.

2. Anche viceversa, è scritto che neanche settant'anni di sofferenze come quelle di Giobbe sono paragonabile a quelle dell'anima in un'ora di *gheinom*.

3. Il fatto che il piacere e la sofferenza nel mondo futuro siano d'intensità molto più forte di quanto lo siano in questo mondo, va spiegato basandosi in parte sulle parole del Nachmanide nell'opera Torat Ha-Adam, Shaar HaGhemul. Innanzitutto bisogna definire se il piacere e la sofferenza in questo mondo appartengono al corpo o all' anima. Da una parte è impossibile dire che siano del corpo perchè un cadavere non li prova. D'altra parte non possiamo dire che appartengano solo all'anima perchè il piacere di mangiare o la sofferenza di una ferita riguardano il corpo. Dobbiamo quindi dire che pur appartenendo il piacere e la sofferenza essenzialmente all'anima però, trovandosi essa dentro il corpo, anche questi passano attraverso il corpo e non arrivano all'anima direttamente.

4. Nel Mondo Futuro, invece, i piaceri sono diversi:la differenza

essenziale è che arrivano direttamente all'anima, senza passare per il corpo; così riguardo alla sofferenza, colpendo direttamente l'anima è di maggiore intensità.

5. Diamo un esempio per rendere l'idea della differenza tra la sofferenza diretta e quella indiretta:se un re che vuole punire un peccatore gli lasciasse scegliere tra cinque colpi di martello sulla mano nuda o cinquecento sulla mano ricoperta con uno spesso guanto grazie al quale quasi non si sentono le botte, certamente sceglierebbe cinquecento sulla mano guantata piuttosto che cinque sulla mano nuda.

5. Il Nachmanide nella sua opera Torat Ha-Adam, Shaar HaGhemul, pag.286 e 287, (vedasi lì più particolareggiatamente), scrive che come in questo mondo il fuoco brucia il corpo così nel Mondo Futuro esiste una realtà spirituale chiamata "fuoco", radice del fuoco terrestre, in grado di *bruciare* le anime (questo si intende quando si dice "fuoco del *gheinom*").

7. Apparte la differenza di qualità tra la ricompensa nel *Gan Eden* rispetto ai piaceri di questo mondo, essa è anche eterna.

Scrive a proposito il Ramchal che la ricompensa del Mondo Futuro non è come il pagamento di un oggetto in questo mondo, dal quale il compratore, una volta pagato, è ormai esente; lì invece anche se già si è ricevuta una ricompensa tante volte più delle *mizvot* eseguite, si continua a riceverla essendo appunto eterna. Ancora di più, la ricompensa cresce col "tempo" perchè grazie alla sacra e spirituale essenza di questa, l'animo si raffina sempre di più rendendosi maggiormente meritevole.

8. Nonostante sia preferebile eseguire le *mizvot* e non trasgredirle per amor del Cielo e soggezione ma non per il timore della punizione, tuttavia sicuramente ognuno ha bisogno anche di questo timore e di sapere circa la grande ricompensa per le *mizvot*: sono queste delle important chiavi per salvarsi dalle tentazioni dell'istinto; il calcolo da fare quindi è che ogni volta che ci si astiene dal compiere una *mizvà* o si fa una trasgressione, non ci si guadagna nulla, perchè ogni guadagno in questo mondo è niente rispetto ad un qualcosa della ricompensa nel Mondo Futuro.

OTTAVO CAPITOLO
Riguardo al fatto che molti rinunciano allo studio della *Torà* perchè gli sembra che pur se provassero ad applicarsi non raggiungerebbero grandi risultati per mancanza di talento o perchè comunque alla fine non avrebbero il tempo per continuare a dedicarsi. Si spiegherà come questi ragionamenti siano totalmente sbagliati e che queste persone potrebbero invece raggiungere ottimi risultati nello studio della *Torà*

1. Ci sono persone che vorrebbero dedicarsi intensamente allo studio della *Torà*, ma se ne astengono perche gli sembra di non aver speranza di riuscire a capirla bene ed acquisire molte nozioni. Rinunciano quindi ad impiegare grandi forze nello studio, non vedendo risultati che giustifichino lo sforzo impiegato.

2. Altri vorrebbero anch'essi dedicarsi intensamente allo studio della *Torà*, ma il timore di non poter reggere a lungo gli impedisce di dedicarsi, sembrandogli inutile studiare solamente per un breve periodo.

3. In verità questo approccio è sbagliato, per i seguenti motivi. Nel trattato di *Sanedrin* (99),viene così spiegato il verso che dice "*chi fatica, (essa) fatica per lui...* " (Proverbi 16-26): "Chi fatica qui per la *Torà* essa fatica per lui in un altro posto" (questa interpretazione deriva probabilmente dal ripetersi della parola *fatica* nel verso); Rashì spiega che la *Torà* va dal Signore a chiedere che aiuti chi la ha studiata a comprenderla [come spiegato nel secondo capitolo]. Si tratta di richiesta a favore di una persona per la quale comprendere è al di là della natura perchè altrimenti non ci sarebbe stato bisogno di preghiera. [Evidentemente così come la *Torà* chiede aiuto per chi l'ha studiata affinchè la comprenda, chiede anche, per chi ne ha bisogno, che il Signore gli dia la forza di dedicarsi allo studio con assiduità: ambedue le cose, capire la *torà* ed avere la forza di studiarla dipendono dalla fusione delle *luci della Torà* con le *luci* dell'anima di chi la studia]. Quindi sbaglia colui che rinuncia allo studio pensando di non avere la possibilità di riuscire: Infatti anche se è in grado di valutare la sua capacità secondo natura, deve ancora prendere in considerazione la possibilità di ricevere, se si sforzerà, un aiuto soprannaturale!

4. C' è anche un altro motivo per il quale l'individuo erra nella valutazione di se stesso. Nello Zohar, negli scritti dell'Arì e nel Nefesh HaChaim (quarta parte) troviamo un concetto basilare: ci sono diversi tipi di anime, più o meno raffinate; anche in molte di queste ultime c'è un forte desiderio di studiare ed arrivare a buoni risultati. Grazie allo studio è possibile poi ricevere, in aggiunta all'anima che già si possiede, ancora un'altra anima, molto santa, emanata da luogo molto eccelso, grazie alla quale il livello spirituale può cambiare da un estremo all' altro. Se così, la valutazione dell'individuo circa le sue future capacità è erronea perchè si basa sulle forze dell'attuale anima mentre invece potrà riceverne un'altra che ne cambierà la situazione.

5.Il fatto che si dimentica la materia studiata è per molti motivo di indebolimento dello studio, non vedendone I risultati. Ma Rav Haim Vital a nome dell'Arì scrive che questo è un errore perchè nel Mondo Futuro l'uomo ricorderà tutto quel che ha studiato. Approfondendo, spiega in due maniere questo concetto: la dimenticanza è temporanea perchè in futuro, come ricompensa per lo sforzo, gli ricorderanno la materia studiata, sì che il vantaggio dello studio sarà eterno. Secondo un'altra spiegazione, non dall'esterno gli si ricorderà lo studio, bensì l'individuo stesso ritroverà la materia studiata: questo perchè, quando si studia, le *luci* di quella parte di *Torà* studiata illuminano per sempre l'anima di chi l'ha studiata, motivo questo di ricordarla per sempre; solo per via di certi "strati oscuranti" (chiamati *klippot~bucce*) sembra di aver dimenticato in questo mondo, ma nel Mondo Futuro queste *bucce* ci lasciano. Già in questo mondo c'è il risultato dello studio perchè grazie ad esso arrivano all'anima nuove *luci*, spirituali ed eccelse, innalzandola di livello.

6. Il concetto espresso nei paragrafi 3 e 4, per cui il successo nello studio della *Torà* raggiunge l'individuo al di sopra delle sue forze naturali, è dimostrato in tutte le generazioni. Molti grandi studiosi di *Torà*, nonostante al principio non erano portati allo studio, o perchè non erano abbastanza dotati o perchè avevano linee caratteriali che rendono difficile la perseveranza nello studio, alla fine, dopo molto sforzo, sono diventati importantissimi rabbini. Chi

è intelligente o ha un carattere per cui gli è facile essere perseverante nello studio, ed a maggior ragione se è dotato di ambedue le qualità, ha buoni motivi di riuscire nello studio e questo non va sottovalutato; tuttavia anche chi non ha queste qualità può riuscire bene nello studio della *Torà*. È scritto nelle Massime dei Padri:"Chi studia *Torà* quando è in situazione di povertà, alla fine la studierà in uno stato di ricchezza". Si dice a nome del Maaril Diskin che non si intende solamente di povertà materiale ma anche di povertà di attitudini quando il senso è:"Chi, nonostante il suo scarso talento, si sforza nello studio, alla fine acquisirà anche le attitudini e ne sarà ricco." [Tuttavia, come sopra, non bisogna sottovalutare il talento e chi lo possiede deve far attenzione a usufruirne per lo studio; è risupato che il Maaril Diskin, pur avendo già da bambino attitudini geniali, impegnò enormi fatiche nello studio, in maniera inimmaginabile, finchè arrivò a livelli di genialità soprannaturali, come dimostrato da molti episodi].

NONO CAPITOLO
Le parole del Bach riguardo allo studio della *Torà* (Orach Haim cap.47)

1. Nel trattato di Nedarim è scritto:"Ha detto Rav Jeudà a nome di Rav: Qual'è il significato del verso che dice:*Chi è l'uomo saggio che comprenda ciò? Colui al quale la bocca del Signore abbia parlato e possa spiegarlo?Perchè il paese è andato in rovina?...*(Geremia 9,11) Questo domandarono ai sapienti, ai profeti ed agli angeli ma nessuno seppe rispondere finchè non lo spiegò il Signore stesso, come è scritto-*Risponde il Signore:Poichè hanno abbandonato la Mia Torà che avevo posto loro innanzi,e non diedero ascolto alla Mia voce e non la seguirono*- (Geremia 9,11); che vuol dire *non diedero ascolto alla Mia voce e non la seguirono?*Ha detto Rav Jeudà a nome di Rav: che non dicevano la benedizione apposita prima dello studio."

2. Bach nell'Orach Chaim par.47 commenta circa così: "E' dificilissimo da capire come il Signore per una trasgressione che

sembra piccola come il non aver detto la benedizione prima dello studio li abbia puniti con un castigo così grande?!"

3. Risponde come qui di seguito. La volontà del Signore è che ci occupiamo di *Torà* con lo scopo di rafforzare le nostre anime attraverso la potenza spirituale della *Torà*; perciò la diede in dono ad Israele affinchè non la dimenticasse, affinchè la nostra anima ed il nostro corpo, con le sue duecentoquarantotto membra ed i suoi trecentosessanta tendini, ricevesse influenza dalle duecentoquarantotto *mizvot* positive ed dalle trecentosessanta negative. Se Israele si occupasse di *Torà* con questa intenzione diventerebbe tutto il popolo come una *casa* per il Signore, che sceglierebbe di risiedere proprio *dentro* di loro; allora tutta la terra si illuminerebbe del Suo splendore e, creandosi così un legame tra la *Scorta Regale Terrestre* e quella *Celeste*, i due Santuari, quello che è nei cieli e quello della terra, diventerebbero un unico Santuario.

4. Ma Israele non si comportarono sempre così. A quei tempi non si occuparono di *Torà* se non per scopi materiali: i giudici per guadagnare o per dimostare la loro brillantezza, ma non per rafforzare l'anima e raggiungere la *kedushà* e la spiritualità della *Torà*; non per aumentare l'emanazione Divina verso la terra e rendere così l'anima meritevole d'arrivare ad alti livelli dopo la morte. Con questo comportamento crearono una separazione, fecero risalire in cielo la Presenza Divina, lasciando la Terra d'Israele materiale, senza la stessa santità, causa questo della sua distruzione.

5. Questo è il significato di-*Chi è l'uomo saggio che comprenda ciò? Perchè il paese è andato in rovina?*- E risponde-P*oichè hanno abbandonato la Mia Torà che avevo dato loro innanzi...*-: "la Mia *Torà*" viene a sottolineare "una *Torà* di verità"; "*che avevo dato*" significa "volevo dare in regalo" affinchè non studiassero per poi dimenticare;"*loro innanzi*" vuol dire "che ho ben spiegato loro come se gli avessi apparecchiato davanti una tavola"(così spiegano i Maestri anche il verso che dice:"Questi sono gli statuti che gli porrai innanzi"(Esodo 21,1). Il Signore risponde:"La Mia intenzione era che si legassero alla santità della Mia *Torà*, una *Torà* di verità e

la Mia Presenza risieda in essi, ma loro *hanno abbandonato la Mia Torà... e non la seguirono*". "*Non la seguirono*" significa: "quando iniziavano ad occuparsi di *Torà* non seguivano dal principio un cammino che fosse con lo scopo di raffinare l'anima, quindi non dicevano la *berachà* per ringraziarlo, [la cui formula è appunto *che ci ha prescelto* (avendoci avvicinati al Sinai) *e ci ha dato la Sua Torà* (Suo più prezioso oggetto, affinchè ci attaccassimo alla sua spiritualità facendola scendere sulla terra)]". La loro punizione fu il distacco della Presenza Divina, ed allora *il paese è andato in rovina, è desolato come un deserto senza viandanti*: " *Senza viandanti*" che possano portare santità, perchè la Presenza Divina l'ha abbandonato risalendo in cielo e lasciando il paese materiale. Fin a qui le parole di Bach.

6. Per una buona comprensione delle parole del Bach è consigliabile rivedere nel secondo capitolo la spiegazione riguardo al concetto che dice "Il Signore, la *Torà* ed il popolo ebraico sono sono tutt'uno". Secondo ciò il Bach intende dire che la *mizvà* di studiare *Torà* è affinchè si fondino le *luci* dello spirito umano con quelle della *Torà*; grazie a ciò il Signore emanerà la Sua *luminosità* verso l'uomo.

7. Bach non intende semplicemente aggiungere un particolare al significato della *mizvà* di studiare la *Torà*, bensì intende dire che questo è il significato essenziale dello studio: legarsi al Signore sì che illumini l'anima di chi studia. Infatti il Bach si esprime:"L'intenzione principale nel dono della *Torà* ad Israele ...Quando questo scopo è mancato di conseguenza il Paese è stato distrutto e gli ebrei se ne sono andati."

8. E' molto importante che l'uomo si abitui a questo concetto. Quando si accinge ad occuparsi di *Torà* interiorizzi che ora va ad avvicinarsi al Signore, il Quale riverserà su di lui una grande, santa influenza spirituale.

DECIMO CAPITOLO

Riguardo al concetto già menzionato che ogni studio di *Torà* o esecuzione di una *mizvà* crea un legame tra il Signore e l'anima ed un'influenza spirituale dal Signore verso l'uomo. Risposta per

coloro che sostengono di non percepire quest'influenza

1. In diversi punti di questo libro abbiamo spiegato che ogni studio di *Torà* o esecuzione di una *mizvà* porta un'influenza spirituale dal Signore verso l'anima, che si avvvicina così a Lui e viene santificata. [Il contrario avviene attraverso le trasgressioni].

2. Alcuni sostengono di non percepire quest'influenza o comunque non intensamente, soprattutto quando si tratta di uno studio breve.

3. Ma sicuramente invece qualsiasi studio di *Torà* o esecuzione di *mizvà* porta quest'influenza con grande intensità; il corpo è però una cortina che talvolte [presso chi di più presso chi di meno] impedisce all'anima di percepire i cambiamenti in essa avvenuti.Il Signore ci ha creato col corpo per permettere il libero arbitrio, come spiegato nel Messilat Jesharim, cap.1:se ci rendessimo conto con precisione dell'influenza delle *mizvot* e delle trasgressioni sull'anima non ci sarebbe quasi più libero arbitrio!

4. Ma dopo la morte del corpo si vedranno con chiarezza potenti *luci* che illuminano l'anima, in corrispondenza ad ogni istante di studio e ad ogni *mizvà*; queste illuminavano già in questo mondo e grazie ad esse l'uomo ha avuto successo in molte cose, però una cortina impediva di vederle. A volte ci si rende conto già in questo mondo del bene che proviene da queste *luci*, ma non si è in grado di capire che sono un risultato dello studio o delle *mizvot* compiute.

5. Quando un chirurgo domanda ad un paziente operato, ancora sotto anestesia locale, se è disposto che tagli ancora qualche centimetro di più di quanto ci sia bisogno, se questi è stupido acconsentirà mentre se è intelligente rifiuterà, perchè ora non sente niente ma svegliatosi ne risentirà ed il dolore sarà maggiore per ogni centimetro in più tagliato. Così riguardo a *mizvot* e trasgressioni: le conseguenze saranno notate dopo [Spesso già in questo mondo ci si rende conto di come le *mizvot* generino elevazione spirituale (e non solo perchè si è soddisfatti di aver fatto quel che si crede giusto fare); vedasi su questo argomento anche nel libro Hayè Olam del Kehillot Jaakov].

UNDICESIMO CAPITOLO
Riguardo alle mitzwot inerenti ai rapporti tra la gente

1. Le *mizvot* riguardanti il rapporto con il prossimo, come sforzarsi di far bene agli altri e di non causargli sofferenza, sono fondamentali per l'ebraismo. Nel trattato di *yevamot* è scritto che la misericordia e le opere buone fanno parte delle qualità ebraiche.Vedasi lì sorprendenti parole su quest'argomento.

2. Nonostante ogni ebreo voglia fare buone azioni per gli altri e non causargli danno, ci sono due frequenti pensieri sbagliati che ostacolano i passi dell'individuo in questo campo. Quando una persona si è sforzata di far qualcosa di bene per gli altri ma non ci è riuscita, le sembra di aver perso energie inutilmente e questo la porta a smettere di fare simili buone azioni in futuro: questo è il primo sbaglio.

3. Impariamo da Abramo che è un grave errore. All'inizio della *parashà* di Va-Jerà leggiamo che Abramo si affaticò a preparare da mangiare per gli angeli. Nel trattato di Babba Mezzià, cap.7, è scritto che grazie a questo merito è scesa la manna per quaranta anni nel deserto (sono lì menzionati ancora altri diritti guadagnati da Abramo grazie alla sua azione). Abramo ricevette una ricompensa enorme: milioni di persone ricevettero miracolosamente la manna due volte al giorno per quarant'anni [e questa non fu ancora tutta la ricompensa]. Questo nonostante che quando Abramo diede da mangiare agli angeli non ne ricavarono nulla poichè gli angeli non hanno bisogno di mangiare; Abramo non sapeva dapprima che fossero angeli e ricevette la sua ricompensa per la sua intenzione di farli mangiare.

4. Potremmo semplicemente spiegare che c'è così grande ricompensa per un tentativo di far del bene, anche quando la cosa non sia riuscita, perchè tuttavia c'è stata la buona volontà e l'impegno, ma il Chafez Haiim dice di più: Abbiamo già spiegato che l'Universo è stato creato in modo che le azioni compiute in questo mondo abbiano effetto sui Mondi Superiori e di nuovo dai Mondi Superiori c'è una conseguenza su questo mondo. Spiega il Hafez Haiim che quando un ebreo si sforza di fare un'opera buona, ci sia riuscito o meno, comunque risveglia misericordia nei Mondi

Superiori e grazie a ciò scende del bene dall'alto sul popolo ebraico. Ne consegue che non c'è mai una situazione nella quale possiamo dire che una persona si sia sforzata di far del bene e non ci sia riuscita, perchè comunque quando ha cercato di farlo è riuscita a portare del bene, sia pure in forma diversa, avendo risvegliato miserdicodia nei Mondi Superiori.

5. Tuttavia il Chafez Haiim riporta a nome dei Maestri che quando si è riusciti a fare del bene la *mizvà* e la ricompensa sono ancora più grandi.

6. Il secondo errore di chi vuole fare bene al prossimo e non causargli sofferenza è il fare caso solamente alle cose grandi e non alle piccole. Ci sono infatti molte persone che fanno molta attenzione a non causare un grave dolore al prossimo mentre non si astengono da arrecargli piccoli dispiaceri. Bisogna invece far attenzione a non recare al prossimo alcun dispiacere. Il Chazon Hish scrive nel Kovez Igrot che anche con delle sole parole è vietato dalla *Torà* recare qualsiasi dispiacere, sia pure piccolo e breve. Riuscire a non trasgredire questo divieto è molto difficile e richiede particolare attenzione; è però un gran obbligo e quindi beato chi ci riesce a perfezione!

7. Così riguardo al bene: Non solo è *mizvà* fare una grande opera buona, ma lo è anche quando si fa una piccola cosa.

8. Ai nostri giorni bisogna fare particolare attenzione perchè è frequente trovare persone che hanno il cuore a pezzi anche se esteriormente non si nota: Chi arreca anche un piccolo dispiacere a questo tipo di persone, gli causa in pratica una gran dolore perchè questo si accumula alle sofferenza che già hanno in abbondanza. D'altro lato chi ha il merito di rallegrarle, sia pure con una picola cosa, gli migliora notevolmente lo stato d'animo.

9. Mi sembra ricordarmi che il seguente episodio si riferisca al Hazon Hish. Un tizio usava andare a consigliarsi con lui, anche su piccole cose perchè era un indeciso e gli era difficile levarsi i dubbi; il Hazon Hish gli rispondeva su ogni cosa. Una volta si scusò con il Chazon Hish perchè lo distoglieva da questioni importanti per piccole cose; il Chazon Hish rispose che anche per chi veniva a domandare cose più importanti, come se comprare un

appartamento, l'aiuto non era tanto riguardo all'affare stesso bensì l'averli tranquillizzati con il suo consiglio; in questo non c'era differenza tra loro e questa persona, la quale appunto aveva bisogno essenzialmente di tranquillizarsi risolvendo un dubbio.

Da qui dobiamo imparare una gran cosa: non solo la *mizvà* d'aiutare e di non causare dispiacere riguarda anche le piccole cose, ma spesso anche le piccole cose non sono affatto piccole perchè fanno soffrire il prossimo o lo rendono felice molto più di quanto si possa immaginare!

10. Le *mizvot* nei confronti del prossimo riguardano anche lo spirito, sicchè grande è la *mizvà* d'aiutare in questo campo chi ne abbia bisogno: ad esempio quando un amico ha difficoltà nel comprendere una pagina di *talmud* senza aiuto, sarà gran *mizvà* aiutarlo; i Maestri spiegano che il merito di chi ha aiutato sarà che lui stesso avrà molto successo nello studio.

11.Anche studiando si aiuta il prossimo. Abbiamo già spiegato che ogni volta che si studia o si esegue una *mizvà* si porta bene a tutto il popolo ebraico: attraverso lo studio e le *mizvot* vengono "riparati i difetti dei Mondi" ed arrriva un'influenza Divina benefica al tutto il popolo d'Israele; in particolare quando per qualche motivo una persona ha difficoltà a studiare ma nonostante ciò si sforza di continuare perchè ha misericordia di chi soffre e vuole aiutarlo studiando, sicuramente questa è considerata una grandissima *mizvà* nei confronti del prossimo.[Ogni *mizvà* nei confronti del prossimo sicuramente lo è anche nei confronti del Signore che la ha comandata].

DODICESIMO CAPITOLO
Riguardo alle ottime qualità che si acquisiscono attraverso lo studio della *Torà*

Prima parte
Il gran valore della *mizvà* dello studio: Ogni parola studiata è una *mizvà* positiva e per essa si merita una ricompensa enorme

1. Scrive il Gaon di Vilna nella sua opera Shenot Eliahu (commento sulle *mishnaiot* stampato alla fine di alcune edizioni), trattato di

Peà, cap.1 *mishnà* 1: "Si deve amare moltissimo la *Torà* perchè ogni parola studiata è una *mizvà* a sè stante etc. e quindi, ad esempio, studiando una pagina si compiono centinaia di *mizvot*". Queste parole sono state riportate dal Chafez Haiim nel suo libro Shem Olam, nella parte intitolata Achzakat HaTorà, cap.9 (pag.11, quarta colonna).

2. Il Chafez Haiim aggiunge che per ogni parola studiata nasce un angelo che si raccomanda per il bene di chi l'ha studiata.

3. Nel trattato di Peà del *Talmud di Gerusalemme* 4a è scritto:"*Lo studio della Torà:-Si sono espressi [su di esso]Rabbì Berechià e Rabbì Hiya di Kfar Dechumin-. Uno [di loro due] ha detto:Neanche il mondo intero è paragonabile ad una parola di Torà.*" Significa che se propongono ad un uomo di scegliere: o ricevere tutto l'oro e l'argento, le cose buone ed i buoni incarichi che ci sono in questo mondo oppure rinunciare a tutto questo e studiare invece una sola cosa di *Torà*; gli conviene scegliere per una cosa di *Torà*! Infatti per questo merito riceve il Mondo Futuro il cui valore e la cui soddisfazione, rispetto a tutte le cose di questo mondo, valgono migliaia di migliaia di volte più. [Per persone di ancora più alto livello spirituale, l'esecuzione della volontà Divina e l'avvicinamento al Signore impliciti nello studio, in sè stessi valgono per lui molto di più di tutte le cose di questo mondo.] Le parole del *Talmud di Gerusalemme* si riferiscono perfino allo studio di una cosa di *Torà*; a maggior ragione quando una persona si occupa di *Torà* e studia ogni volta molte cose di *Torà*!

4. Ne derivano conclusioni che incoraggiano a studiare la *Torà*. La prima che quando un individuo programma il suo futuro deve calcolare il guadagno enorme raggiungibile attraverso un futuro di studio! La seconda, per chi già si occupa sempre di *Torà* o solo in determinati momenti, essendogli impossibile occuparsene sempre: quando gli capita un momento nel quale deve decidere come usufruirlo, deve fare il massimo per usufruirlo studiando; infatti studiando, anche per un breve lasso di tempo, si compiono tante *mizvot* positive, ognuna della quali enorme, come spiegato più volte sopra riguardo al gran valore del *Talmud Torà*.

DIVRÈ JAAKOV - PAGINE DI PENSIERO EBRAICO

Seconda parte
Lo studio della *Torà* è uno degli scopi basilari della Creazione

1. Il Chafez Haiim nella sua opera Shem Olam, parte intitolata *Achzakat HaTorà* cap.9, scrive circa queste parole: "È risaputo che lo studio della *Torà* è una delle *mizvot* positive, come è scritto *...imparateli e osservateli eseguendoli* (Devarim 5,1). La Creazione dell'uomo fu essenzialmente affinchè si affatichi nello studio della *Torà*, come troviamo nel trattato di *Sanedrin, perek Helek,*99: L'uomo è stato creato per faticare, come è scritto *l'uomo nasce per la fatica*; e si intende "fatica nello studio", come è scritto *questo libro della Torà non si allontani mai dalla tua bocca* (Giosuè 1,8)".

2. Vedasi su questo argomento anche nel Nefesh HaChaim, parte 4 cap13.

3. Ogni ebreo vuole eseguire la volontà Divina: quindi più si renderà conto che lo studio della *Torà* è lo scopo essenziale della Creazione e più aumenterà lo studio.

4. Anche se l'uomo vuole più semplicemente la vicinanza del Signore o la ricompensa nel Gan Eden, sapendo che lo studio della *Torà* è lo scopo essenziale della Creazione, di conseguenza gli sarà chiaro che esso è anche il più grande fattore per la vicinanza al Signore, il Quale si avvicina a chi esegue la Sua volontà, ed anche un grande motivo per ricevere ricompensa.

5. Quanto diciamo che lo studio è lo scopo essenziale della Creazione si intende a condizione che lo studioso si sforzi di osservare la *Torà* e non dica:"Se lo studio è lo scopo essenziale mi occupo solamente di esso e mi tolgo il giogo delle altre *mizvot!*" Su un tale tipo di studio non è stato detto che sia lo scopo essenziale della Creazione! Vedasi nel libro Ana Avda dove è riportato a nome del Chazon Hish che lo scopo essenziale dell'uomo in questo mondo è vivere con *kedushà* in argomenti inerenti la *middat ha-yesod* e che la strada per arrivare a questo è lo studio della *Torà*. Dire da una parte che l'essenziale sia lo studio e dall'altra che lo sia la *middat ha-yesod* non è una contraddizione perchè le due cose sono in qualche modo collegate sì da poter essere considerate la stessa cosa.Tuttavia se pure ci si trova molto in basso riguardo alla *middat ha-yesod* non è questo un motivo di astenersi dallo studio;

al contrario è un motivo di rafforzare lo studio con tutta l'energia perchè ciò aiuterà ad uscire dalla bassa situazione nella quale ci si trova ed a ritornare presto alla vicinanza del Signore!

Terza parte
Il cambiamento interiore dell'individuo attraverso la studio della *Torà*

1. E' scritto nella traduzione dello Zohar e riportato nel Nefesh HaChaiim, quarta parte cap.15:"È *mizvà* occuparsi e sforzarsi giornalmente nello studio della *Torà*. Occupandosi di *Torà* l'anima viene *riparata* e *sostituita* da un'altra santa anima sicchè l'uomo diventa come un angelo *kadosh*."

Questo deve essere un grande incoraggiamento per l'uomo affinchè studi molto, con tutte le sue forze; infatti ogni ebreo vuole innalzarsi ed avvicinarsi al Signore, essere più spirituale e raffinato, cambiare la sua essenza in un'essenza più santa. Se conoscesse una strada per arrivare a questo sarebbe disposto ad impegnare molto per essa. La strada sicura per arrivare a questo c'è già: Studiare abbondantemente la *Torà*; questo studio raffinerà l'anima e porterà l'uomo alla vicinanza al Signore. Lo studio della *Torà* è quindi la vera purificazione ed elevazione dell'animo.

2. Per alcuni è difficile incoraggiarsi grazie a queste nozioni, perchè il cambiamento che avviene attraverso lo studio non è visibile sicchè apparentemente sembra che l'individuo durante il periodo d'impegno nello studio sia rimasto lo stesso.

3. Quando si valuta la situazione di un individuo bisogna invece abituarsi a non giudicarlo solamente da quel che sembra essere in apparenza bensì saperne identificare l'aspetto spirituale.

Il Chazon Hish nel libro Emunà U-Bitachon scrive che tra gente comune ci può essere un uomo di un livello vicino a quello degli angeli, pur non notandosi la differenza tra lui e gli altri! Questo perchè il livello dell'individuo dipende da quello che è lui interiormente. I commentatori scrivono circa il livello dei profeti che era troppo alto per renderne l'idea con descrizioni. Nonostante questo il *talmud*, riferendosi al libro dei Re, domanda come la donna Sunamita sapeva che Eliseo fosse un uomo santo e risponde dal fatto che mai una mosca si avvicinava al suo tavolo! Vediamo quindi che senza questa dimostrazione non si sarebbe potuto riconoscere il livello di Eliseo!

4. Con questo non intendiamo dire che una persona debba nascondere il proprio livello elevato. Nel libro Hovat HaLevavot spiega che pur essendo questa una gran cosa è però molto pericoloso volersi comportare come gli altri per nascondere il proprio livello: ad esempio, una persona potrebbe pregare più brevemente di quanto vorrebbe per non farsi notare; così c'è il pericolo di scendere da tutti i livelli raggiunti per non farsi scoprire. In molti casi è quindi preferibile stare attenti a non cadere in questo possibile errore. Per il seguente motivo è importante sapere che non sempre i cambiamenti si vedono e si sentono: spessso chi ha iniziato a comportarsi meglio per un certo periodo ha il dubbio se continuare perchè, non vedendo grandi cambiamenti, gli sembra chi i risultati non giustifichino lo sforzo impiegato; per far evitare questo errore abbiamo scritto che è possibile invece che grazie ad un nuovo comportamento l'individuo sia enormemente cambiato rispetto a quello che era nonostante la cosa non sia visibile!

5. Spesso il problema è maggiore: l'individuo stesso non si rende conto del sostanziale cambiamento avvenuto dentro di sè e gli è quindi difficile incoraggiarsi allo studio grazie a queste nozioni.

6. Deve invece sapere con sicurezza che lo spirito di chiunque si dedichi allo studio della *Torà* diventa più *kadosh* e raffinato ed il fatto che non se ne renda conto dipende dal corpo che gli impedisce di percepire il cambiamento, come spiegato al cap.10.

Quarta parte
Ancora riguardo al cambiamento interiore dell'individuo attraverso la studio della *Torà*

1. Il Chafez Haim fa un paragone: La pelle di un animale non è in se stessa una cosa sacra ma se la si lavora con intenzione di usufruirne per un *sefer Torà* e lo si scrive poi sulla pergamena, diventa una cosa estremamente sacra; a magggior ragione quando un uomo

usufruisce del cervello per studiare la *Torà* diventa *kadosh*; se il *sefer Torà* dove le parole sono solamente scritte sulla pergamena diventa *kadosh*, a maggior ragione il cervello, dove le parole rimangono impresse. La differenza tra un individuo prima di aver studiato e dopo non è quindi meno di quella tra una pelle qualsiasi ed un sacrosanto *sefer Torà*!

2. Nonostante ogni ebreo, anche se non ha studiato la *Torà*, abbia una grande *kedushà*, il Hafez Chaiim intende sottolineare che la differenza di santità tra un ebreo prima che abbia studiato e dopo è come quella tra pelle qualsiasi ed un *sefer Torà*.

3. Anche chi ha già studiato molto, se studierà ancora, la sua essenza sarà ancora più santa e la differenza di santità prima dell'ulteriore studio e dopo sarà come quella tra una pelle qualsiasi ed un *sefer Torà*.

Quinta parte
Chi studia la *Torà* riceve un aiuto Divino soprannaturale

1. Scrive il Nefesh HaChaim, quarta parte cap.18:"Chi accetta il giogo della *Torà*, per amore della *Torà* stessa, si innalza al di sopra di tutte le cose di questo mondo e gode della Provvidenza Divina più degli altri. Questo perchè attraverso lo studio è come si unisse nel vero senso della parola alla *Torà* ed al Signore, santificandosi con la *kedushà* della *Torà* che è al di sopra di tutti i mondi e di tutte le forze naturali, ai quali essa dà la vitalità e sussistenza. Ne consegue che colui che si occupa di *Torà* lui stesso dà vitalità e sussistenza a tutti i mondi ed è al di sopra di essi e di coseguenza non è possibile che venga affidato dal Signore alle forze della natura".

2. Chi si occupa di *Torà* riceve in tutto aiuto soprannaturale dal Signore. E' possibile che ciò non si noti perchè spesso anche eventi al di sopra della natura avvengono in forma apparentemente naturale sì da sembrare normali agli occhi dell'osservatore, ma in realtà l'aiuto arriva grazie ad una sorprendente Provvidenza! [Dalle parole del Nefesh HaChaim apprendiamo che questo aiuto soprannaturale non riguarda solo la buona riuscita nello studio ma anche gli altri campi della vita; riguardo alla buona riuscita nello

studio vedasi sopra al cap.8].

3. Il fattto che si parli di questa particolare Provvidenza solamente in riferimento ad uno studio di *Torà* che è "per l'amore di essa stessa e non per altri scopi" non deve indebolire lo stimolo allo studio, come puntualizza il Nefesh HaChaim, riferendosi alle sue stesse parole in un altro punto del libro (quarta parte cap.3): lì specifica che per "studio di *Torà* per l'amore di essa stessa" non si intende altissimi livelli, difficili da raggiungere, bensì studiare con lo scopo di capire la *Torà* e non per altri scopi, come per ricevere *kavod* o per volere poi criticare.

A tale livello molte persone possono arrivare: studiare per sapere e capire; questo significa "studio di *Torà* per l'amore di essa stessa"! Anche se non in tutti i momenti ci si arriva, tuttavia una grande parte del tempo sicuramente si studia essenzialmente per questo solo scopo, sapere la *Torà* e comprenderla.

4. Nonostante quanto scritto nel paragrafo precedente, sicuramente sono di livello ancora più alto le persone che studiano con l'intenzione di eseguire la volontà del Signore, il cui studio è accompagnato da una sensazione di vicinanza a Lui ed è così considerato di qualità migliore: il Nefesh HaChaim ha già scritto nella terza parte del suo libro che attaccamento alla *Torà* è attaccamento al Signore, essendoNe la parola e ci sono diversi livelli in questo, come accennato dal Nefesh Hachaim stesso sempre nella terza parte. Lì, prima spiega prima che ci sono diversi tipi di *servizio del Signore con fervore* il più alto dei quali, consono a chi è veramente timoroso del Signore, va raggiunto perlomeno qualche volta, durante la preghiera; poi, verso la fine del cap.14, tra parentesi, scrive che è grande cosa arrivare a questo livello anche mentre ci si occupa di *Torà*. Tuttavia spiega nel Nefesh HaChaim che i meriti che spettano a chi studia la *Torà per amore di essa stessa*, come l'aiuto soprannaturale nelle varie cose della vita, sono anche per chi non arriva a questo livello, ma studia per sapere e capire e non per altri interessi laterali.

5. Certamente c'è vantaggio se a questa intenzione aggiunge dei pensieri ancora più elevati, come l'intenzione di soddisfare la volontà Divina, portare salvezza al popolo ebraico, volere imparare

per insegnare (a scopi positivi e non per vantarsi) o sapere come compiere le *mizvot*. Anche nelle Massime dei Padri è scritto che colui che studia per insegnare o per eseguire è meglio di chi studia solamente per lo studio in se stesso.

TREDICESIMO CAPITOLO
Riguardo alla devozione per lo studio; la rinuncia ad altre cose che impediscono l'assiduità nello studio della *Torà*

1. Scrive il *talmud* nel trattato di *berachot* 61b:"Una volta il malvagio Impero Romano emanò un decreto che vietava di studiare *Torà*, ma nonostante questo Rabbì Akivà formava pubblicamente dei gruppi di studio ed insegnava. Dopo poco tempo venne catturato ed imprigionato. Mentre lo giustiziavano era l'ora di dire lo *shemà*; gli scortivano la pelle con dei pettini di ferro e lui, dicendo le parole dello *shemà*, s'impegnava ad accettare su sè stesso quanto il Signore comandava agli ebrei e la Sua volontà.Gli dissero i discepoli-Maestro,fino a questo punto!- Rispose:-E' scritto *amerai il Signore tuo D-o con tutta la tua anima*, cioè *anche se ti uccidono*. Tutta la vita ero dispiaciuto, pensando "quando potrà capitarmi l'occasione di adempiere a questo", ora che mi si presenta l'occasione non adempierò forse al precetto di sacrificare anche la mia anima per il Signore!?"

2. Scrive il *talmud* nel trattato di *sanedrin* 13a e 14b: Disse Rav Jeudà a nome di Rav:-Sia Rabbì Jeudà Ben Babba ricordato in bene poichè se non per suo merito i rabbini non avrebbero più il potere di fare multe![Per avere il potere di multare occorre l'investitura rabbinica; come spiega il *talmud* ci fu un decreto antiebraico che proibiva l`investitura ma Rabbì Jeudà Ben Babba sacrificò la vita e riuscì ad investire dei rabbini prima di morire] Una volta i romani decretarono divieto di investitura rabbinica con pena mortale per chi l'avesse data e per chi l'avesse ricevuta. Rabbì Jeudà Ben Babba investì cinque rabbini, Rabbì Meir, Rabbì Jeudà [Bar Ilai], Rabbì Shimon [Bar Jochai], Rabbi Jossi Ben Halfata e Rabbì Elazar Ben Shammoa, Rabbì Avia aggiunge anche Rabbì Nechemià. Quando i romani se ne accorsero gli disse[Rabbì Jeudà Ben Babba ai suoi discepoli]:"Figli miei, correte scappate!" Gli dissero:"E tu, rabbino,

cosa fai?" Rispose:"Io ormai sono come un masso che comunque non serve a nessuno." I romani non se ne andarono prima di aver conficcato nel suo corpo trecento frecce di ferro rendendolo come un setaccio[cioè lo fecero morire con una brutta morte].

3. Nel trattato di *sanedrin*18a, il *Talmud* racconta che dopo il decreto romano che vietava lo studio della *Torà*, Rabbì Hanninà Ben Tradion si occupava di *Torà*, insegnava in pubblico e si teneva vicino il *sefer Torà*; lo condannarono al rogo.

4. Nonostante la regola generale è che quando c'è pericolo di morte non si devono compiere le *mizvot*, in caso di decreto ufficiale contro di esse è diverso; vedasi attentamente nello *Jorè Deà* cap. 157 i particolari circa quando, in pericolo di morte, si trasgrediscono le *mizvot*.

5. Noi vediamo da questi episodi che i nostri rabbini i tannaiti sacrificarono la vita per la *mizvà* di insegnare la *Torà*; comprendiamo quindi la grande importanza dello studio e quanto sia dovere rinunciare a molte cose che vengono a suo scapito: infatti se grandi uomini rinunciarono alla vita per insegnare la *Torà*, sicuramente è dovere rinunciare a molte cose per lo studio.

6. Scrive il *talmud* nel trattato di *shabbat* 83b:"Ha detto Resh Lakkish-Le parole di Torà non rimangono se non presso chi sacrifica la sua vita per esse, come è scritto, *quando un uomo "morirà" nella tenda (nel Beth HaMidrash)-"*.

Certamente non si intende che debba uccidersi per studiare perchè se morirà non potrà più studiare! Al contrario, la *mizvà* di trasgredire quando c'è pericolo di vita è molto grande [gli episodi sopra citati invece sono in caso di decreti ufficiali come spiegato sopra]. La *ghemarà* si riferisce al caso nel quale ci sono per un individuo cose a lui molto care, come quando è portato ad un certo mestiere oppure ha un gran desiderio di arricchirsi, per cui rinunciare ad esse gli è difficile quasi come morire. Allora è scritto che la vera strada è rinunciare a favore dello studio della *Torà*; questo è il sistema per impadronirsi della *Torà*.

I casi citati riguardano in genere la futura strada di un individuo; ma anche in piccole situazioni, come quando c'è un dubbio sul da farsi nelle prossime ore, se studiare o andare a conversare sulle interessantissime novità accadute o a fare qualcos'altro che distoglie dallo studio ed è difficile rinunciarci, la *ghemarà* dice che è *mizvà* andare contro la volontà: farzi forza in questo caso per andare a studiare è considerabile un po' come morte, avendo "ucciso" la volontà. Questo è uno dei sistemi per acquisire la *Torà*!

7. La *ghemarà* si riferisce anche alla rinuncia a cose necessarie per l'amore dello studio, come dice la *mishnà* nelle Massime dei Padri:"Questa è la vita di studio: mangia pane intriso nel sale, bevi acqua con misura, dormi in terra; vivi una vita di privazioni e affaticati nello studio della Legge. Se tu farai così sarai felice e beato: felice in questo mondo e beato nel mondo a venire".

In realtà oggi non c'è bisogno di rinunciare alle cose indispensabili e per questo nel paragrafo precedente abbiamo portato esempi di rinuncia più frequenti oggi anche ai quali si riferisce la *ghemarà*.

Tuttavia bisogna sapere che se capita una situazione nella quale si è messi alla prova, sicchè per studiare si è costretti a rinunciare a cose basilari e vivere con ristrettezza, come nella *mishnà* delle Massime dei Padri, bisogna essere come una roccia o un pilastro di ferro e farzi forza per non abbandonare la *Torà*. I Maestri hanno anche detto:"Ha più valore una *mizvà* compiuta grazie a sacrifici che cento fatte senza sforzi."

8. È scritto inoltre nel trattato di *shabbat* 83b:"Ha detto Rabbì Iochanan: - Non si astenga mai l'uomo dall'andare al *Beth HaMidrash* e dalle parole di *Torà*, neanche al momento della morte, come è scritto, *quando un uomo "morirà" nella tenda (nel Beth HaMidrash)-"*.

Nonostante, in genere, la prova dell'uomo riguardo allo studio non è al momento della morte bensì in altre circostanze , tuttavia da questo esempio bisogna imparare come comportarsi in quei momenti nei quali sembra quasi impossibile occuparsi di *Torà* e arrivare al *Beth HaMidrash*, per via dello stato d'animo o altre circostanze: dalla *ghemarà* si apprende che non è impossibile; infatti se mentre si muore hanno detto che non ci si astenga dall'andare al *Beth HaMidrash* e dall'occuparsi di *Torà*, a maggior ragione in quei momenti nei quali ci sono delle cose che disturbano ad un livello molto inferiore!

QUATTORDICESIMO CAPITOLO
Riguardo la *tefillà*
Prima parte
Uno stimolo per valorizzare la *tefillà*; diversi aspetti della *tefillà*

1. Riporta la *ghemarà* nel trattato di *berachot* 6b:"Ha domandato quel saggio a Rav Bibbi Bar Abayè e c'è chi dice che Rav Bibbi ha domandato a Rav Nachman Bar Izchak: - Che significa *l'altezza disprezzata dagli uomini* (un verso dei Salmi cap.12)? - Ha risposto:- Sono le cose che sono più in alto in questo mondo e nonostante ciò non sono valorizzate dagli uomini-". Rashì spiega *le cose che sono più in alto* "come la tefillà che sale in alto". Vediamo quindi che il valore che danno gli uomini alla *tefillà* è molto inferiore a quello reale. Deve invece ognuno cercare di valorizzare la *tefillà* e di ridarle per quanto possibile il suo valore effettivo. Uno dei sistemi per arrivare a questo è studiare circa il vero significato della *tefillà*; sciveremo quindi qualcosa su questo.

2. Ci sono diversi aspetti nella *tefillà*: le lodi, le richieste ed i ringraziamenti, come spiegato a nome di Rabbì Hanninà nel trattato di *Berachot* 34a, riguardo all'*amidà*: "Nelle prime benedizioni [chi prega] è come un servo che loda il padrone, in quelle di mezzo come un servo che gli chiede un premio e nelle ultime come un servo che ha ricevuto il regalo e lo saluta prima di andar via."

3. Anche i tipi di sensazioni mentre si prega sono diversi. Esiste la sensazione di attaccamento al Signore, ma anche la sensazione di chi implora affinchè il Signore cambi in bene la situazione; ci sono anche delle richieste il cui scopo è proprio la sensazione stessa che tutto dipende dal Signore e non c'è nessun altro che ci possa aiutare.

[Questo in forma molto generica ma non ho approfondito circa altri tipi di sensazioni durante la *tefillà*.]

Seconda parte
La concentrazione del pensiero sul Signore, durante la *tefillà* e in altri momenti

1. Riguardo all'attaccamento del pensiero al Signore possiamo dire

che è una grande *mizvà*, come spiegato da molti commentatori. Essenzialmente non riguarda solamente i momenti di *tefillà*; il livello migliore è pensare al Signore in ogni momento come ampiamente spiegato dai commentatori. Vedasi quanto scrive il Nefesh HaChaim, terza parte cap.13 e 14, riguardo ai patriarchi ed a Mosè il cui pensiero era perennemente attaccato al Signore.

2. Certamente arrivare al livello di pensare in ogni istante al Signore è difficile, ma ci si sforzi di pensare a Lui quanto più possibile. Presso molti il momento più adatto è durante la *tefillà*; se pensare a Lui durante tutta la preghiera è difficile, perlomeno si faccia lo sforzo di concentrare il pensiero durante una parte di essa, ognuno secondo il suo animo e la sua situazione. Seppure non si è capaci di arrivare affatto a questo attaccamento, non bisogna crucciarsi perchè anche senza questo si può arrivare ad alti livelli nel servizio del Signore; inoltre, quasi sicuramente, anche se oggi non ci si riesce, arriverà il giorno nel quale ci si riuscirà. È una regola riguardo al servizio del Signore che in ogni situazione nel quale il Signore ci ha messo, sforzandoci, potremo servirLo meravigliosamente, anche nei casi nei quali sembra realmente difficile.

3. Molti pensano erroneamente riguardo all'attaccamento al Signore che sia solo una questione di pensiero e di cuore, ma non è così. Anche se in pratica esteriormente l'attaccamento al Signore ci sembra solo una questione di pensiero e sentimento, in realtà c'è molto di più: i commentator [vedasi nel libro Shaarè Keduscià di Rabbenu Haim Vital, nella terza parte *shaar* 5 ed in altri punti], spiegano che attraverso l'attaccamento del pensiero al Signore, cresce realmente il legame dell'anima con Lui e si rafforza sicchè il Signore la *illuminerà* più intensamente.

4. E' difficile dilungarsi a spiegare come avviene questo legame al Signore perchè dipende da concetti di cabala. In linea di massima dai commentatori apprendiamo che così come in questo mondo è possibile con certi sistemi unire due oggetti materiali, ad esempio due assi con chiodi e martello, anche l'anima la si può in qualche modo unire al Creatore. Il modo è concentrando il pensiero sul Creatore; non possiamo renderci conto dell'essenza del Creatore

ma l'espressione di questo legame è una santa emanazione spirituale verso l'anima di chi si attacca a Lui. Come detto, quando si sviluppa il pensiero sul Creatore, questo non rimane una sola questione di pensiero, bensì si crea un reale rafforzamento di legame.

5. Questo legame, pur essendo spirituale, non è solo sensazione ma un qualcosa di reale, così come gli angeli pur essendo spirituali ed impalpabili sono una realtà esistente.

6. È semplice ed evidente che anche senza concentrare il pensiero sul Signore, l'animo di ogni ebreo è profondamente legato al Signore e Ne riceve *luce*: quindi attraverso il pensiero si aumenta e rinforza solamente il legame già esistente.

7. In realtà ogni *mizvà* compiuta ed ogni studio di *Torà* rinforza il legame dell'anima al Signore, come già spiegato, ma spesso non ce se ne rende conto [come trattato ampiamente al capitolo 10]. Ma quando parliamo della concentrazione del pensiero intendiamo un certo tipo di legame, percepibile con più facilità e nel quale quindi da un punto di vista spirituale c'è un vantaggio. Questo non vuol dire che sia un tipo di legame più importante di quello raggiunto attraverso altre *mizvot* perchè diremo invece che ogni *mizvà* genera un legame di un certo tipo, e tutti i diversi tipi di legame sono importanti.

Terza parte
Ancora riguardo la concentrazione del pensiero sul Signore
1. Bisogna sapere riguardo a questa questione che è difficile raggiungere l'attaccamento del pensiero al Signore cercandolo direttamente; ci si arriverà invece semplicemente pensando alle parole della *tefillà* mentre si prega. E' comunque importante sapere dell'importanza di questo attaccamento, affinchè ci si sforzi di pensare alle parole quando si prega ed a non perderlo una volta raggiunto.

2. Il Ramchal scrive nella sua opera Adir BaMarom che questo attaccamento del pensiero al Signore espia i peccati; l'anima, unendosi al Signore, si pulisce dalla sporcizia delle *averot*. Non

intende esonerare dal far *tesciuvà* colui che sa pensare al Signore con attacamento, oppure fargli sottovalutare il peccato; ha scritto questo per chi fa attenzione a non peccare e fa *tesciuvà* sui peccati perchè anche dopo la *tesciuvà* rimane sempre, purtroppo, da completare la *pulizia dell'anima*; in questo lo può aiutare l'attaccamento del pensiero al Signore.

3. La *mizvà* della *devekut baHaShem~attaccamento al Signore* è molto importante; seppure una persona ci arriva una volta al mese o anche più raramente, si mantenga a questo livello con tutte le forze, ed a maggior ragione chi la raggiunge con facilità ed arriva alla *devekut* diverse volte al giorno, durante la *tefillà* o in altri momenti, si deve impegnare per raggiungerla spesso.

4. Nel Nefesh HaHaim, quarta parte, spiega a lungo che durante lo studio della *Torà* non c'è bisogno di pensare alla *devekut*, perchè durante lo studio, essendo *attaccati* alla *Torà*, è come si fosse attaccati al Signore direttamente perchè la *Torà* è la Sua parola. Ma è d'accordo che se pur non c'è l'obbligo sarà ancora più di livello chi aggiunge durante lo studio pensieri di *devekut* (vedasi attentamente nel Nefesh HaHaim, terza parte cap.14, verso la fine tra le parentesi e qui nel libro cap.12, quinta parte par.4). In effetti certe persone arrivano alla forma più intensa di *devekut* proprio attraverso lo studio della *Torà* che eleva la loro anima *legandola* al Signore.

5. Riguardo a coloro che hanno molta difficoltà ad arrivare alla *devekut* vedasi quanto scritto sopra, seconda parte par.2.

Quarta parte
Riguardo alle richieste già formulate nel libro di preghiere e quelle personali

1. Uno dei concetti base nella *tefillà* è che il Signore è misericordioso e quando Gli si chiede qualcosa ascolta ed aiuta. Nei libri ebraici è spiegato che non esiste *tefillà* che non agisca qualcosa: da ogni *tefillà* deriva una salvezza ma a volte il Signore invece di quella richiesta ne porta un'altra che Lui considera più adatta. In linea di massima è obbligatorio sapere e credere che spesso viene esaudita direttamente la richiesta effettuata.

2. Bisogna abituarsi a credere fermamente che tutto ciò che si vuole e si chiede dipende esclusivamente dal Signore. Un importante aspetto della *mizvà* del pregare è proprio il credere in questo. Inoltre, c'è il valore della *tefillà* nel fatto che la richiesta viena ascoltata e ne deriva una salvezza.

3. È molto importante che l'individuo si abitui a chiedere quel di cui ha bisogno implorando il Signore come per qualcosa che non si merita e non come chi sta esigendo che la richiesta venga esaudita; così la *tefillà* è più accettata. [Ancora meglio se riesce a pregare con le lacrime, come hanno detto i Maestri:"Le porte non sono chiuse per le lacrime". Mi sembra che che nel Kovez Ighrot Hazon Hish (vedasi lì perchè ora non ho il libro a portata di mano) dia un consiglio per riuscire a chiedere con le lacrime agli occhi una buona riuscita nello studio della *Torà*: dopo una introspezione, constatare con dolore quanto poco abbiamo raggiunto nella conoscenza della *Torà*; questa constatazione ci porterà alle lacrime].

4. Per molti è più facile pregare dal profondo del cuore quando formulano la richiesta con le loro parole. La cosa è permessa secondo *l'alachà* e consigliabile: si può aggiungere una formula personale alla fine dell' *amidà*, prima dell'ultimo *yeì razzon*. Inoltre, si possono fare richieste in qualsiasi formula in ogni momento, anche al di fuori dell'ora di *tefillà*. [Bisogna fare molta attenzione a non chiedere al Signore punizione per chi ci ha fatto del male perchè questo è un gran divieto. La *tefillà* deve esesere solo per cose buone].

5. I Nostri Maestri raccontano di molti eventi che cambiarono in bene totalmente la situazione del popolo ebraico, avvenuti tutti grazie alla preghiera di singole persone. La forza della *tefillà* è quindi enorme. Mi sembra che nel libro Kovez Ighrot Hazon Hish ci sia quest'espressione riguardo la *tefillà*: "Una verga potente in mano dell'uomo per cambiarne del tutto la situazione". Quindi colui che si trova in pessima situazione può trasformarla in ottima implorando il Signore, quando la richiesta verrà accettata ed il Signore cambierà le cose in bene.

QUINDICESIMO CAPITOLO
L'enorme obbligo d'occuparsi di *Torà* quanto più possibile

1. Scrive il Nefesh HaHaim, quarta parte cap.15:"La *bocca* del Signore benedetto ci ha avvertiti di questo grave comandamento: -Questo libro della *Torà* non si allontani mai dalla tua bocca; meditalo giorno e notte...-"(Giosuè 1,14) Troviamo anche nella traduzione all'introduzione dello Zohar:"Guarda come è grande la forza della *Torà* e come sia essa al di sopra di tutto...! Perciò l'individuo deve sforzarsi nel suo studio di giorno e di notte e non separarsene, come è scritto- *meditalo giorno e notte-*; quando si allontana da essa è come se si allontanasse dall'Albero della Vita!"

2. È scritto nel libro Tana DeVe Eliau Zuta, cap.13:"Ha detto Shemuel-Si sforzi l'uomo nelle parole di *Torà* perchè esse sono paragonate al pane ed all'acqua...per insegnarti che così come non si può stare senza pane ed acqua, neanche senza la *Torà* si può reggere, come è scritto *non si allontani mai dalla tua bocca etc.-*" Parole simili troviamo nel Midrash Tanchuma sul verso dello *shemà* che dice *se ascolterete etc.* e sulla *parashà* di *Aazinu*; così pure nel Midrash Tehillim sul primo salmo.

3. Nei Proverbi (cap.3 v.18) è scritto:" È l'albero della vita per chi si aggrappa ad essa". Infatti l'uomo deve immaginarsi che se stesse affogando in un fiume impetuoso, vedendo un tronco robusto, sicuramente si sforzerebbe di afferrarlo ed attaccarsi ad esso senza lasciarlo neanche un istante, perchè solo da questo dipende allora la sua vita; chi può essere infatti talmente ingenuo dal non capire che impigrendosi ad afferrarlo sia pure per un attimo, affogherebbe subito!?

4. Anche la *Torà* è soprannominata *l'Albero della Vita*, perchè solo chi è preso dall'amore per essa, se ne occupa e la medita constantemente vive la vera vita, eccelsa; è come fosse legato e attaccato al Signore, poichè Lui e la *Torà* sono tutt'una cosa.

5. Sempre nel Tana DeVe Eliau, cap.34, scrive all'incirca queste parole:"Da quando è stato distrutto il Santuario ed i figli sono andati via in esilio dalla tavola del Padre, la Presenza Divina, se così ci si può esprimere, *va in giro errante e non ha pace*; non Gli è rimasta se non questa *Torà*: cioè, quando i Figli d'Israele se ne

occupano come si deve fungono un poco da Santuario per la Presenza Divina, *La sostengono e L'appoggiano*; allora Essa *stende le Sue ali su di loro e ci Si intrattiene* e così *ha un po' di serenità.*" Questo corrisponde alla massima del tratatto di *Berachot* 8a (primo capitolo) che dice:"Dal giorno che è stato distrutto il Santuario non sono rimaste per il Signore se non *le quattro ammot~braccia* (unità di misura) *di alachà.*"

6. Troviamo ancora nel trattato di *Berachot*:"Da dove si impara che la Presenza Divina si trova anche presso un singolo che studia la *Torà*? Come è scritto:-Dovunque ricorderò il Mio nome...-". Nel Midrash Mishlè Rabbà, alla fine della *parashà* 8, è scritto sul verso che dice *chi mi ha trovato ha trovato la vita*:"Ha detto il Signore-chi si trova tra parole di *Torà*, anche Io mi trovo da lui; per questo è scritto *chi mi ha trovato ha trovato la vita-*".

7. Chi è intelligente comprenda ed assuma un santo comportamento: fare attenzione per tutta la vita a non tralasciare lo studio della *Torà*, a ripugnare il male e scegliere quel che è bene, per lui e per tutte le creature ed i mondi, affinchè soddisfi il Creatore, benedetto Egli sia.

SEDICESIMO CAPITOLO
Le parole della Messilat Yesharim, cap. 25

1. Scrive il Messilat Yesharim nel capitolo 25 come arrivare al più elevato tipo di timore del Signore: Il sistema per arrivare a questo timore del Signore è pensare bene a due verità: La prima, che il Signore si trova ovunque. L'altra, che Egli sorveglia ogni cosa, piccola o grande e nulla è nascosto dai Suoi occhi, nè per via della grandezza nè per la piccolezza; Lui vede e capisce senza differenza cosa grande o piccola, futile o importante.

2. Questo è il significato dei seguenti versi:"...tutta la terra è piena della Sua gloria"(Isaia cap.6 v.3); "...il cielo e la terra lo riempio..."(Geremia cap.23 v.24); "Che si abbassa per guardare nel cielo e sulla terra"(Salmi cap.113 v.6); "Perchè sublime è HaShem e vigila sul basso..."(Salmi cap.138 v.6). [I primi due versi, riportati dal Messilat Yesharim, riguardano la prima verità, che il Signore si trova ovunque; gli ultimi due si riferiscono alla seconda, che il

Signore sorveglia tutto.]

3. Una volta resoci conto che dovunque ci troviamo la Presenza Divina è con noi, da soli arriveranno il timore di D-o e la paura d'inciampare in comportamenti non consoni alla Sua altezza. È scritto infatti nelle Massime dei Padri (cap.2 *mishnà* 1):"Sappi che cosa c'è sopra di te: un occhio che vede, un orecchio che ode e tutte le tue azioni vengono registrate in un libro...". Poichè il Signore vigila, vede e sente tutto, sicuramente tutte le azioni umane sono registrate come un merito o come una colpa.

4. Si riesce ad interiorizzare questi concetti solo dopo che ci si abitua a pensarci sempre, con constanza. Infatti essendo concetti non palpabili con la mano non possono essere recepiti se non attraverso molta attenzione e profondità di pensiero; anche dopo averli recepiti, essi sfuggono facilmente senza un ripasso continuo. Quindi se il pensare costantemente a questi concetti è la strada per acquisire il timor di D-o, d'altro lato distogliendosi dal pensarci, comportandosi inavvertitamente, si perde questo timore; sia la causa volontaria o siano le preoccupazioni, in ogni caso questo distogliersi ci priva dal perenne timor di D-o.

5. Questo è ciò che ha comandato il Signore al re di Israele: "E sarà con lui (il *sefer Torà*) e lo leggerà per tutta la vita, affinchè impari a temere il Signore..." (Deuteronomio cap.17 v.19).Impariamo che il timore del Signore non si apprende se non attraverso la lettura ininterrotta; il verso dice *affinchè impari a temere* perchè questo timore non è naturale, al contrario è lontano dai nostri sensi, che sono materiali. Quindi non c'è timore di D-o senza studiarlo e non c'è altro studio per arrivarci se non quello, costante, della *Torà* e delle sue strade.

6. Il pensiero sulla Presenza Divina deve essere continuo, quando si è seduti e quando si cammina, quando ci si corica e quando ci si alza, finchè si interiorizzerà come verità che il Signore è presente ovunque e che ci troviamo in ogni momento davanti a Lui. Allora Ne avremo effettivo timore. Questo chiese il re Davide dicendo:"Insegnami la Tua via, o Signore, perchè possa camminare nella Tua verità, indirizza il mio cuore a temere il Tuo nome". Fino a qui le parole del Messilat Yesharim.

7. Queste parole della Messilat Yesharim al cap.25 sono fondamentali ed hanno il potere di portare l'uomo ad alti livelli. Felice chi riesce ad abituarsi a ripassare questo capitolo della Messilat Yesharim giornalmente! Sicuramente riuscirà così a fare buoni cambiamenti nella vita, soprattutto se ne capirà a fondo il significato. [Lo Shulchan Aruch nel Jorè Deà cap.214 scrive che iniziando ad abituarsi a fare una determinata cosa positiva bisogna dire *belì neder*, cioè che questo non è un "voto". Leggasi lì attentamente che bisogna anche specificare che non ci si impegna (bisognerebbe approfondire per capire il motivo di questa aggiunta; vedasi anche Levush ed Aruch HaShulchan)].

8. Riassumiamone il contenuto.

1-Due concetti basilari:

a) L'uomo si trova in ogni istante davanti al Signore.

b) Tutti i particolari delle sue azioni e dei suoi affair sono vigilati, viene controllato se ha agito bene o male e tutti i fatti vengono presi in considerazione particolareggiatamente.

2-a) Se queste due nozioni vengono interiorizzate salvaguardano l'uomo dal peccato.

b) Per interiorizzarle c'è bisogno di un continuo ripasso

[nel paragrafo precedente abbiamo consigliato la lettura giornaliera del cap.25 della Messilat Yasharim].

DICIASETTESIMO CAPITOLO

Riguardo a questioni di *kedushà* e di pudicizia ed il gran vantaggio che perviene a tutto il popolo ebraico quando ogni singolo è attento in questi argomenti

Prima parte

1. I libri di *alachà* e cabala spiegano ampiamente come è grande l'obbligo di fare attenzione a tutte le regole inerenti a questioni di *kedushà* e pudicizia; così pure come siano grandi il merito e la ricompensa per chi ci fa attenzione e viceversa le punizioni per chi, D-o guardi, si comporta al contrario. Dei particolari tratterò in una sezione a parte.Qui voglio soffermarmi solo su un particolare: il vantaggio che perviene a tutto il popolo ebraico quando ogni

singolo è attento in questi argomenti.

2. Nei Salmi c'è quest' espressione riguardo al Mar Rosso prima che si aprisse:"Il mare vide e fuggì". Commenta il *midrash*:"Cosa vide? La bara di Giuseppe." Il *midrash* arriva a questa conclusione perchè anche presso Giuseppe troviamo l'espressione *fuggì*, quando scappò via per evitare di peccare con la moglie di Potifar. Il significato del *midrash* è che il mare si aprì grazie al merito di Giuseppe il quale fuggì dal peccato. Questo è meglio specificato nel libro *Tikkunè haZohar* dove è scritto che se Giuseppe non avesse retto alla tentazione il popolo ebraico sarebbe affogato (ci sono diversi modi di spiegare come questo sarebbe potuto succedere, considerando le promesse che aveva fatto il Signore ad Abramo nostro padre).

3. Il merito di Giuseppe per l'essersi astenuto dal peccato era enorme. Grande era infatti la tentazione considerando la seguente situazione: Giuseppe era un ragazzo che era stato rapinato dalla *casa* dei genitori e non aveva conoscenti in Egitto che potessero salvarlo. I Nostri Maestri spiegano, se non erro, che la moglie di Potifar aveva minacciato di far condannare Giuseppe all'ergastolo se avesse rifiutato di peccare con lei ed in effetti alla fine lo fece mettere in prigione dove rimase per dodici anni, anche questa grande sofferenza. Giuseppe sapeva che secondo logica una volta imprigionato non avrebbe avuto più speranza d'uscire; quindi astenendosi dal peccato sarebbe rimasto tutta la vita solo, per morire in prigione. Se invece avesse acconsentito nessuno l'avrebbe saputo all'infuori di loro due, avrebbe potuto continuare una buona carriera come il maggior responsabile in casa di un gran ministro ed arrivare a gran successi. Nonostante tutto, per timore di D-o, evitò di peccare e grazie a questo merito salvò tutto il popolo d'Israele al Passaggio del Mar Rosso.

4. Alla fine, miracolosamente, Giuseppe diventò re e tornò ad avere il padre vicino. Proprio grazie al suo astenersi dal peccato incontrò in prigione il coppiere, interpretò il suo sogno e questi lo raccontò in reggia. Quindi il suo merito lo portò al successo, nonostante in un primo tempo, ad occhi umani che non conoscono il futuro, sembrava il contrario.

5. Da questo impariamo che anche l'astenersi dal peccato di un singolo porta bene a tutto il popolo. Qui si trattava di un peccato ma troviamo che anche piccoli buoni comportamenti in questioni inerenti la *kedushà* e la pudicizia hanno la forza di portare abbondanti benedizioni per tutto il popolo, come porteremo più avanti nella seconda parte, riguardo a Kimchit.

6. Qui i Maestri hanno imparato dai versi che grazie a Giuseppe si salvò tutto il popolo ma dobbiamo dedurne che molti buoni comportamenti inerenti alla *kedushà*, adottati dagli ebrei in tutte le generazioni, salvarono e portarono beneficio a tante altre parti del popolo.

7. Vedasi quanto spiegato nella terza parte come questi argomenti in particolare abbiano il potere di portare benedizione e salvezza a tutto il popolo ebraico.

Seconda parte

1. Troviamo nel Talmud Babilonese riguardo una donna di nome Kimchit che grazie al suo comportamento portò del bene al tutto il popolo. Il trattato di *Yomà*, 47a, racconta che ebbe tre figli che diventarono sommi sacerdoti. I saggi le domandarono cosa aveva fatto per meritarsi questo e lei rispose che non aveva mai scoperto i capelli, neanche in casa; loro osservarono che altre donne che si erano comportante nello stesso modo non ricevettero questo premio. Comunque dal Talmud di Gerusalemme si comprende che i saggi furono d'accordo sulla sua tesi.

2. Infatti in diversi punti del Talmud di Gerusalemme troviamo, non come nel Talmud Babilonese, che i Maestri accettarono la tesi riguardo al motivo grazie al quale fu premiata e vedasi lì che dimostrarono il concetto da un verso. (Trattato di *Yomà* 5a cap.1 *alachà* 1, *Meghillà* cap.1 *alachà* 10, *Orayot* cap.3 *alachà* 2).

3. È possibile che anche il Talmud Babilonese sia d'accordo con quello di Gerusalemme che questo era il merito determinante di Kimchit ma sostiene che sicuramente venne premiata anche per qualche merito degli avi; forse è dovere spiegare così per non creare una grande contraddizione tra i due talmud, anche perchè discuterebbero quale fosse la realtà, cosa insolita nel talmud. [Il

commentatore del talmud Rasciash spiega che anche riguardo ad altri episodi dove, dopo aver portato il talmud la motivazione di un premio, i saggi osservano che altri con lo stesso merito non ricevettero lo stesso premio, s'intende solamente sostenere che non fu quel merito l'unico motivo del premio ma sicuramente quello era il motivo esenziale.] In ogni caso pur fosse una discussione nel talmud se fu la *mizvà* di coprirsi i capelli o meno ciò che la rese meritevole di figli sommi sacerdoti, il fatto stesso che viene riportata questa opinione e viene respinta solo dal fatto che altre non hanno ricevuto la stessa ricompensa è già una dimostrazione che la logica talmudica accetta l'idea. In ogni caso il Talmud di Gerusalemme pensa che questo era il motivo della ricompensa.

4. Bisogna capire cosa c'è di speciale nel fatto che non andava a capelli scoperti neanche dentro casa. Se si intende quando c'erano degli uomini in casa, questa è una *alachà* che era osservata da tutte e non sarebbe quindi un particolare merito di Kimchit. Si intende invece che non scopriva mai i capelli anche quando non c'era nessuno, cosa questa se pur in genere posibile ma difficilissima da eseguire sempre. Per questo disse che fu grazie a questo sacrificio che ricevette una ricompensa. È quasi palese dalle parole del *talmud* che la questione era il suo rimanere con i capelli coperti anche quando non c'era nessuno in casa; infatti l'espressione precisa nel talmud è:" Il soffitto della mia casa non ha mai visto le trecce dei miei capelli."

5. La grandezza del merito d'aver un figlio Sommo Sacerdote è indescrivibile, a maggior ragione sette: Infatti questi ha il particolar compito di portare l'espiazione a tutto il popolo nel giorno di *kippur*; è l'unico che ha il permesso ed il dovere d'entrare nel luogo più santo e nel giorno più santo per agire a favore di tutti.

Mi sembra che secondo la cabala anche durante il resto dell'anno le sue azioni hanno un'influenza particolare per tutto il popolo.

Quindi Kimchit grazie al suo merito ebbe una ricompensa benefica per tutta la società ebraica.

6. Il *talmud* parla di un certo comportamento inerente la pudicizia, riguardo ai capelli, ma possiamo dedurne in generale l'importanza

della pudicizia e della *kedushà*, per uomini e per donne. [Il *talmud* di Gerusalemme riporta ancora un altro esempio di comportamento inerente la pudicizia ed anche dal verso lì riportato vediamo che l'importanza di questa è generale e non limitata a particolari specifici].

7. Nel caso di Kimchit era visibile che il suo comportamento portò merito per tutto il popolo d'Israele, perchè vedettero come i suoi figli diventarono sommi sacerdoti; i Maestri spiegano anche il nesso tra questa ricompensa e l'attenzione in argomento di pudicizia. Noi dobbiamo dedurre che molte altre attenzioni di altre donne in questi argomenti durante le generazioni hanno portato salvezza al popolo d'Israele.

Terza parte

1. Nella prima e seconda parte abbiamo spiegato che attenzioni di singoli in argomenti inerenti *kedushà* e pucidizia hanno il potere di portare bene a tutto il popolo. Bisogna capire il motivo per cui proprio questi argomenti hanno questa forza; nonostante abbiamo spiegato, soprattutto nel quarto capitolo, che ogni *mizvà* ed ogni astensione dalla trasgressione salva il popolo perchè incrementa l'emanazione Divina dai mondi celesti, tuttavia sembra che questi argomenti abbiano un'influenza particolare.

2. Va spiegato secondo i segreti della cabala sui quali è difficile dilungarsi. Qui daremo una delle spiegazioni, basata su un concetto cabalistico, riprendendo più che altro quanto scritto dal Ramchal nel libro Adir BaMarom,capitolo initolato Ichud haGan, perchè la sua lingua è più comprensibile. [In una lettera dell'Agrash di Amzislaw (grande *chacham* le cui parole sono a volte riportate nella Mishnà Berurà), discepolo dell'Agrach di Vologin, scrive a nome dell'Agrach che testimoniò a nome del Gaon di Vilna circa la grandezza del Ramchal nella cabala.Nella stessa lettera l'Agrash racconta di avere riferito all'Agrach che il libro Adir BaMarom del Ramchal è pieno di grandi segreti su quanto succede nei mondi celesti ed in particolare l'articolo Ichud HaGan; il Grach confermò la cosa. Noi quindi riporteremo la spiegazione dell'Ichud HaGan.]

3. Il concetto, come già scritto, è che attraverso le buone azioni

degli ebrei vengono *aggiustati i mondi celesti* ed allora perviene da essi un'emanazione di bene, spirituale e materiale, su tutto il popolo. Qui subentra un problema: Bisogna proteggersi affinchè quest'emanazione, o una parte d'essa, prima d'arrivare a noi, non venga presa da *forze superiori impure*. Il Ramchal spiega che questo è un gran problema per via del quale solo una parte di quest'emanazione scende su questo mondo, mentre l'altra viene conservata nei mondi celesti, per il popolo d'Israele nel Mondo Futuro; se scendesse ora andrebbe perduta. Aggiunge che con certi sistemi si più salvuaguardare quest'emanazione affinchè non se ne impossessino *le forze impure*; adottando questi sistemi si acquisisce un gran merito perchè si permette al popolo ebraico di ricevere un'abbondante emanazione di bene, spirituale e materiale già in questo mondo. [Questo non a scapito di quella del mondo Futuro; al contrario quest'emanazione sarà motivo d'acquisire ancora altri meriti in questo mondo. Vedasi lì a fondo le parole del Ramchal.]

4. Rimane da indagare qual'è il sistema per salvuardare quest'emanazione e permetterne l'arrivo al popolo. Cercando bene nella cabala si arriva ad una chiara risposta: facendo attenzione alle *alachot* inerenti la *kedushà* e la pucidizia, sia ciò che è inerente ai maschi che ciò che è inerente alle femmine. Ogni tipo d'attenzione salvaguarda potentemente l'emanazione sopra nominata. È difficile qui entrare nei particolari del perchè proprio questi tipi di *mizvot* abbiano questa potenza, essendo una questione lunga e complessa. Spiegheremo qui brevemente sperando che intenditori di cabala capiscano. Ci sono le cosidette *sfere celesti* una parte delle quali in particolar modo vanno protette da ogni legame con la *forza* chiamata nella cabala *la forza del serpente antico*. Per proteggersi da questa forza bisogna badare in particolar modo a questioni inerenti la pucidizia.

5. Ora è comprensibile perchè ci sia bisogno di attenzione in queste cose affinchè il bene arrivi al popolo d'Israele, nonostante già ci siano i meriti di tanto studio della *Torà* e delle *mizvot* positive e negative inerenti ai rapporti tra uomo e D-o ed a quelli intersociali; così pure ci sono i meriti delle *tefillà* e di tutte le altre cose inerenti

al servizio del Signore. La spiegazione è che sia pur *risvegliando* tutto ciò l'emanazione Divina, questa viene però in parte fermata affinchè non se ne impossessino le *forze impure* e conservata per il mondo futuro. Ma grazie al rigore in questioni inerenti a *kedushà* e pucidizia si protegge quell'emanazione che già esisteva grazie alla altre *mizvot* e le si permette di scendere; questo è facile perchè non bisogna *produrla* ma solamente darle la possibilà d'arrivare, proteggendola.

6. Per meritarsi il Passaggio del Mar Rosso ed una buona riuscita nel servizio dei Sommi Sacerdoti c'era bisogno di questo tipo di meriti proprio perchè, essendo cose inerenti a tutto il popolo, ci volevano diritti delle *mizvot* di tutto il popolo, i quali andavano protetti affinchè il bene non finisse in mano delle *forze impure*. Per proteggerli c'era bisogno di meriti inerenti la pucidizia.

Quarta parte

1. Tutto questo deve stimolarci a fare molta attenzione a questioni di *kedushà* e pucidizia sia per l'importanza della *mizvà* che per la gravità delle trasgressioni inerenti a queste cose. [Ogni *mizvà* compiuta o trasgredita influisce in bene o in male sul tutto il popolo come spiegato al cap.4].

2. Più particolareggiatamente, lo stimolo può derivare da diversi ragionamenti: il fatto che questi argomenti abbiano così tanta influenza di bene per tutto il popolo ebraico, che facendoci caso si *soddisfa* la volontà di D-o, il Quale vuole che aiutiamo il Suo popolo, che si sviluppa così in noi la misericordia verso così tanti ebrei bisognosi di salvezza.

3. Spiega Rashì, se non erro, nel trattato di *Avodà Zarà*, che riguardo all'attenzione a non fare trasgressioni esistono due tipi di accortezze: il primo, quando si presenta una situazione nella quale dobbiamo far attenzione a non incorrere nel peccato e il secondo, programmarsi la vita in modo dal dover incontrare il meno possibile situazioni che potrebbero indurre al peccato. Se questo discorso è generico per tutte le *mizvot*, a maggior ragione è valido in argomenti inerenti alla *kedushà* ed alla pucidizia. Infatti è dimostrato che non basta l'attenzione nel momento della prova

bensì bisogna programmare come non arrivare a situazioni nelle quali è difficili rimanere integri del tutto, quindi cercare di non arrivare in luoghi dove potremmo inciampare. È difficile dare indicazioni specifiche ma in linea di massima possiamo dire che si deve cercare di trovarsi il più possibile nei templi e nei *battè midrashot*, essendo questi i posti più sicuri e lì occuparsi di *Torà* la quale è la maggior forza che possa salvaguardarci.

4. In particolar modo quando non si tratta di dover decidere solamente dove trovarsi in certe ore, bensì di stabilire cosa si fa nella vita e quale carriera intraprendere, allora sicuramente deve essere rilevante nella decisione la possibilità di fare attenzione a questioni inerenti a *kedushà* e pucidizia; più si lascia spazio a tempi di studio nel *beth midrash* e meglio è.

5. In certi posti chi vuol badare ad un comportamento conforme a tutti i particolari dell'*alachà* viene preso in giro; ma non bisogna farci caso e non bisogna vergognarsi, come scrive lo *Shulchan Aruch* all'inizio di *Orach Haim*. Pensi invece che la verità è con lui e che non abbiamo se non l'opinione della nostra santa *Torà* e che in futuro coloro che lo scherniscono ammetteranno che aveva ragione e lo ringrazieranno perchè con le sue accortezze nell'osservanza ha portato bene a tutto il popolo.

6. A volte se nel luogo dove si vive e lavora o nell'ambiente che si frequenta si viene presi in giro per via dell'osservanza, la cosa migliore è cambiare società per non incorrere in tentazioni e per altri vari motivi. Certo non si può generalizzare perchè in certi casi un cambiamento non è positivo, a condizione che lo scherno non induca ad arrendersi scendendo dal prorio livello di pudicizia e *kedushà*.

DICIOTTESIMO CAPITOLO
Riguardo al divieto della superbia

1. Nel Nefesh HaChaim, nei capitoli aggiunti tra la terza e la quarta parte, scrive circa così:"Lettore, ti ho guidato con l'aiuto del Signore nei sentieri della verità, mostrandoti in quale strada andare con sicurezza; potrai abituarti meglio da solo a salire pian piano a questi

livelli, secondo la purezza del tuo cuore e la tua comprensione, di quanto ti possa indicare questo scritto, anche grazie alla forza dell'abitudine; constaterai che più ti abituerai a questi livelli e più aumenterà la purezza del tuo cuore, sia per quanto riguarda lo studio della *torà* che quanto riguarda l'esecuzione delle *mizvot*, il timore e l'amore del Signore.

2. Però fai molta attenzione a non diventare superbo per il fatto che tu servi il Signore con pure intenzioni. In un primo momento neanche ci farai caso al fatto che stai diventatndo superbo, per cui devi fare un'accurata introspezione per rimanere pulito dalla superbia. È scritto chiaramente:" Il Signore ha in abominio ogni superbo..."(Proverbi 16,5). Anche quando la superbia non si nota esteriormente ma la si sente solamente dentro, il Signore la ha in abominio. Come risaputo la superbia è la radice delle linee caratteriali negative e le alimenta.

3. È scritto nel *talmud* che quando un uomo si comporta altezzosamente è come si avesse costruito un altare ad altri dei e la Preseza Divina *piange* su di lui. Troviamo ancora scritto nel trattato di *yomà*:"Colui che si insuperbisce, se è un saggio la saggezza lo abbandona".

4. Si rizzeranno i capelli e lacrimerà l'occhio di colui che ha a cuore il timor di D-o, quando constaterà da chi i Nostri Maestri hanno appreso questo concetto: Dal vecchio Hillel! È risaputo fino a che punto Hillel fosse modesto ed umile! Nonostante ciò, quando capitò un fatto che poteva lontanamente sembrare un poco superbia secondo il suo livello, venne subito punito e si dimenticò un'*alachà* (Trattato di *Pesachim* 66). Se così riguardo ad Hillel, noi come possiamo aprir bocca!? Fino a che punto dobbiamo ispezionarci in ogni momento per liberarci dalla superbia!?"
Fin a qui le parole del Nefesh HaHaim.

5. Vedasi più a lungo circa la gravità del divieto della superbia nella *ghemarà* e nei libri di etica. Quì abbiamo solamente toccato l'argomento per risvegliare l'attenzione di colui che sta facendo passi avanti nel servizio del Signore, affinchè questo non sia causa di superbia.

DICIANNOVESIMO CAPITOLO
Riguardo al divieto dell' iracondia

1. Il talmud e lo *zohar* sono molto severi riguardo alla collera: vedasi trattato di *nedarim* 22, di *pesachim* 66 e nel libro Shaarè Kedushà, quarta sezione della seconda parte a nome dello Zohar.

2. Nel libro Shaar Ruach HaKodesh di Rav Haim Vital (10b) scrive a nome dell'Arì circa così: La collera blocca il comprendonio; infatti i Maestri dissero sul verso *e Mosè si inquietò con Elazar ed Itamar...*: "Chi si incollerisce, se è un profeta, la profezia lo abbandona, e se è un saggio, la sapienza lo lascia". [Vedasi *pesachim* 66b].

3. Ma la collera fa di peggio, come spiegheremo: Il mio maestro, l'Arì, era severo riguardo la collera più che nei confronti degli altri divieti, anche quando ci si inquietava per una *mizvà*, come presso Mosè: motivava questo dicendo che se altre tragressioni influiscono in male su una determinata parte dell'uomo, la collera invece rovina tutta l'anima trasformandola completamente. Questo perchè quando una persona si incollerisce la santità l'abbandona del tutto ed al suo posto subentra uno spirito negativo; questo è il segreto del verso che dice:"con la sua collera si mangia la propria anima"(Giobbe cap.18). Perchè nel momento dell'ira si distrugge letteralmente l'anima, come spiegato dallo Zohar (182b) sulla *parashà* di *Tetsavvè*; lo *Zohar* estremizza la gravità della collera al punto di scrivere che colui che conversa con chi è entrato in collera è come se parlasse con un idolo, vedasi lì.

4. Anche se ha compiuto delle azioni per riparare la sua anima e molte grandi *mizvot*, tutto va perduto perchè quella santa anima che ha fatto le buone azioni lo lascia quando si incollerisce e viene sostituita da un'altra impura, sicchè *la serva ha ereditato la signora*. Allora deve di nuovo ricompiere la buone azioni e così via ogni volta che si riinquieta. Quindi il collerico non può aggiustare i suoi difetti perchè è sempre come un cane che ritorna sul suo vomito.

6. Causa a se stesso ancora un gran danno: a volte, grazie ad una grande *mizvà*, si viene aiutati dall'anima di un grande giusto; ma ora, attraverso la collera, quell'anima lo lascia; anche questo intende il verso dicendo *si mangia la propria anima*.

7. Ne consegue che il collerico finchè non cambia non potrà per tutta la vita raggiungere la sapienza della *Torà*, anche se in altri campi è un giusto. Questo perchè costruisce e poi, entrando in collera, distrugge quel che costruito. Invece le altre trasgressioni non distruggono totalmente l'anima ma ne intaccano la completezza sì che aggiustando quel determinato difetto potrà guarire. Ma dopo la collera ci vorrà molto più sforzo per ricostruire l'anima che se n'è andata. Anche dopo questi sforzi bisogna sperare che ci riesca: Infatti lo *Zohar* nella *parashà* di *Tetsavvè* scrive che a volte la tendenza collerica arriva al punto di non potere più essere guarita. Quando mi inquietavo, mentre insegnavo mio fratello, il mio maestro mi rimproverava moltissimo.

8. Quando scrive che la collera è più grave delle altre trasgressioni perchè *allontana l'anima*, intende dire *più grave* da certi punti di vista, ma certamente da altri punti di vista ce ne sono di più gravi. È evidente che ci si trova in una situazione nella quale si è obbligati a scegliere di incollerirsi o di profanare il sabato non si deve profanarlo. Non solo riguardo al sabato, che è tra le cose più gravi, ma anche riguardo agli altri divieti: non c'è alcun permesso di trasgredirli al fine di non incorrere nella collera. Quindi anche se da un lato collera è grave, è però vietato trasgredire la *Torà* per salvarsi dall'ira.

9. C'è ancora un aspetto pessimo nella collera: oltre ad essere grave divieto in sè stessa, è dato di fatto che quando si è molto incolleriti si arreca facilmente dispiacere al prossimo con le parole. Bisogna invece fare moltissima attenzione a non incorrerere nel divieto della *torà* di rattristarre il prossimo, vedasi quanto scritto sopra al cap.11.

VENTESIMO CAPITOLO
Riguardo all'importanza della gioia e dell' entusiasmo nel servizio del Signore e nello studio della *Torà*

1. Scrive Rav Chaim di Vologin in una lettera [pubblicata in certe edizioni del Nefesh HaChaim alla fine del libro pag.426]:"Essendo lo studio della *Torà* una delle cose che vanno sempre rafforzate,

non mi sono astenuto dall'incoraggiarti a studiare con sveltezza e gran voglia, perchè quel che si fa in tempo a studiare durante un'intera giornata con pigrizia, lo si può studiare con energia in qualche ora."

2. I pensieri del tuo cuore siano sempre sulla *Torà*, anche mentre mangi; quando ti corichi medita su di essa ed i tuoi studi siano di *Torà* affinchè i suoi contenuti ti siano sempre chiari e pronti sulla lingua.

3. Scrive nel libro Shaarè HaKodesh di Rav Haim Vital (10b), a nome dell'Arì:"Quando un uomo sta compiendo una *mizvà*, studiando o pregando, deve essere allegro e di buon umore più che stesse guadagnando o avesse trovato migliaia di migliaia di monete d'oro", vedasi lì il seguto. Rav Haim Vital intende che questo è il sistema nel servizio del Signore: dimostrare attraverso l'allegria che questo è per noi molto importante. [Tuttavia non intende che se non si riesce assolutamente ad essere allegri si debba indebolire il servizio del Signore, ma solamente che bisogna sforzarsi di essere allegri].

3. Riguardo allo studio della *Torà* poi, a parte l'importanza di studiare con allegria come per tutte le altre *mizvot*, c'è il fatto che studiando con allegria ed energia in genere si riesce molto meglio nello studio, similmente a quanto scritto nel paragrafo 1.

4. L'entusiasmo e l'allegria nello studio e nelle altre cose inerenti al servizio del Signore raffinano e santificano l'anima.

Questo per diversi motivi, tra i quali il seguente: l'anima è composta da diversi strati; in molti casi quando si compie una *mizvà* si coinvolgono solamente alcuni strati mentre gli altri rimangono meno partecipi. Ma quando si agisce con entusiasmo ed energia lo studio e le *mizvot* coinvolgono strati più interiori dell'anima e così essa si raffina ulteriormente.

L'amore per la *Torà* e parole d'incoraggiamento allo studio del Talmud

SOMMARIO

Primo capitolo Perchè molto giovani alunni hanno difficoltà nello studio del talmud.

Secondo capitolo Ogni istante di studio della *Torà* rafforza il legame dell'anima al Signore e fa pervenire su di essa un'eccelsa luce divina; questo è il significato basilare della *mizvà* dello studio.

Terzo capitolo Gli enormi vantaggi dello studio, spiegati nella parte precedente del libro, riguardano qualsiasi tipo di studio della *torà*, anche quello non approfondito (ovviamente ce se sono di più quando il livello dello studio è alto) ed anche lo studio di un gran malvagio (ovviamente ce se sono di più nello studio di un giusto).

Quarto capitolo Ogni ragazzo, senza eccezione, può arrivare ad alti livelli nello studio della *Torà*, anche chi per ne natura non è molto intelligente e perseverante.

Quinto capitolo L'importanza della preghiera per riuscire bene nello studio della *Torà*

Sesto capitolo Circa l'argomentazione che per molti lo studio è difficile, diremo che la difficoltà ha un valore particolare nello studio della *Torà* ed è proprio essa che santifica l'anima e le porta grandi luci spirituali.

Settimo capitolo L'enorme obbligo dei genitori di aiutare e dare la possibilità ai figli di dedicarsi allo studio ed ad una vita di *Torà*. Il valore della preghiera dei genitori affinchè i figli riescano nello studio della *Torà*.

Ottavo capitolo Il sistema per riuscire bene nello studio della *Torà* è molto più facile di quanto si sia soliti pensare.

Nono capitolo Il vantaggio che deriva dallo studio di ogni singolo per tutto il popolo d'Israele

Decimo capitolo Ancora particolari circa quanto detto sopra

Primo capitolo
Perchè molto giovani alunni hanno difficoltà nello studio del talmud

1. Negli ultimi tempi ci sono molti giovani che non hanno voglia di studiare la *ghemarà*. Nei miei incontri con loro ho constatato che questo non è per disprezzo della *mizvà* dello studio ma, al contrario, si tratta di ragazzi che hanno una forte volontà di eseguire la volontà divina il più possibile.

2. Diversi motivi sono la causa della mancanza di voglia per questo studio: uno è che non comprendono nè sanno il grande valore dello studio della *ghemarà*, ma anzi chiedono dal profondo del cuore che ciò gli venga spiegato; in verità il loro anelito di comprendere il valore dello studio della *ghemarà* e di sentirsici legati è grande. Dato di fatto è che una volta spiegatogli il grande valore dello studio della *ghemarà* e il rafforzamento che può dare all'anima, si sono fortemente attaccati allo studio.

3. Un altro motivo è che alcuni di loro sentono di non poter riuscire nello studio della *ghemarà* e perciò non sono disposti a priori ad impiegare abbastanza forza per qualcosa senza probabilità di successo. In realtà questo è un grande sbaglio perchè invece hanno grande probabilità di riuscire. Lo scopo di questa parte del libro è spiegare questi due punti: il grande valore dello studio della *ghemarà* e la capacità di ogni ragazzo senza eccezione di aver grande successo nellos tudio della *Torà*.

4. Ancora un problema è la difficoltà obiettiva dello studio della *ghemarà*, dove ci sono brani difficili circa i quali i giovani non capiscono perchè misurarsi con simili difficoltà, preferendo invece occuparsi di cose più facili e comode. Invece proprio il lavoro e la fatica nello studio della *torà* sono vantaggi e purificano l'anima! Se gli alunni comprendessero questo sarebbero felici di tale fatica!

5. Bisogna sapere che per generazioni e generazioni lo studio della *ghemarà* era una passione meravigliosa per quantità di ebrei di tutti i tipi e di tutte le estrazioni. Non è cambiato nulla, sicchè anche oggi può essere così per ogni ebreo, senza eccezione! Oggi però

mancano ad alcuni giovani delle nozioni basilari che sono delle grandi chiavi per la soddisfazione nello tudio della *ghemarà*. Nei prossimi capitoli si spiegheranno queste cose e si daranno consigli per superare le difficoltà sopra citate. Le spiegazioni trovano ampie dimostrazioni nelle parole dei Nostri Maestri e nei libri dei *posqim*~decisori di *halakhà*, fonti che ho riportato in altri scritti e invece omesso qui, per permettere una lettura scorrevole per ogni giovane.

Secondo capitol

Ogni istante di studio della *Torà* rafforza il legame dell'anima al Signore e fa pervenire su di essa un'eccelsa luce divina; questo è il significato basilare della *mizvà* dello studio.

1. Il primo concetto basilare da sapere quando si va a studiare la *Torà* è che c'è una grande differenza sostanziale tra lo studio della *Torà* e altri studi. Circa altri studi il vantaggio essenziale consiste nell'acquisizione delle nozioni, mentre nello studio della *Torà* c'è un immenso valore non solo nelle nozioni ma anche nello studio stesso.

2. Questo perchè il Signore ha voluto creare un mondo nel quale proprio attraverso ogni studio o nozione di *Torà* s'ingrandisce e si rafforza il legame di ogni anima ebraica con il Signore e perviene su di essa un'influenza spirituale, una luce eccelsa, divina. Luce che dona all'anima gran forza e porta a grandi successi, sennonchè non sempre l'individuo mentre studia percepisce con chiarezza quest'illuminazione, perchè temporaneamente la materialità del corpo glielo impedisce, ma con l'andar del tempo la vedrà con chiarezza; anche questa sarà una visione parziale rispetto alla luce realmente arrivata all'anima attraverso lo studio.

3. Ovviamente l'intensità di questa luce e di questa influenza varia a seconda del livello e del modo dello studio, che dipende dai seguenti fattori:

a- La lunghezza del lasso di tempo dello studio.

b- La continuità senza interruzioni.

c- La concentrazione.

d- La voglia di studiare.

e- La comprensione della materia.

f- Il ripasso in modo che perlomeno per un po' di tempo ci si ricordi della materia studiata.

Tuttavia, assolutamente, in ogni caso attraverso lo studio si rafforza il legame al Signore e si intensifica la luce emanata da Lui sullo studente. Certamente sottolineeremo di nuovo che l'intensità di queste cose dipende dai fattori sopra elencati.

4. Abituandosi a studiare, queste sensazioni aumentano e di conseguenza viene un gran desiderio di studiare, anche quando si incorre in difficoltà. Rabbì Aharon Kotler disse che se un uomo è obbligato a chiudere il libro della *ghemarà*, ad esempio a notte tarda quando è costretto a dormire, non deve semplicemente sentire che si separa dalla *ghemarà*, bensì che "viene strappato" da essa. Intendiamo dire che bisogna percepire che il legame tra le luci della *Torà* e quelle dell'anima è così forte da essere tutt'uno.

5. Nella seconda *berachà* della *tefillà* di *arvit* recitiamo:"... perchè esse (le parole di *Torà*) sono la nostra vita e la lunghezza dei nostri giorni e ad esse penseremo di giorno e di notte". I commentatori spieghano che più l'uomo sente che "sono la nostra vita e la lunghezza dei nostri giorni", cioè che la *Torà* solamente gli dà la vitalità, più rafforza il "ad esse penseremo di giorno e di notte", ossia la grande perseveranza nello studio della *Torà*.

6. Dobbiamo sapere che non esiste al mondo piacere paragonabile alla percezione dell'eccelsa luce proveniente dal Signore. Questo perchè l'uomo è composto da anima e corpo ma ovviamente la forza dell'anima è molto più grande di quella del corpo; ora, tutti i piaceri di questo mondo sono per il corpo mentre il piacere della *luce* divina è per l'anima, ma certo i piaceri corporali sono inconsiderabili rispetto ai piaceri dell'anima!

7. A questo allude il re Davìd nel salmo n.42: "La mia anima ha sete di Dio, del Dio vivente. Quando potrò venire a mostrarmi davanto a Dio?" Il corpo deve bere per cui se pure si propone all'uomo ogni ricchezza ma a patto che non beva per un mese, rifiuterà, perchè il denaro non serve a nulla a chi muore di sete! Così pure l'anima ha sete di vedere la luce divina e di rafforzare il legame al Signore e nessun piacere di questo mondo potrebbe dissetarla ma solo lo

studio e la pratica della *Torà*.

8. Tuttavia, affinchè lo studio porti veramente alla percezione della *luce*, è importantissimo che l'uomo si ricordi sempre che in effetti lo studio lega l'anima al Signore e fa scendere su di essa questa *luce*. È scritto nei libri ebraici che più si è consapevoli di questa nozione e più questo legame e questa influenza si rafforzano.

9. Il Bach, nel suo commento ad Orach Chaiim par.47, ha scritto paroli forti, dicendo che la causa dell'esilio del popolo ebraico dalla Terra di Israele fu perchè studiavano la *Torà* solo per conoscerla ma non per il legame dell'anima al Signore e per l'influenza spirituale. Non intendendo studiare per questi scopi, svuotavano lo studio del suo contenuto basilare. Da qui impariamo come sia importante adottare un approccio consapevole di queste nozioni.

10. Le parole del Bach sono un grande insegnamento per maestri. Loro devono far interiorizzare agli alunni questo concetto fondamentale che ogni minuto di studio della *Torà* rafforza il legame dell'anima al Signore e le porta una gran *luce*. Questa consapevolezza moltiplica il valore dello studio ed aiuto molto gli studenti a sentirsi legati allo studio.

11. Dobbiamo ovviamente sottolineare l'importanza del legame dell'anima al Signore e dell'influenza della luce divina su di essa. Già scrive la *Messilat Yesharim* che l'uomo deve.correre dietro a tutto ciò che constata lo leghi al Signore e fuggire come dal fuoco da tutto ciò che lo allontana da Lui. Scrive inoltre che l'unico bene è l'attacamento al Signore e tutto ciò che la gente considera bene al di fuori di questo non è nulla se non vanità ed inutile roba sbagliata. Quanto detto sopra riguarda il guadagno dello studente attraverso lo studio della *Torà*, ma il livello ideale è quando si studia per *soddisfare il Signore*. Sicuramente però anche lo studio con le sole intenzioni precedentemente descritte è di inestimabile importanza. Anche chi pensa mentre studiache lo fa per *soddisfare il suo Creatore* non deve escludere i due pensieri dei quali abbiamo parlato ma pensare che anche il voluto legame al Signore e la Sua luce non sono per noi ma per la *soddisfazione del Signore*. Proprio queste cose ci aiutano ad arrivare al livello nel quale si agisce solo per il Signore: questo perchè quando ci sentiamo legati a Lui e godiamo della Sua luce, acquisiremo la voglia di eseguire la Sua volontà.

Terzo capitolo

Gli enormi vantaggi dello studio, spiegati nella parte precedente del libro, riguardano qualsiasi tipo di studio della *torà*, anche quello non approfondito (ovviamente ce se sono di più quando il livello dello studio è alto) ed anche lo studio di un gran malvagio (ovviamente ce se sono di più nello studio di un giusto).

1. Il problema serio si presenta quando molti ragazzi ai quali vengono spiegate le cose esposte nel precendente capitolo rispondono:" È tutto giusto ma a noi non ci riguarda visto che la nostra condizione spirituale è pessima, il nostro livello di studio basso ed il nostro legame con il Signore fievolissimo!"

2. Questo è invece un grande errore perchè bisogna sapere che ogni ebreo, senza eccezione, è molto caro al Signore il Quale è sempre in attesa che inizi a servirLo, ognuno a seconda delle proprie forze e possibilità. Quando si occupa di *Torà* lui e la *Torà* sono indescrivibilmente amati dal Signore, che allora riversa sullo studioso un'eccelsa influenza spirituale.

3. Ogni tipo di studio, senza eccezioni, porta i benefici descritti.
I nostri Maestri hanno detto infatti che il mondo sussiste grazie al parole di *Torà* dei bambini piccoli che non hanno peccato. Il Hafez Haiim fa notare a proposito che si tratta di bambini il cui livello di studio è ancora molto basso perchè non sono ancora in grado di capire bene. Da qui vediamo che anche uno studio ad un livello così basso ha una poderosa potenza spirituale.

4. Tuttavia il libro Derech HaShem spiega che più lo studio è di un livello migliore, ossia la materia studiata è chiara, e più è forte il legame al Signore e la *luce* che deriva dallo studio.

5. Anche lo studio di *Torà* di chi è caduto nei peggiori comportamenti è gradito. Il Keillot Jaakov nel suo libro *Kariana delgarta* spiega come vanno interpretati I libri nei quali sembra sia scritto il contrario. Scrive che mai sia sostenere che la *Torà* di colui che sta sprofondando nei peccati non abbia potere di santificare, perchè i nostri Maestri hanno scritto:"La luce della *Torà* fa

ritornare I malvagi nella giusta strada quando si occupano di essa". Vediamo che anche circa allo studio dei malvagi ci si esprime *la luce della Torà*!

6. Certo lo studio dello giusto è più efficace nel collegare l'anima a Dio e nell'aumentare l'intensità della *luce*, ma anche quello di colui che non è giusto o che si trova temporaneamente in uno stato spiritualmente basso ha l'effetto benefico di avvicinare Dio e la Sua *luce*.

Quarto capitolo

Ogni ragazzo, senza eccezione, può arrivare ad alti livelli nello studio della *Torà*, anche chi per ne natura non è molto intelligente e perseverante

1. Molte persone tendono a voler impegnarsi sono in cose nelle quali sanno poter arrivare a grandi risultati. Questo disturba certi giovani nello studio pensando loro di non poter arrivare a grandi risultati, chi per mancanza di capacità mentale, chi perchè gli sembra, nonostante il proprio intelletto, di non riuscire nello studio della *ghemarà*, chi pensa di non poter essere perseverante ed a maggior ragione colui che pensa di mancare sia di intelligenza che di perseveranza.

2. Dobbiamo sapere che questo e un vero errore per diversi motivi: Innanzitutto la realtà dimostra che non è così, perchè molti grandissimi rabbini che scrissero libri e furono famosi insegnanti, in gioventù soffrirono molto di questi problemi, e nonostante ciò ebbero un gran successo.

3. I motivi grazie ai quali si può riuscire nello studio malgrado le mancanze sopra descritte sono diversi: Uno, quanto detto dal Hazon Hisch sulla base delle parole dell'Arì, che nonostante la mancanza di capacità e di volontà di studiare dipendano talvolta in effetti dall'inadattibilità dell'anima a questo aspetto del servizio divino, però, sforzandosi come si deve, il Signore aggiunge capacità all'anima, rendendola adatta allo studio, ed allora la voglia di applicarsi si risveglia.

4. Ci sono ancora dei motivi spirituali grazie ai quali è possibile che una persona cambi moltissimo. In generale si può dire che il

Signore è onnipotente e quando vede una persona che si sforza di eseguire la Sua volontà ne ha misericordia e gli dà la forza di fare il più possibile.

5. I Nostri Maestri scrivono che quando l'uomo si sforza nello studio della *Torà*, le *luci* della *Torà* chiedono al Signore di far riuscire bene quest'uomo nello studio. (Vedasi talmud, trattato di Sanedrin 99b e commento di Rashì).

6. Il Chazon Hisch disse che ogni ragazzo che si dedica allo studio della *Torà* può diventare il più grande studioso della generazione, perchè la grandezza dell'individuo nella *Torà* non dipende da nessun fattore esterno ma le condizioni vere sono solo studiarla e servire il Signore: Questo è a portata di mano e nessuno può impedirlo.

7. Dicendo che ogni ragazzo che si dedica allo studio della *Torà* può diventare un grande non si intende sottovalutare l'importanza delle attitudini allo studio. In realtà, chi ha ricevuto dal Signore buonissime attitudini mentali per lo studio deve sapere che questo è un grande dono che deve utilizzare per studiare la *Torà* più intensamente. Il Chafez Haiim ha scritto che coloro nati con grandi attitudine, se la utilizzeranno per lo studio della *Torà*, potranno arrivare a risultati più grandi, ma se viceversa non usufruiranno affatto di questo dono donato dal Cielo, oppure lo useranno per altri scopi, arrivati in cielo, ne soffrireranno molto, rendendosi allora conto a quali poderosi livelli sarebbero potuti arrivare rispetto ai loro contemporanei e di come spregarono la loro attitudine per le vanità di questo mondo.

8. Così pure chi è perseverante per natura se utilizzerà questa dote potrà arrivare a grandi livelli nella *Torà* e in particolare colui che è dotato sia di grande intelligenza che di perseveranza. Tuttavia anche chi non è per natura nè particolarmente intelligente nè perseverante, sfordandosi, può ottenere gran risultati. Di fatto alcuni dei più famosi rabbini delle ultime generazioni non erano per natura particolarmente dotati ed avevano tendenze contrarie alla perseveranza, eppure malgrado ciò faticarono meritandosi i livelli ai quali arrivarono.

Quinto capitolo

L'importanza della preghiera per riuscire bene nello studio della *Torà*

1. Un'altra chiave per riuscire bene nello studio della *Torà* è implorare il Signore su questo: Si può pregare che D. ci dia la possibilità di occuparci di *Torà* con perseveranza e la capacità di comprenderla.

2. In diversi punti della *tefillà* i nostri Maestri hanno inserito preghiere per queste cose: nelle *birchot haTorà* (*ve-aarev na etc.*) e nella *berachà* di *aavat olam* (*aavà rabbà* secondo altre versioni, vedasi trattato di *berachot* 11b), antecedente lo *shemà* mattutino, nella quale c'è una lunga richiesta; così pure nell'*amidà*, nelle *berachot* di *attà chonnen* e di *ascivenu*, e ad *arvit* nella *berachà* di *aavat olam*. Quindi è dovere in questi brani implorare il Signore che ci dia la voglia di studiare, la pereseveranza, la comprensione, la memoria e le altre cose di cui c'è bisogno per lo studio della *Torà*.

3. Anche in altri tempi è possibile e cosa buona pregare per la buona riuscita nello studio della *Torà* e la perseveranza. Questo è possibile in qualsiasi momento, con parole da noi scelte. Anche alla fine dell'*amidà* si possono inserire lunghe aggiunte, prima dell'ultimo *yeì razzon etc.*

4. Bisogna sapere che la forza della *tefillà* è molto potente. Il *Chazon Hish* ha scritto che la *tefillà* può realmente capovolgere in bene la situazione di una persona. In particolar modo questo è valido quando si abbonda nel pregare e la preghiera proviene dal profondo del cuore. Chi è solito pregare per queste cose riesce a volte a pregare dal profondo del cuore, anche se non sempre.

5. Il talmud spiega che in effetti per arrivare a buoni risultati nello studio della *Torà* c'è bisogno di ambedue le cose: sforzarsi nello studio e pregare per i buoni risultati.

6. Pregando il Signore, a parte il vantaggio ricavato se la *tefillà* viene esaudita, si ottiene un grande attaccamento al Signore, grazie al quale i risultati nello studio della *Torà* saranno migliori.

Sesto capitol

Circa l'argomentazione che per molti lo studio è difficile, diremo
che la difficoltà ha un valore particolare nello studio della *Torà* ed
è proprio essa che santifica l'anima e le porta grandi *luci* spirituali

1. L'argomentazione di alcuni giovani studenti circa la loro difficoltà
nello studio è un altro grande impedimento. Bisogna invece sapere
due cose basilari: Innanzitutto, l'esperienza dimostra meglio che
cento testimoni che più ci si abitua allo studio del talmud e più la
cosa diventa facile. Certo, anche dopo si devono affrontare
domande e risposte e ci si affatica nella *Torà*, ma per lo meno
arrivare ad una comprensione superficiale del testo è più facile.

2. La seconda cosa da sapere è che il lavoro e la fatica necessari per
lo studio non vanno considerati negativamente: al contrario, sono
positivi! Il Chazon Hish ha scritto che nello studio il merito
essenziale grazie al quale si ha diritto alle *grandi luci* che
pervengono dal Signore all'anima è proprio il lavoro e la fatica.
Quindi anche per un grande genio che comprende il talmud con
facilità è importantissimo faticare per capire più a fondo e trattare
gli argomenti studiati sotto tutti i loro apetti, con più completezza,
altrimenti gli mancheranno il lavoro e la fatica, i grandi elementi
essenziali per raffinare l'anima.

3. La fatica nello studio della *Torà* santifica l'anima e la raffina.
Quindi anche se talvolta questa fatica sembra per il *talmid* una gran
sofferenza, non riuscendo a capire pur sforzandosi e dovendo
ripetere più volte prime che riesca a comprendere e poi di nuovo
chiarirsi le idee, invece sono proprio queste le cose che portano
alla sua anima la *kedushà*.

4. Cosa risaputa è l'indiscrivibile genialità del Gaon di Vilna, già da
giovane età. Eppure il suo alunno Rabbì Haiim di Vologin,
compositore dell'opera Nefesh HaChaiim, testimonia fino a che
punto arrivavano il lavoro e la fatica del Gaon di Vilna nello studio
della *Torà*. È importante riportare qui una parte della sua
testimonianza.

5. Queste sono le sue parole: "Quel santo e devoto genio, il Gaon
di Vilna nostro rabbino, riposi in pace, da sempre si sforzava di

capire quanto meglio possibile , scrutando bene ed affaticandosi in modo che a descriverlo ci si stancherebbe. Questo lo faceva con particolare attaccamento, grande santità e meravigliosa purezza, finchè arrivò al limite umano della comprensione....Quanti incredibili sforzi impiegò quest'uomo, grande tra i grandi, finchè non riuscì a mettere alla luce fino alla fine ogni argomento sotto tutti i suoi aspetti! Questa fatica nonostante era dotato di gran capacità mentale ed aveva appreso tutta la sapienza delle generazioni precedenti. Il suo cuore puro non voleva basarsi solamente su questa ma voleva soppesare tutto con le forze della propria santa intelligenza, per centinaia di volte! Lo faceva faticando terribilmente, senza mangiare e bere per intere giornate, allontanando il sonno dalle sue palpebre, al punto che l'aspetto del suo volto oscurì e desiderò sacrificare la sua anima per questo; allora il Signore illuminò i suoi occhi portandolo ai limiti della comprensione e il suo volto risplendè di una pura luce, conseguenza della gioia e della luminosità della *Torà*."

6. Certamente non chiunque è in grado di arrivare alle fatiche del Gaon di Vilna, ma perlomeno dobbiamo da lui imparare a non disperarci se abbiamo bisogno di sforzarci! Quindi ognuno deve faticare il più possibile nello studio della *Torà* considerando che questa fatica è la cosa che piu raffina l'animo umano.

Settimo capitolo

L'enorme obbligo dei genitori di aiutare e dare la possibilità ai figli di dedicarsi allo studio ed ad una vita di *Torà*. Il valore della preghiera dei genitori affinchè i figli riescano nello studio della *Torà*

1. Spesso il successo di un ragazzo nello studio della *Torà* dipende dai genitori, ossia da fine a che punto gli danno la possibilità di dedicarsi ad una vita di *Torà* e lo incoraggiano. Quindi dobbiamo spiegare cose che riguardano anche i genitori.

2. Presso il popolo ebraico in tutte le generazioni era chiaro e risaputo che l'aspirazione di tutti i genitori fosse avere una stirpe quanto più saggia nella *Torà*. Questo, sia nel caso i genitori stessi si occupavano di *Torà* che nel caso contrario: Comunque il loro anelito era sempre che i propri discendenti si occupassero di *Torà* e per questo erano pronti a sacrificare tutto.

3. Possiamo sentire molti racconti su questo direttamente dagli anziani dell'altra generazione, ma qui sarebbe difficile dilungarsi.

4. Negli ultimi tempi purtroppo la cosa è cambiata e i genitori non capiscono l'importanza della cosa.

5. Lo dobbiamo sottolineare, che l'uomo in questo mondo è solamente un ospite! Certo tutti speriamo di vivere sempre in completa salute per centoventi anni, ma dopo c'è il mondo dell'eternità. Lì l'anima si troverà per sempre, ininterottamente, per miliardi e miliardi di anni! La sua situazione lì dipende da molte cose, ma essenzialmente da due:Innanzitutto cosa ha fatto l'individuo in questo mondo, e poi cosa fanno i suoi discendenti che ha lasciato qui. Ogni momento che si occupano di *Torà* ed eseguono la volontà divina i genitori ricevono una grande, indiscrivibile ricompensa.

6. I genitori devono sapere che dopo i loro centovenni anni saranno felici di aver agito per lo studio della *Torà* dei propri figli. Sarà questa una felicità eterna. Viceversa, se hanno agito al contrario, non c'è minimo dubbio che si pentiranno amaramente, in modo da noi incomprensibile in questo mondo. Questa *Torà* non cambierà e non sarà sostituita! La seguente cosa è tradizione ricevuta dai nostri Maestri, di generazione in generazione, fin a risalire a Moshè Rabbenu che la sentì dal *Padre Eterno*: Ogni genitore deve provvedere con tutta la sua forza che i propri discendenti si occupino quanto più di *Torà*. Chi dubita di questo sappia che i genitori dei genitori qualche generazione prima [a volte i genitori stessi] si sacrificarono con una vita di restrizioni, povertà e sofferenze affinchè i figli si occupasserò quanto più di *Torà*. Non che non siamo più intelligenti delle generazioni precedenti ma purtroppo sono penetrate tra noi influenze straniere, proveniente da altri popoli ed hanno distorto cose evidentemente giuste la cui vericidità era risaputa da generazioni e generazioni. Avremmo potuto dilungare portando dimostrazioni su queste cose dai Nostri Maestri e dai decisori di *Alachà*, ma non è qui il luogo perchè questo capitolo è stato scritto solamente come appendice ai capitoli precedenti.

7. Inoltre, è risaputo da generazioni e generazioni [anche oggi presso molti è così e peccato che non presso tutti] che i genitori abbondavano in preghiere affinchè i figli riuscissero a studiare la *Torà* quanto più e con successo; così pure che arrivassero a un puro timoer di D-o e alla *kedushà*. Per queste cose versavano giornalmente lacrime come acqua di un fiume. Il *Chazon Hish* disse che quando una persona lontana fa improvvisamente *tesciuvà~ritorno*, sia per sua inizitiva o perchè lo hanno risvegliato, spesso il motivo sono le preghiere di qualche generazione fa, dei genitori dei genitori che chiesero che i loro discendenti arrivassero alla *Torà*. Rav Elazar Menachem Shach disse che quando si vede una persona che ha gran successo nella *Torà* o che è diventata una gran figura rabbinica, oppure chi fa eseguire *mizvot* alla gente, scrive libri poi studiati da molti o acquisisce altri grandi meriti, la gente è solita pensare che sia arrivatio a questo grazie a se stesso, ma non sempre è così: Spesso il fattore centrale sono le preghiere dei genitori o dei genitori dei genitori nelle generazioni precedenti.

8. Bisogna sapere che la forza della preghiera è enorme. La potenza della *tefillà* arriva a punti indescrivibili. Scrive il Midrash Rabbà sulla *parashà* di VaEtchannan:" Disse Rav Annan: Le porte della preghiera non vengono mai chiuse, come è detto: *Quale popolo è così grande da avere un D-o vicino a lui come il nostro D-o (che è vicino) ogni volta che lo chiamiamo!"*

Ottavo capitolo

Il sistema per riuscire bene nello studio della *Torà* è molto più facile di quanto si sia soliti pensare

1. I ragazzi devono sapere che la strada per avere un gran successo è aperta. Diremmo quasi che l'istinto cattivo butta fuori i ragazzi dallo studio della *Torà* essenzialmente con due sistemi: Il primo, fargli pensare che la possibilità di buona riuscita nello studio dipenda da qualche cosa di complicato a loro sconosciuto o per loro irrealizzabile; il secondo, fargli credere di essere in una situazione molto negativa per qualche motivo e che sia questa a levargli la possibilità di meritare una grande riuscita nella *Torà*.

2. La verità è invece che la strada verso un gran successo nella *Torà* è semplicissima e veramente a portata di mano di ogni ebreo: Consiste nel dedicarsi quanto più possibile allo studio della *Torà*.

3. Secondo quanto abbiamo appreso dai nostri Maestri, colui che farà attenzione ai seguenti quattro punti arriverà a grandiosi livelli nello studio della *Torà* e nel timor di D-o: Studiare la *Torà* quanto più tempo, pensare bene alle parole mentre prega, stare quanto più attento a non vedere cose proibite e a non dire cose vietate.

4. Anche se talvolta inciampa non deve disperarsi, ma cercare quanto più di tornare allo studio e alla *tefillà*, di fare attenzione agli occhi e alla bocca e sforzarsi di non ricadere.

Nono capitolo
Il vantaggio che deriva dallo studio di ogni singolo per tutto il popolo d'Israele

1. Dobbiamo sapere un'altra grandissima cosa circa l'argomento. Quando un ebreo studia *Torà* questo è di vantaggio non solo per se stesso ma per tutto il popolo d'Israele. Nel libro *Nefesh HaHaym* spiega che non solo la situazione del nostro mondo ma anche quella degli altri miliardi di mondi esistenti dipende dallo studio di *Torà* e dalle *mizvot* del popolo d'Israele in questo mondo; quindi più ci si occupa di *Torà* e più si *aggiustano i mondi superiori*.

2. Quando gli ebrei *aggiustano i mondi superiori* il Signore riversa sul popolo d'Israele un'influenza benefica per tutte le loro cose, spirituali e materiali. In ogni momento che un ebreo si occupa di *Torà* salva il popolo d'Israele da tante brutte situazioni ed impedisce l'arrivo di problemi e disgrazie.

3. Quindi, chi sente il dovere d'aiutare il popolo d'Israele quel che deve fare è studiare la *Torà* il più possibile perchè questo è in effetti l'aiuto più grande, per tutte le cose.

4. Chi si occupa di *Torà* e ha in un certo momento un motivo per non studiare ma ciò nonostante si fa forza e continua, calcolando il guadagno che otterrà dallo studio, calcoli inoltre che non è solo una questione di vantaggi personali bensì l'utilità è per tutto il popolo d'Isreele. In questo mondo non possediamo neanche la capacità di misurare questo vantaggio ma è sicuramente enorme, per tutto il popolo. È probabile che con qualche minuto di studio abbia risparmiato tanti ebrei da grandi disgrazie e portato a molti la salvezza.

Decimo capitolo
Ancora particolari circa quanto detto sopra

1. In generale, l'uomo deve sentirsi che tutto quello che c'è al mondo è per eseguire la volontà divina e non c'è nulla al di fuori di questo, come scrive la *Messilat Yesharim* nel primo capitolo che solo l'attaccamento al Signore è il bene e all'infuori di questo, tutto ciò che gli uomini possano pensare che sia bene, non è altro che illusione e vanità.

2. Fare la volontà divina significa studiare ed eseguire la *Torà*. Tutte le vanità di questo mondo passano, mentre la *luce* che perviene all'anima durante ogni momento di studio è eterna. Lo studio porta una ricompensa nel mondo futuro che vale più di tutte le cose di questo mondo ed è di inestimabile aiuto per il popolo d'Israele.

3. Chi pensa a queste cose riceverà un grande stimolo allo studio la *Torà* e cercherà di sfruttare bene il suo tempo per lo studio, comprendendo che ogni momento nel quale non studia per occuparsi delle faccende di questo mondo è una grande, indiscrivibile perdita.

4. Ognuno deve aspirare con tutto se stesso di essere tar coloro che dedicano la vita allo studio della *Torà* e chi non non ci è riuscito faccia ogni sforzo affinchè ci riescano i suoi discendenti.

5. Per quanto sia possibile, è importante che lo studio sia col massimo della concentrazione e della voglia perchè più si studia con desiderio ed entusiamo e più i risultati sono grandi. Inoltre, più lo studio proviene dal profondo dell'anima e più intense saranno le *luci* che pervengono. Anche la gioia sarà maggiore e questo è un fattore essenziale per la buona riuscita nello studio. Tuttavia, anche quando non si riesce a studiare con concentrazione o con voglia, ci si sforzi di studiare il più posibile, perchè qualsiasi studio, anche se non è il più intenso, ha forte influenza. Vedasi inoltre la parte del libro "Avvicinarsi al Signore" dove si tratta in diversi capitoli, ed in particolar modo nel capitolo 12, dell'importanza dello studio della *Torà*.

Parole del Gaon di Vilna circa il servizio divino

SOMMARIO

Primo capitolo Argomenti generali.

Secondo capitolo Fonti dal Gaon di Vilna circa l'attaccamento del pensiero al Signore.

Terzo capitolo Parole del Gaon circa la *kedushà* dello Yesod.

Quarto capitolo Parole del Gaon sulla gravità del *pegham ha-berit*.

Quinto capitolo Circa l'influenza che lascia ogni azione e la lettura dello *shemà* prima di coricarsi.

Sesto capitolo Completamento degli argomenti trattati nei precedenti capitoli.

Una raccolta dagli scritti di cabala del Gaon di Vilna circa il servizio divino Primo capitol Argomenti generali

1. Il Gaon scrive le seguenti parole nel suo commento allo Zoar, *parashà* di Pikudè, foglio 30, collona 4: " Pinchas è Eliahu e perchè dopo venne chiamato Eliahu e non con il suo nome originario? Perchè ogni volta che l'uomo compie delle buone azioni gli viene data un'anima nuova. Ora è comprensibile perchè anticamente la stessa persona aveva molti nomi, perchè ogni anima rinnovata alla stessa persona aveva un nome diverso, così come Pinchas quando gli fu donata un'anima nuova si chiamò Eliau". Ne deriva un grande insegnamento: Quando ci si può sforzare di più nel servizio divino ma ci si impigrisce, pensando di non essere in grado d'arrivare a gran livelli, bisogna invece pensare che non solo questo non è un motivo ma anzi è possibile che sforzandosi si riceve un'anima nuova e di conseguenza le forze per arrivare a grandissimi livelli, ancora per noi sconosciuti, nello studio della *Torà* e nel servizio divino.

2. Sempre nel commento allo Zoar, *parashà* di Pikudè, foglio 31, quarta collona, scrive che l'uomo arriva a certi livelli solamente grazie a un'influenza divina e non grazie alle forze di se stesso, sicchè è un errore pensare che non ci sia speranza d'arrivare in un

determinato momento all'attaccamento al Signore o alla *Torà*. Quindi, anche nei momenti più difficili l'uomo deve sforzarsi e implorare il Signore, perchè allora in cielo avranno misericordia di lui e gli daranno queste cose in dono.

3. Ancora nel commento allo Zoar, nell'appendice dopo la *parashà* di Pinchas, foglio 31, alla fine della seconda collona, scrive:" Da qui puoi comprendere grandi segreti circa i danni dei peccati i quali cacciano via la vitalità dall'anima, anche quando si è ancora in vita, e perciò i malvagi, anche se ancora in vita. sono considerati come morti; così puoi capire il vantaggio delle *mizvot*." Talvolta ci sembra di percepire che abbiamo perso vitalità spirituale e le forze che una volta avevamo per servire il Signore: Può essere solo immaginazione e non bisogna farci caso, ma è anche possibile che in effetti c'è di vero in questa sensazione, perchè per via dei nostri peccati è venuta a mancare una parte dell'anima. La soluzione in questo caso è fare *teshuvà* e fare del proprio meglio per il servizio divino, finchè dal cielo non restituiscano la parte mancante. Anche se la persona constata di non essere tornata al livello dove prima si trovava non deve per questo indebolirsi nel servizio divino, bensì sforsarsi con tutta la forza e non perdere la speranza di tornare al grado dove stava. Infatti il Gaon di Vilna nel commento ai Tikkunim dello ZoarHaChadash, foglio 49 fine della seconda colonna e inizio della terza, scrive che grazie al fatto che non perdiamo la speranza di tornare a qualità che avevamo ed ora abbiamo perduto, anche se per ora queste non ci vengono restituite, in cielo vengono però conservate per un altro momento, nel quale le riacquisteremo.

4. Nel commento del Gaon allo Zoar, *parashà* di VaYerà, foglio 27, collona 1, scrive: "Se l'individuo lo merita, (nel momento della morte) il Signore lo conduce al luogo che gli spetta, come è scritto, La giustizia procederà davanti (all'uomo giusto), guiderà i suoi passi sulla strada (Salmi 85, 14). (Anche nel verso 2 cap.7 del *Shir HaShirim* si allude alla stessa cosa secondo la spiegazione del Gaon). Se è invece un malvagio, nonostante deve vedere anche lui il Signore [sembra che si intenda prima di spirare], tuttavia subito dopo la morte la presenza divina lo lascia, ed allora l'angelo della morte lo fa soffrire molto, estraendogli l'anima con la stessa difficoltà che si presenta quando bisogna estrarre una spessa corda conficcata in un piccolo buco (talmud, trattato di Berachot 8a); invece l'anima del giusto, mentre il Signore è presente, viene levata con delicatezza (*mittat neshikà)*. Questo è quanto allude il verso dicendo per favore non andartene (Bereshit 18,3) [richiesta al Signore di non abbandonarci al momento della morte]."

5. Il Gaon scrive nel suo commento ai Tikkunè HaZoar, *tikkun* 58, foglio 106 collona 4, che anche con la *tesciuvà* è difficile aggiustare completamente i danni causati dal peccato e porta esempi da Adamo e dai Figli d'Israele che peccarono col vitello d'oro. Per continuare ad aggiustare i peccati, continua a spiegare, c'è bisogno spesso di rinascere in un altro corpo.

6. Nel commento del Gaon allo Zoar, *parashà* di Shelach, foglio 16, collona 4, scrive: "...questa è una conseguenza naturale, ma in pratica è sempre il Signore che agisce dietro la natura ed interviene in tutto, sicchè l'uomo non alza neanche un dito se questa mossa non è stata decretata in cielo (talmud, trattato di Hulin 7b). Neppure un uccellino viene catturato senza decreto divino ed a maggior ragione un essere umano (Talmud di Gerusalemme, trattato di Sheviit cap.9, *alachà* 1, foglio 25b, citato da *tosafot* nel trattato di Avodà Zarà foglio 16 fine b). La natura è quindi come un incaricato di portare, ad esempio, guadagno ad uno e perdita ad un altro, in qual caso il Signore fa sì che il primo trovi quel che il secondo ha perso, invece di fare il miracolo di creare un guadagno dal nulla per il primo e far sparire nel vuoto i beni del secondo. Come parabola portiamo l'esempio di un re il quale, dalla terrazza della sua reggia vede uomini ed animali ai quali è lui che, attraverso un complesso sistema, gli far pervenire il loro cibo, ma loro non se ne rendono conto, prendendo in considerazione solo l'ultimo passaggio. Così pure se vengono catturati, è stato il re che ha fatto modo arrivassero dove c'è la trappola, ma loro credono sia stato il caso. Tutti gli eventi sono quindi risultati di una serie di vicende e di mosse, nessuna delle quali è un caso!

7. Nel commento del Gaon allo Zoar, *parashà* di Mishpatim, foglio 10, collona 3, scrive: "...finchè arriverà allo studio del talmud e studi le cose occulte della *Torà* e da questo arriverà ad un timore di D. interiore; deve cercare di studiare non con lo scopo di ricevere una ricompensa, arrivando così al livello definito *ben de-azzilut*. È scritto che se non c'è timore di Di-o non c'è *Torà*, ma d'altro lato è scritto che se non c'è *Torà* non c'è timore!? Su un timore di Di-o ancora non completamente interiorizzato è scritto "se non c'è timore di Di-o non c'è *Torà*", mentre sul timore completamente interiorizzato è scritto "se non c'è *Torà* non c'è timore" (Vedasi Massime dei Padri cap.3 mishnà 17).

Sul rapporto tra timore di D. e *Torà* vedasi nelle seguenti fonti:

1. Massime dei Padri cap.2 mishnà 5.

2. Massime dei Padri cap.3 mishnà 9.

3. Massime dei Padri cap.3 mishnà 17.

4. Talmud, trattato di Shabbat 31 a,b.

5. Talmud, trattato di Yomà 72 b.

6. Nel libro Nefesh HaHaiim Parte 4, cap.4,5.

8. Nell'appendice del commento ai Tikkunè HaZoar, foglio 172, collona 3, elenca tre livelli ai quali bisogna arrivare progressivamente: Prima il timore di *Kadosh Baruch U*, poi la *Torà* e dopo ancora l'amore per *Kadosh Baruch U*. Il timore di D.è precedente alla *Torà*, come troviamo nelle Massime dei Padri (cap. 3 mishnà 9): "Colui che fa precedere il timore del peccato alla sua sapienza, mantiene la sua sapienza; ma presso colui che fa precedere al timore del peccato la sua sapienza, questa non si mantiene." La *Torà* è precedente all'amore per *Kadosh Baruch U*, come troviamo nel cap.2 mishnà 6:" l'uomo ignorante non può diventare pio.". Chi è invece definito da questa stessa mishnà *bur*, ossia privo di qualsiasi cultura, non può arrivare nemmeno al timore di *Kadosh Baruch U*.

Secondo capitolo
Fonti dal Gaon di Vilna circa l'attaccamento del pensiero al Signore [Prima Parte]

1. Nel suo commento allo Zoar, parashà di Pikudè, foglio 16, colonne 3,4.

2. Nel suo commento allo Zoar, alla fine della spiegazione sull'*echal alef* della parashà di Bereshit, foglio 12, colonna 3, scrive che le anime quando salgono in cielo si uniscono. Spiega lì inoltre circa all'anima che sale in cielo di *shabbat* e di *yom tov* durante la *tefillà*. Inoltre scrive che Mosè salì sul Monte Sinai con l'anima e non con il corpo (Vedasi Seconda Parte par.1).

3. Nel suo commento allo Zoar, al foglio 226a di Pikudè, prima della spiegazione alle *echalot*, nel foglio 16 colonna 3, scrive che l'anima si eleva attraverso la forza del pensiero. Spiega che così come presso l'uomo il cervello è il centro dal quale partono tutti i pensieri, anche nei mondi celesti esiste un punto centrale.

4. Nel commento allo Shulchan Aruch, Orach Chaiim cap.1 paragrafo 1, scrive che il gran livello dei giusti consiste nel loro applicare il concetto di *"avrò il Signore sempre davanti agli occhi"*.

5. Vedasi ancora nel commento al Sefer HaYezzirà, cap.6 *mishnà* 6, foglio 9, colonna 4.

[Seconda Parte]

1. Quando il Gaon scrive che Mosè salì sul monte Sinai con l'anima e non con il corpo, non intende dire letteralmente che il corpo di Mosè non salì sul Monte Sinai, perchè è scritto chiaramente che ci salì.

2. Il Gaon si riferisce al seguente brano di Talmud, trattato di Sukkà 5a: "Rabbì Jossè dice: La Presenza Divina non è mai scesa in basso, Mosè ed Elia non sono mai saliti in alto, come è scritto-*Il cielo è cielo per il Signore e la terra l'ha data per gli uomini.* (Domanda) Il Signore non è sceso in terra!? Eppure è scritto-*Il Signore scese sul Monte Sinai!* - (Risposta) Si è mantenuto al di sopra di dieci pugni dal suolo. (Domanda) Eppure è scritto-*In quel giorno i suoi piedi si poseranno sul Monte degli Olivi!* - (Risposta) Si manterrà al di sopra di dieci pugni dal suolo. (Domanda) Mosè ed Elia non sono saliti!? Eppure è scritto-*Mosè salì dal Signore!* (Risposta) Si è mantenuto dieci pugni al di sotto! (Domanda) Eppure è scritto-*Elia salì in cielo!* (Risposta) Si è mantenuto dieci punti al di sotto!

3. Maarì Ben Chabiv nel commento HaCotev su Ein Jaacov spiega che "Mosè ed Elia si mantenerono al di sotto di dieci pugni" non significa che non salirono più di dieci pugni dal suolo, bensì che salirono molto in alto ma mantenendosi a dieci pugni al di sotto della "vetta", analogamente a quanto detto sul Signore che scese in basso mantenendosi a dieci pugni dal suolo.

4. Il Gaon intendeva dunque dire che con il corpo solamente Mosè si è mantenuto al di sotto di dieci pugni dalla "vetta", ma con l'anima arrivò proprio fino al cielo, o più su. Questo grazie alla forza del pensiero. Vedasi nel libro Nefesh HaChaiim circa le particolari forze di Mosè.

Terzo capitolo
Parole del Gaon circa la *kedushà* dello Yesod

1. Nel commento del Gaon ai Tikkunè HaZoar, tikkun 21 foglio 56 colonna 2, scrive che la vera forza consiste nella capacità di mantenere la *keduscià dello yesod*, ossia essere in grado di vincere l'istinto sessuale quando si è tentati di usufruirne in forma vietata dalla *Torà*. Chi ci riesce è il giusto, come dice la mishnà nelle Massime dei Padri: "Chi è l'eroe? Chi vince il proprio istinto." La lotta principale dello *yezzer ha-rà* è in questo argomento della *shemirat ha-berit*; su tale argomento è scritto: "I pensieri del suo cuore sono cattivi tutto il giorno."

2. (a) Vedasi le parole del Gaon all'inizio del Tikkun 23 foglio 76 colonna 3: Scrive che circa l'organo sessuale esiste "un patto di fuoco", che la regalità si acquisisce grazie al mantenimento di questo patto e che tutto lo scopo dell'uomo è arrivare a questo livello.

(b) Sembra che il Gaon intenda dire che il mantenimento di questo patto consista nella capacità di salvaguardare la *keduscià* dell'organo sessuale. Se bene ricordiamo, nei libri Anna Avda e Maasè Hish è scritto a nome del Chazon Hish che lo scopo essenziale della venuta dell'uomo in questo mondo è per questo (Forse le parole del Gaon sono la fonte del Chazon Hish).

(c) Alcuni mi hanno fatto notare che forse quando il Gaon parla di "mantenimento del patto" intende anche all'adempimento alla *mizvà* di prolificare. Anche circa questa *mizvà* il Gaon scrive cose molto grandi (nel suo commento ai Tikkunè HaZoar, verso la fine del tikkun 43 foglio 92 colonna 3).

(d) Però lì nel tikkun 23 il Gaon cita il foglio 142 del libro Idra Rabbà che parla dell'importanza del salvaguardarsi da divieti. Sembra quindi dimostrato che come "mantenimento del patto" il Gaon intenda il mantenimento della *keduscià* del *berit*.

(e) Vedasi anche quanto ha scritto nel suo commento allo Zoar (foglio 24 colonna 4), sulle Echalot di Pikudè [253a], basandosi sullo stesso Idra Rabbà.

(f) Tuttavia è ancora possibile che come "mantenimento del patto" il Gaon alluda ad ambedue le cose, il salvaguardarsi da divieti e l'adempimento alla *mizvà* di prolificare.

(g) Leggendo attentamente l'Idra Rabbà si può aggiungere che il mantenimento del patto consiste anche nell'adempimento alla *mizvà* della circoncisione.

3. Vedasi ancora nel commento allo Zoar, foglio 10 colonna 1 (nelle parentisi), alla *parashà* di Mishpatim 115a: Lì scrive che la *tesciuvà* riguarda essenzialmente le mancanze in questo argomento. Circa i vantaggi di chi ha fatto *tesciuvà* sui peccati inerenti a questo, vedasi le parole dello Zoar stesso 114b.

4. Vedasi ancora nel commento ai Tikkunè HaZoar, tikkun 70 foglio 161 colonna 1: Lì scrive che come Giuseppe si meritò di governare sull'Egitto grazie alla sua capacità di mantenere la *keduscià* del *berit*, così ogni uomo che mantiene questo patto riesce ad avere dominio sugli angeli, come Channoch nella generazione del Diluvio Universale (Midrash Rabbà).

5. Nel commento ai Tikkunè Zoar Chadash, foglio 31 colonna 3, scrive che la parola *averà* in genere si riferisce a peccati in campo sessuale.

6. Nel commento ai Tikkunè HaZoar, tikkun 22 foglio 73 colonna 4, scrive che grazie al mantenimento di questo *berit* ci si salva dalle sofferenze della morte e della tomba. Più avanti scrive che a volte in caso non si abbia salvaguardato questo patto si soffre di povertà invece delle sofferenze al momento della morte, perchè la povertà è considerata come morte.

7. Nel commento ai Tikkunè HaZoar, tikkun 69 foglio 115 colonna 2, scrive che se Adamo ed Eva non avessero peccato mangiando il frutto proibito avrebbero potuto avere il rapporto sessuale senza

bisogno dell'istinto, chiedendo misericordia al Signore, ed allora sarebbero nate persone che vivono in eternità. Da qui impariamo che pur essendo natura ora avere bisogno dell'istinto per arrivare ad un rapporto, tuttavia è bene non farsi trascinare eccessivamente dall'istinto, ma agire per *mizvà*.

8. Nel commento ai Tikkunè HaZoar, tikkun 69 foglio 126 colonna 2, scrive che Mosè aveva timore di Og re del Bascian, tanto che il Signore lo dovette tranquillizare dicendogli "non lo temere", perchè Mosè sapeva di avere in qualche modo infranto la *keduscià* del *berit*.

9. Vedasi nel commento allo Zoar alle echalot della *parashà* di Pikudè 253a (foglio 24 fine colonna 3 e colonna 4) e 254b (foglio 30 colonna 2) circa il salvaguardare della *keduscià* del *berit*.

10. Nel commento ai *tikkunè haZoar*, *tikkun* 21 foglio 60 colonna 4, scrive che se si mantiene la *keduscià* nel momento del rapporto, allora l'istinto cattivo non avrà dominio sui figli che nasceranno.

11. Nel suo commento allo Zoar, al foglio 248a di Pikudè, foglio 21 colonne 1,3, spiega che per diventare sapienti di *Torà* e dei suoi segreti bisogna osservare questo patto del *berit*, come accennato dal verso che dice:"Il segreto di HaShem sarà rivelato a coloro che lo temono, a costoro egli farà conoscere il suo patto" (Salmi 25,14).

12. Nel commento ai *tikkunè haZoar*, *tikkun* 56 foglio 105 colonna 1, scrive che il verso "sono circondato dal peccato dei miei *akevim*" si riferisce a peccati inerenti alla *keduscià* del *berit*.

13. a. Nel commento ai *tikkunè haZoar*, *tikkun* 69 foglio 136 colonna 4, suddivide lo *yezzer ha-rà~*istinto cattivo in due categorie: La prima, più difficile, l'istinto della passione sessuale; la seconda, meno difficile, l'istinto di accumulare soldi, di occuparsi delle vanità di questo mondo e di essere allegri per cose negative.

b. Quindi il Gaon intende dire che l'istinto sessuale è più forte dell'istinto per gli altri piaceri di questo mondo. Trattando dell'istinto sessuale il Gaon cita un verso che tratta del parlare di una donna: Da questo apprendiamo che il pericolo del rapporto con una donna proibita inizia dalla conversazione di questa donna con l'uomo.

14. Vedasi nei tikkunim dello Zoar Chadash, edizione con il commento del Gaon, foglio 49 colonna 3, e nel commento, foglio 27 colonna 3: Lì spiega che il nostro sesto millennio è predisposto dalla Creazione per aggiustare le mancanze inerenti alla *keduscià* del *berit* ed arrivare alla completezza nell'adempimento a questo patto.

15. È scritto in Isaia, 60, 22:" Io sono il Signore, al suo momento ne accellerò la venuta". Il talmud, trattato di Sanedrin 98a, spiega che il verso si riferisce alla Redenzione Finale ma fa notare una contraddizione nel verso: Da un lato è scritto "al suo momento", ossia la Redenzione non arriverà prima del momento prestabilito, ma dall'altro è scritto che sarà anticipata!? Risponde che se arriverà solo al momento prestabilito o sarà invece anticipata dipende dai meriti del popolo d'Israele. Dal commento del Gaon ai Tikkunè ha-Zoar, tikkun 21 foglio 56 colonna 2, sembra che il merito essenziale per anticipare la Redenzione è il salvaguardare la *keduscià* del *berit*.

16. Vedasi ancora sul nostro argomento nel commento del Gaon ai Tikkunè HaZoar, tikkun 10, foglio 26 colonna 1 e tikkun 56, foglio 105 colonna 1.

17. Nel commento ai Tikkunim dello Zoar HaChadash, foglio 52 colonna 1, scrive che sono definiti *zaddikkim* coloro che salvaguardano la *keduscia* del *berit*.

18. Vedasi nel commento allo Zoar, parashà di Shelach 160a, foglio 18 fine colonna 2 ed inizio colonna 3, dove spiega che l'essenziale è il rispetto di due patti, quello della *milà* e quello delle parole, ossia di usare la forza della parola senza trasgredire divieti.

Quarto capitolo
Parole del Gaon sulla gravità del *pegham ha-berit*

1. Riportiamo qui il contenuto delle parole di Rav Haiim Vital nel Shaar HaCavanot nei Drushè HaLaila, colonna 2. Quando ci sono fuoriuscite di sperma non mentre si sta avendo un rapporto di *mizvà*, questo si chiama *pegham ha-berit*. Per via di questa gocce fatte uscire peccaminosamente escono dal *deposito delle anime* delle anime, ma invece di essere immesse in corpi umani diventano anime dei *mazikin*~creature spirituali dannose, forze del male.

Vedasi lì circa la gravità della cosa.

2.a Anche il Gaon nel suo commento al Sifra deZeniuta, cap.5 foglio 36 colonna 4, sembra dica che attraverso questo peccato vengono estratte inutilmnete anime dal *deposito delle anime*.

b Nel commento al Sifra deZeniuta, cap.4 foglio 29 colonna 2, sembra spiegare che attraverso queste gocce nascono i *mazikin*.

c Abbiamo quindi visto nel par.1 che il Shaar HaAcavanot parla di due conseguenze: La prima che vengono estratte delle anime dal *deposito delle anime* e la seconda che queste anime vanno a stare nei *corpi* dei *mazikin*.

d Dal Gaon abbiamo riportato ambedue le cose: Al par. 2a l'uscita di anime dal *deposito delle anime* ed al par. 2b la formazione di *mazikin*.

e Nonostante il Gaon non dice chiaramente che la formazione di questi *mazikin* sia attraverso le anime estratte bensì solamente che la fuoriuscita causa due conseguenze, l'estrazione delle anime e la formazione di *mazikin*, dal momento che Rav Haiim Vital scrive chiaramente che quelle anime estratte vanno a formare i *mazikin*, sembra evidente che questo intenda anche il Gaon e non parli di due conseguenze senza legame tra di loro.

3. Nel commento allo Zoar, parashà di Pikudè 226a, foglio 16 colonna 3, il Gaon scrive che questo sperma fatto uscire invano causa l'arrivo di una creatura spirituale molto distruttiva.

4. Nel commento all'introduzione dello Zoar 12a, foglio 5 colonna 1, scrive che il peccato di far uscire invano dello sperma che non entra nel corpo di una donna era il peccato per via del quale fu distrutta e punita duramente la generazione del Diluvio Universale.

5. Altri profondi concetti inerenti a questa grave mancanza si trovano nelle Parole del Gaon nel commento ai Tikkunè HaZoar, Tikkun 21, foglio 48 colonna 1.

6. Nel commento allo Zoar, *parashà* di Pikudè, Echalot 254b, foglio 30 colonna 2, il Gaon spiega che lo sperma in *leshon ha-kodesh* si dice קרי ~ *keri*, che sono le stesse lettere di יקר ~ *yakar* (cosa di valore), perchè è una cosa legata alla sapienza insita nel cervello. Vedasi la spiegazione e le conseguenze di questo legame.

Quinto capitolo
Circa l'influenza che lascia ogni azione e la lettura dello *shemà* prima di coricarsi

1. Nel commento allo Zoar, *parashà* di Bereshit, Echalot 43b, foglio 17 colonna 2, il Gaon spiega che *sette occhi di Kadosh BaruchU registrano* ogni azione umana nei minimi particolari e prima della morte saranno fatte rivedere all'uomo tutte le proprie azioni, con tutti i particolari ad esse inerenti.

2. Questo è compreso nelle parole delle Massime dei Padri, cap.2 nishnà 1:" ... sappi che cosa c'e' sopra di te: un occhio che vede, un orecchio che ode e il fatto che tutte le tue azioni vengono registrate in un libro".

3. Nel commento allo Zoar, *parashà* di Itrò 74b, foglio 6 colonna 4, il Gaon spiega che questa *registrazione viene effettuata* mentre si dorme.

4. Secondo le parole del Gaon che la *registrazione* delle azioni del giorno *viene effettuata* di notte abbiamo ancora una spiegazione a quanto scritto nel *Shaar HaCavanot* nei *Drushè HaLaila* che prima di addormentarsi bisogna dire il *vidui~confessione dei peccati*. Ancora un motivo lo possiamo basandoci sul commento dell'*Or HaChaiim* alla *parashà* di VaYechì: Durante il sonno i *nizzozzot~scintille* dell'anima salgono in cielo.

Sesto capitol Completamento degli argomenti dei precedenti capitoli

1. Per un approfondimento circa l'istinto buono e quello cattivo vedasi:

a-Inizio del commento del Gaon al principio dell'Idra Rabbà (stampato prima del commento all'introduzione dei Tikkunè HaZoar, colonna 4).

b- Spiegazione al commento del Gaon al tikkun 21 (foglio 70).

2. Circa gli enormi sforzi del Gaon in questioni inerenti il servizio divino ed il suo eccelso livello vedasi l'introduzione di Rav Haiim di Vologin al commento del Gaon al Sifra DeZeniuta.

3. Nel commento allo Zoar, parashà di Bereshit, Echalot, foglio 14 colonna 2, il Gaon sottolinea che nel servizio divino l'essenziale è l'intenzione e la volontà.

4. Nel commento ai Tikkunè HaZoar, tikkun 69 foglio 130 colonna 3, riferendosi al verso che dice "ma un vapore umido saliva dalla terra... "(Genesi 2, 6), il Gaon scrive che così come la pioggia e l'opera di questo mondo dipende dal vapore che esce dalla terra, tutte le azioni del Signore, il Suo *comportamento* ed il modo di dirigere il mondo dipendono dal vapore che esce dalla bocca dell'uomo

5. Nel commento del Gaon allo Zoar, introduzione 11b, foglio 4 colonna 3, scrive: "L'essenziale è attaccarsi a queste quattro cose perchè tutto dipende dalle azioni ed il mondo è stato creato affinchè si conosca la forza del Suo regno".

6. Scrivendo "quattro cose" il Gaon si riferisce al timore di D., temendolo per quattro Suoi aspetti, evidenti nelle seguenti quattro *sefirot*: *chessed, ghevurà, tiferet* e *malchut*.

Strade per ascendere a livelli spirituali più alti

[In questa parte del libro si spiegherà come acquisire forze soprannaturali (vedasi cap.12 par.5)

SOMMARIO

Primo capitolo L'essenza dell'anima ebraica, l'influenza della *Torà* e delle *mizvot* sull'anima; il servizio divino di cui si occupa l'ebreo.

Secondo capitolo Or HaChaiim nel commento alla *Torà* (inizio della *parashà* di Acharè Mot) sul modo e l'importanza dell'attaccamento al Signore e le forze soprannaturali che ne derivano.

Terzo capitolo Sulla Messilat Yesharim cap.25 circa le cose che portano l'uomo al "timore del peccato", virtù ampiamente elogiata dai Maestri.

Quarto capitolo "Il Signore si trova ovunque" e le parole del Nefesh HaChaiim su questo.

Quinto capitolo La spiegazione di Bach (Orach Chaiim 47) sulla *mizvà* di studiare la *Torà*. A quale intenzione bisogna pensare quando si studia e le parole del libro Shaar Ruach HaKodesh su questo.

Sesto capitolo Ulteriori approfondimenti dei concetti trattati nei capitoli precedenti ed ancora alcune cose inerenti ad essi.

Settimo capitolo Alcuni versi del Deuteronomio sulla *mizvà* di attaccarsi al Signore. Talmud, trattato di Ketubot 111b, dove si spiega che "attaccarsi al Signore" significa attaccarsi ai *talmidè chachamim~sapienti di Torà*. Messilat Yesharim, cap.19, dove si spiega che per "attaccarsi al Signore" si intende "l'attaccamento" del pensiero al Signore. Talmud trattato di Sotà 14a, Rashì sulla *Torà* ed altri commentatori su questi argomenti.

Ottavo capitolo Il Maimonide nel Sefer HaMizvot e nel Mishnè Torà interpreta letteralmente il talmud nel trattato di Ketubot dove è scritto che "attaccarsi al Signore" significa attaccarsi ai *talmidè* *chachamim~sapienti di Torà*. I particolari della *mizvà* di attaccarsi ai *talmidè chachamim*. Parole del Maimonide circa la *mizvà* di "andare nelle Sue strade". Ulteriori spiegazioni del brano di Talmud citato sopra. Il Maimonide è d'accordo che esiste la *mizvà positive* dell' "l'attaccamento" del pensiero al Signore e dell'infoverarsi dell'anima per Lui; secondo il Maimonide però questa *mizvà* è compresa nella *mizvà* di amare il Signore.

Nono capitolo Le parole del Nachmanide circa l'"attaccamento" del pensiero al Signore.

Decimo capitolo Parole dell'Iben Ezra nel commento alla *Torà* (parashot di bereshit, shemot, va-erà, ki tissà e chukat) circa l'*attaccamento al Signore*, cosa che porta buoni miracoli soprannaturali; più l'attaccamento è intenso e più crescerà l'intensità di tali miracoli.

Undicesimo Spiegazione delle parole del Gaon circa cose meravigliose

capitolo nello studio della *Torà* durante questo ultimo esilio.

Dodicesimo Sistemi per acquisire forze soprannaturali, dal libro Magghid.

capitolo Mesharim del Beth Josef. In generale, circa le forze soprannaturali.

Primo capitolo
L'essenza dell'anima ebraica, l'influenza della *Torà* e delle *mizvot* sull'anima; il servizio divino di cui si occupa l'ebreo

PRIMA PARTE

1. Il Ramchal nel libro Adir BaMarom, Il nefesh HaChaiim (quarta parte cap.11), ed ancora altri, riportano lo Zoar, che scrive: "Il Signore, il popolo d'Israele e la *Torà* sono tutto uno". (Già è stato notato che nello Zoar non troviamo queste precise parole ma ci si riferisce a parole simili dello Zoar (Parashà di acharè mot, foglio 73).

2. Questa frase richiede una spiegazione. Come è possibile infatti esprimersi così, essendo il Signore Colui la Cui essenza "riempe ed avvolge l'Universo" senza corpo ed immagine, mentre la *Torà* è il

Sefer Torà ed il popolo d'Israele sono uomini!? Come si può dire che questi tre sono tutta una cosa!?

3. Bisogna premettere alla spiegazione che l'uomo è composto da anima e corpo. Il corpo è conosciuto e ce se ne rende bene conto, mentre definire precisamente l'essenza dell'anima è difficilissimo; questo nonostante ognuno ne conosce l'esistenza e la percepisce bene, tanto che la differenza tra un vivo ed un morto ci è chiara. Per quanto limitata sia la nostra possibilità di capire, possiamo però avvicinarci alla comprensione con un esempio: L'essenza e la realtà dei raggi solari derivano completamente dal sole, dal quale appunto proviene e dipende la loro esistenza; infatti mettendo un legno davanti al sole non vedremo più i raggi al di là del legno. Così l'anima ebraica deriva dal Signore; da Lui proviene e dipende tutta la sua essenza e realtà. [Sicuramente il paragone è lontano perchè la lontananza tra il sole ed i suoi raggi è sostanzialmente inferiore alla distanza tra l'anima e D. Tuttavia il paragone si limita alla dipendenza del derivato dalla sua radice.] Ovviamente tutto quel che c'è al mondo proviene e dipende dal Creatore però circa l'anima ebraica la cosa è più diretta ed evidente.

4. Tornando alla frase "il Signore, il popolo d'Israele e la *Torà* sono tutto uno", il senso è che le anime di Israele sono un'*illuminazione* spirituale proveniente dal Signore che è la fonte di questa *luce*. Dicendo che il Signore ed il popolo d'Israele sono tutto uno si intende che Uno è la fonte dell'influenza spirituale e l'altro è l'influenza spirituale. [Nel linguaggio cabalistico l'influenza spirituale positiva è chiamata *illuminazione* o *luce*, anche perchè nelle realtà materiali la luce è la cosa più spirituale e cosa buona; sembra inoltre esistano altri profondi motivi che spiegano l'uso di questo termine].

5. Per capire inoltre che anche la *Torà* è tutto uno con il Creatore ed il popolo d'Israele, bisogna premettere una cosa fondamentale, più volte spiegata dai nostri Maestri. Nel talmud, trattato di Sanedrin 99, Rashì spiega che il verso "un'anima che si affatica, si affatica per lei" significa: "quando una persona si affatica nello studio della *Torà*, allora la *Torà* "interviene" per chiedere al Signore di aiutare la persona a comprenderla" (Così Rashì interpreta la ripetizione del termine "si affatica". Vediamo quindi che la *Torà* non è semplicemente il *sefer* cha abbiamo in questo mondo, ma una realtà spirituale dei mondi celesti (così come esistono gli angeli) che ha la possibilità di fare richieste al Signore.

6. Ora è comprensibile quanto detto che la *Torà* è tutto uno con il Signore e con il popolo d'Israele. Il Signore ha creato il mondo in maniera tale che l'emanazione del Suo spirito arrivi alle anime di Israele attraverso la realtà spirituale della *Torà*, ossia: L'essenza spirituale che dà origine alle anime ebraiche nasce dall'essenza spirituale della *Torà* che anche essa a sua volta proviene dal Signore. [In linee generali questo corrisponde alla spiegazione del Ramchal nel libro Adir BaMarom].

7. Inoltre, il desiderio interiore più forte dell'animo umano è collegarsi alla sua radice ricevendo un'emanazione spirituale e così rafforzando l'anima. Il sistema per meritarsi questo è attraverso il rafforzamento della *Torà*, nello studio e nelle azioni; questi attirano lo spirito divino su chi se ne occupa [nel *rafforzamemto della Torà* si includono tutte le cose inerenti al servizio divino spiegate dalla *Torà*, quindi il compiere le *mizvot* e l'attenzione alle *averot*, sia nel rapporto uomo-D. che nel rapporto tra l'uomo e gli altri esseri umani e così pure la *tefillà*. Quando si parla di *Torà* come strumento per ricevere l'emanazione spirituale più intensamente tutte queste cose sono incluse].

8. Pensando a queste cose, l'uomo deve risvegliare nel suo cuore una grande voglia di studiare, di pregare il Signore dal profondo del cuore, di compiere le *mizvot* e salvaguardarsi da *averot*, insomma di tutto ciò che significa eseguire la volontà divina. Questo perchè capisce che attraverso tali cose la sua anima si collega alla sua radice e riceve ulteriore *luce*, del tipo adatto in particolare alle caratteristiche della sua anima. L'animo desidera più questo di quanto desideri tutto ciò che c'è nel nel mondo. Infatti il Ramchal scrive nella *Messilat Yesharim*, cap.1, che l'anima, provenendo dai mondi celesti, trova vero godimento solamente nella *Luce* del Signore.

9. Queste nozioni sono quindi di grande utilità per arrivare ad alti livelli. Inoltre è importante mentre si studia, si prega, si esegue una *mizvà* o si sta attenti ad un'*averà*, pensare che grazie a questo si intensifica il legame dell'anima con il Signore, che la *illuminerà*.

10. Questo pensiero specifico mentre si agisce influisce molto sull'anima e la rinforza notevolmente. A seconda delle volte che questo pensiero si ripeterà duranta la *tefillà* e lo studio, si ingrandirà la forza dell'anima.

SECONDA PARTE

1. Secondo quanto spiegato nei libri di cabala, basta pensare in modo generico che appunto grazie a queste cose si intensifica il legame dell'anima con il Signore.

2. Chi però può sforzarsi di più è meglio che suddivida questo pensiero in due parti: La prima è pensare, dal basso all'alto, di rafforzare il legame dell'anima con il Signore.

3. La seconda è pensare, dall'alto in basso, di portare all'anima una luce spirituale, proveniente dal Signore.

4. La forza del pensiero è così forte che che l'uomo ha la capacità non solo di pensare che attraverso queste *mizvot* si rafforza il legame, ma anche di realizzare questo legame attraverso la forza del pensiero mentre le esegue. L'essenziale comunque è che si pensi a questi due particolari mentre si esegue un'azione di *mizvà*. Ad esempio, prima dell'inizio di ogni studio di *Torà* bisogna pensare di volere che attraverso lo studio si rafforzi il legame dell'anima con il Signore ed arrivi ad essa la *luce* divina, e così pure prima di una *tefillà*, di una *mizvà* o prima di astenersi da un'*averà*. Chi è in grado senza troppa difficoltà, può ripensarci di nuovo (o pensare per la prima volta se non ha pensato all'inizio) durante lo studio e la *tefillà*.

5. Lo studio e le *mizvot* portano a questi risultati anche se non ci si pensa e anche se non si è affatto a conoscenza dell'esistenza di tali effetti, ma pensandoci espressamente i risultati sono molto più forti. Grazie all'intensità di questi effetti si percepisce la *luce* nell'anima e di conseguenza questa si rafforza ed acquisisce forze nuove mai avute prima.

6. I concetti espressi in questo capitolo sono quindi una forte base per il Rafforzamento dell'anima. Nel commento del Gaon alla Zoar, parashà di Mishpatim, foglio 16, spiega che attraverso queste cose non solo perviene *luce* all'anima ma si aggiungono ad essa delle parti nuove, prima inesistenti, intensifacandone quindi la potenza e l'uomo acquisisce così grandissime forze spirituali.

7. Più l'uomo abbonda nello studio della Torà, in *tefillot* al Signore recitate col cuore, nell'adempimento alle *mizvot* e nell'attenzione alle *averot* e più aumenteranno le *luci* spirituali nella sua anima, tanto più se unirà a queste cose anche i pensieri sopra menzionati.

TERZA PARTE

1. Bisogna essere a conoscenza di un'importantissima nozione circa le nuove parti acquisite dell'anima: Lo Zoar scrive che attraverso la collera l'uomo può perdere delle parti della sua anima. Questo è vero anche circa le parti basilari dell'anima da prima esistenti, ma è ancora più rilevante circa le nuove parti acquisite, le quali sono maggiormente in pericolo di essere perse per via dell'ira. Quindi bisogna fare enorme attenzione a non inciampare nella collera.

2. A volte, proprio dopo avere acquisito delle nuovi parti di anima o quando sta per acquisirle, l'uomo viene messo alla prova e viene ripetutamente tentato ad incollerirsi; questo perchè le forze del male vogliono fargli perdere quest'importante aggiunta che ha ricevuto o sta per ricevere.

QUARTA PARTE

1. Per comprendere le cose trattate in questo capitolo [prese essenzialmente dal libro Shaarè Kedushà di Rabbenu Haiim Vital] bisogna apprendere il concetto basilare che nel mondo spirituale il pensiero ha una reale, potentissima forza.

2. Ossia, così come nella materia esiste la possibilità di unire due cose, ad esempio due assi con chiodi e martello che una volta unite, sollevandone una anche la seconda viene su, anche con la forza del pensiero si possono unire cose spirituali: Quindi quando si intende unire la propria anima al Signore si crea in effetti una vera unione spirituale e quando si pensa di portare all'anima una *luce*, il pensiero riesce raelmente a farla giungere.

QUINTA PARTE

1. È scritto nei Salmi, cap.42: "Come il cervo anela ai corsi d'acqua, così la mia anima anela a Te, o Dio. La mia anima ha sete di Dio, del Dio vivente. Quando potrò venire e prostrarmi davanti a Dio?"

2. Il Signore ha creato cose come il ferro e le pietre che non hanno bisogno di mangiare e bere, ed animali e vegetali i quali invece hanno bisogno del cibo sicchè piante non innaffiate appassiscono e pecore senza cibi muoiono.

3. Certamente l'uomo ha bisogno di cibo, ma essendo composto di corpo ed anima, non solo il primo deve essere nutrito ma anche l'anima ha bisogno del suo "cibo".

4. Solamente che il "cibo" dell'anima, essendo essa spirituale, non è materiale come quello dei vegetali e degli animali. Il Ramchal spiega nel libro Adir BaMarom che l'anima è una specie di santissima *luce spirituale* proveniente dal Signore: Quindi anche il suo *cibo* è un'aggiunta di *luce* spirituale da Lui proveniente. Quando questo è il cibo che le si dà, allora l'anima riceve nuove forze e vitalità mentre quando la si priva di questo essa percepisce vuoto e malessere.

5. Questo intendeva David dicendo "come il cervo anela ai corsi d'acqua, così la mia anima anela a Te, o Dio": Così come il cervo nel deserto, nell'ora calda, cerca una fonte d'acqua, senza che qualcuno glielo abbia insegnato, ma per sua natura, e se gli daremo altre cose non lo interesseranno, anche l'anima è assetata del Signore, di rivecere da Lui ancora *luci spirituali*, cosa per essa indispensabile.

6. Queste *luci* pervengono all'uomo attraverso lo studio della *Torà*, la *tefillà* al Signore, le azioni di *mizvà*, l'attenzione alle *averot* e l'aiuto al prossimo: Da questo l'anima prende la vitalità e la potenza spirituale. Se poi, mentre si eseguono, si aggiungono i pensieri sopra descritti nelle precedenti parti di questo capitolo, allora questa *luci* si intensificano e portano ad ulteriori, potentissime forze spirituali in grado di cambiare notevolmente l'essenza della vita e il modo di vivere.

Secondo capitolo
Or HaChaiim nel commento alla *Torà* (inizio della *parashà* di Acharè Mot) sul modo e l'importanza dell'attaccamento al Signore e le forze soprannaturali che ne derivano

PREFAZIONE
1. L'Or HaChaiim nel commento alla *Torà*, sul primo verso della *parashà* di Acharè Mot, scrive circa il modo in cui morirono i figli di Aaron, Nadav ed Avihu, secondo il commento cabalistico. [L'episodio della loro morte si trova nella *Torà* nel Levitico, *parashà* di Sheminì cap.10 versi 1,2 ed è di nuovo menzionato all'inizio della *parashà* di Acharè Mot cap.16 verso 1].
2. Le sue parole sono un grande stimolo ad *attaccarsi* al Signore ed un gran consiglio come ascendere nel servizio divino; contengono grandi segreti circa l'arrivo all'uomo di forze spirituali e soprannaturali. Molti giusti usavano leggere frequentemente le parole dell'Or HaChaiim su questo argomento, c'è chi le leggeva giornalmente sì da averle fisse nella mente. Nelle ultime generazioni molti tra coloro che avevano forze soprannaturali ricevettero la forza appunto grazie allo studio di queste parole dell'Or HaChaiim per molte volte. Più avanti, nella prima part,e citeremo le parole.
3. Per facilitarne la comprensione abbiamo incluso, dal secondo capitolo, anche delle spiegazioni.
4. Credo che in alcuni particolari ci siano delle differenze tra un'edizione l'altra ed io ho copiato dall'edizione che avevo davanti, senza controllare se fosse quella precisa.

PRIMA PARTE
Citazione delle parole dell'Or HaChaiim [Per facilitare il lettore sono state divise in paragrafi]
1. È scritto nel Levitico [*parashà* di Acharè Mot, cap.16 verso 1]: "Il Signore parlò a Mosè dopo la morte dei due figli di Aron, che avvicinandosi al Signore (e) morirono" Commenta l'Or HaChaiim: "Avvicinandosi al Signore morirono erano parole del Signore che

spiegava come erano morti; per l'amore di ciò che è santo si avvicinarono alla eccelsa *luce* e non rimasero in vita."

2."Questo è il segreto della *nescikà~bacio divino* attraverso il quale spirano I giusti."

3."Quindi essi morirono come i giusti, ma la differenza era che mentre presso i Giusti È la *nescikà* che si avvicina a loro, Nadav ed Avihu furono loro ad avvicinarsi alla *nescikà*."

4."Per questo il verso specifica che morirono avvicinandosi al Signore. (Non è un'informazione su quando morirono ma una spiegazione del Signore sulla causa della loro morte)."

5."La congiunzione "**e**" prima di "morirono" viene a spiegarci che nonostante sentivano che ne stavano morendo, non si astenerono dall'avvicinarsi a ciò che era considerato un *attaccarsi* alla *luce*, a ciò che era piacevole, buono, caro, pieno di grazia, desiderabile, dolce, fino a che l'anima uscì dal loro corpo."

6."Questa grado di vicinanza al Signore è un qualcosa che l'uomo, essendo anche materiale, non può immaginare e neanche è descrivibile nè a voce nè per iscritto."

7.Anche ad un grado inferiore, quando questa percezione è parziale, tuttavia già l'uomo sente di volersi separare dal corpo, perchè è questo che gli impedisce una conoscenza più profonda del Signore. Allora l'uomo si renderà conto che la materia è il contrario dello spirito, si oppone ad esso e lo odia e che per ciò l'anima tenta di andarle contro. A volte, quando questa sensazione di contrasto aumenta, l'anima lotta contro il corpo: Questa è la spiegazione delle apparenti crisi di pazzia che sembravano colpire i profeti prima che profetizzassero (Vedi Samuele 1 cap.19 verso 24). Quando questa sensazione si intensifica acora di più l'anima non sopporta più il corpo ed esce via per tornare *a casa di suo padre.*

8.Poi spiega l'Or HaChaiim che ci sono diversi aspetti e livelli nella percezione della Presenza Divina, così come nella profezia ci sono diversi livelli, dei quali è impossibile rendere un'idea, neanche attraverso degli esempi; questo perchè anche la forza della nostra comprensione è in fondo materiale e solo chi riuscisse ad usare una forza di pensiero completamente spirituale riuscirebbe a comprendere questo segreto. Le parole originarie dell'Or HaChaiim sembrano incomprensibili ma sembra che appositamente ne volesse nascondere il senso (vedasi più avanti).

9.Dopo questo l'Or HaChaiim scrive:" Le rimanenze (di questa vicinanza) sono corone e trono regali".

10.E conclude: "Al di sopra della vita c'è la vita, e su questa vita che sta al di sopra si è espresso Mosè [*parashà* di Nizzavvim 30,19] *sceglierai* **la** *vita*, con l'articolo determinativo. L'articolo determinativo viene ad escludere che si tratti della semplice vita. Benedetto sia il Signore Vivente che ha creato questa vita al di sopra della vita".

SECONDA PARTE

Spiegazione delle parole dell'Or HaChaiim citate nella prima parte (ogni paragrafo qui è in corrispondenza allo stesso paragrafo della prima parte)

1. In sostanza l'Or Chaiim dà una nuova spiegazione alla morte dei figli di Aron: Si avvicinarono al Signore con enorme attaccamento unendosi alla *eccelsa luce divina* e come inevitabile conseguenza anima e corpo si separarano, cosa che causò appunto la morte di Nadav ed Aviù.

2. Spiega inoltre circa la morte chiamata *nescikà~bacio divino* attraverso il quale spirano i giusti (Talmud Babba Batrà 17a) che anche essa avviene attraverso l'intesificarsi del legame tra l'anima ed il Signore fino al punto che il corpo non può sopportare ed allora anima e corpo si separano.

3. Poi spiega che tuttavia c'era differenza tra la morte chiamata *nescikà~bacio divino* attraverso il quale spirano i giusti (Talmud Babba Batrà 17a) e la *nescikà* attraverso la quale morirono Nadav ed Aviu, perchè mentre presso gli altri giusti l'enorme vicinanza proviene da una *luce divina* che è essa ad avvicinarsi loro fino a portarli a un livello che costringe a morire, presso Nadav ed Avihù furono loro ad avvicinarsi a questa *eccelsa luce*.

4. Spiega che questo intende il verso dicendo *dopo la morte dei due figli di Aron, che avvicinandosi al Signore...*, cioè il modo in cui morirono fu avvinandosi al Signore.

5. L'Or Hachaim, citato al par.5 della prima parte, scrive che la congiunzione **e** viene ad indicare che rimasero vicini al Signore nonostante sentivano di star per morire. La spiegazione è questa: Nel *tanach* per coniugare un verbo al passato s può semplicemente usare la coniugazione del passato oppure si può usare il futuro aggiungendo prima la congiunzione *vav*, la quale appunto trasforma il futuro in passato. (Ad esempio *andrò* è un futuro ma *e andrò* significa *andai*). Il testo, per dire che i figli di Aron morirono, al passato, ha usato il futuro con la *vav* di congiunzione, per accennare che, a parte il semplice significato di *morirono*, al passato, c'era un significato di *moriranno* perchè ancora prima di morire sentivano che sarebbero morti per la loro vicinanza al Signore e nonostante ciò non si allontanarono.

6. Poi scrive che questo *attaccarsi* dell'anima al Signore non è semplicemente qualcosa legata alla forza del pensiero ma una realtà vera e propria con delle influenze attive, cosa impossibile da spiegare.

7. Questo forte legame dell'anima alla *luce eccelsa* è in contrasto con il corpo il quale mette in difficoltà l'anima quando essa riceve la *luce*, sicchè anche quando la vicinanza non è tale da causare la morte, in ogni caso c'è attrito tra anima e corpo. Ciò causa fenomeni come l'apparente pazzia dei profeti descritta nel libro di Shemuel 1 19, 24.

8. Il seguito delle parole dell'Or Achaim pare incomprensibile e sembra ne abbia nascosto appositamente il significato. Nel libro Arvè Nachal spiega che l'Or Hachaim allude a quanto scritto da Rav Chaiim Vital nel libro Shaarè Keduscià, parte 3, circa il legame tra l'anima e i mondi superiori.

TERZA PARTE
Seguito spiegazione dell'Or HaChaiim

1. Scrivendo" le rimanenze (di questa vicinanza) sono corone e trono regali" forse l'Or HaChaiim intende dire: Nonostanze il merito di quel livello di vicinanza al Signore sia indescrivibile, ci sono anche ulteriori meriti, ottime cose soprannaturali che si guadagnano a parte la vicinanza stessa; questi è possibile sì definirli: li chiameremo *corone* e *trono regali*. [Nel libro Shevò VeAchlamà, volume *HaDehà*, parte 2 foglio 38 quarta colonna, tratta dei livelli di *attaccamento* al Signore ai quali si arriva durante lo studio della *Torà* e l'esecuzione delle *mizvot*; questo *attaccamento* influisce sui cieli più che lo studio o la *mizvà* stessi.]

2. Scrive l'Or HaChaiim: "Al di sopra della vita c'è la vita, e su questa vita che sta al di sopra si è espresso Mosè [*parashà* di Nizzavvim 30,19] *sceglierai **la** vita*, con l'articolo determinativo. L'articolo determinativo viene ad escludere che si tratti della semplice vita" (perchè bisogna scegliere *la vita* per eccellenza). L'Or HaChaiim intende dire che così come il corpo riceve la vitalità dall'anima, chiamata *vita*, anche questa *vita* (l'anima) riceve la sua vitalità da un mondo spirituale superiore ad essa, che chiameremo *la vita della vita*. Quindi l'anima rispetto alla *vita della vita* è come il corpo rispetto all'anima. Termina l'Or HaChaiim scrivendo: "Benedetto sia il Signore Vivente che ha creato questa vita al di sopra della vita".

QUARTA PARTE

Due importantissimi concetti che impariamo dalle parole dell'Or HaChaiim sopra citate

1. Tra le cose principali che bisogna imparare dalle parole dell'Or HaChaiim è che l'*attaccamento* del pensiero al Signore non è solamente una questione di pensiero bensì, pensando al Signore, si crea una vera e propria realtà, un effettivo, maestoso legame dell'anima a Lui.

2. Un'attenta analisi delle parole usate dall'Or HaChaim ci insegna che questo legame dell'anima al Signore crea in noi una nuova anima, più elevata e più vicina al Signore di quanto lo fosse la prima. I due concetti di questi due paragrafi sono grandi basi per arrivari a grandi livelli, raggiungibili anche ai nostri tempi.

3. Certamente però molto dei livelli trattati dall'Or HaChaiim non sono raggiungibili ai nostri tempi e in effetti oggi la profezia non esiste più.

4. Ma le cose essenziali spiegata dall'Or HaChaiim per il raggiungimento degli alti livelli riguardano sono attuabili anche nella nostra epoca.

QUINTA PARTE
Le parole dell'Or HaChaiim nella *parashà* di Bereshit circa il *ruach ha-kodesh*

1. Nella *parashà* di Bereshit, cap.6 verso 3, è scritto:"Il Signore disse: Non sia per sempre il Mio spirito a giudicare l'uomo perchè è carne". Commenta l'Or Haim: "Questo verso esige una spiegazione. I nostri Maestri nel midrash di Bereshit Rabbà, cap.26 verso 7, hanno ricavato molte cose accennate in questo verso ma il significato semplice è rimasto oscuro. Sembra che il verso intenda dire: Prima il Signore giudicava gli uomini quando era loro davanti, ossia li faceva stare davanti a Lui nel momento del giudizio, come è scritto *disse allora il Signore Dio al serpente etc.; alla donna disse etc.; e all'uomo disse etc.; il Signore disse a Caino: perchè etc.; il Signore disse...: Dov'è Abele....* Poi, quando i peccati abominevoli aumentarono, il Signore disse: Il mio spirito non giudichi più mai l'uomo frontalmente, sì da trovarMi insiemo a lui nel momento del giudizio. Quindi *il mio spirito* significa *la mia presenza* e l'uomo non era più considerato abbastanza importante per un giudizio in questa forma.

2. Quindi l'uomo può allontanarsi dal Signore come conseguenza delle sue azioni. Infatti, se prima il Signore rimproverava l'uomo frontalmente ed erano tutti al livello di profeti, quando l'uomo, come è scritto, *echel*, cioè è diventato profano (nel senso che la sua santità è stata profanata, oppure semplicemente è diventato terreno), allora è stato privato del livello profetico. Con il tempo però *le gemme si videro sulla terra*, ossia vennero i giusti che riportarono all'umanità il livello profetico. Quando venne distrutto il Santuario la profezia di nuovo lasciò il popolo ebraico al quale rimase un livello inferiore alla profezia, chiamato *ruach ha-kodesh*. In seguito il popolo ebraico è sceso ancora di più sì da non poter neanche sentire *l'odore della santità~ reach ha-kodesh* ed a maggior ragione raggiungere livelli di *ruach ha-kodesh~spirito di santità*. Questa è la più grande disgrazia della Casa d'Israele, il non potere dissetare la propria sete di percepire *Avinu SheBaShamaim~Nostro Padre che è nei cieli*, cosa che ne avrebbe fatto rinascere lo spirito. Questa maledizione è iniziata ai tempi del Diluvio Universale". Fino a qui le parole dell'Or HaChaimi. Vedasi poi la sua spiegazione al seguito del verso che dice "(Il mio spirito non giudichi più mai l'uomo frontalmente, sì da trovarMi insieme a lui nel momento del giudizio) **perchè l'uomo è carne**". Vedasi inoltre le altre spiegazioni che l'Or HaChaiim dà a tutto questo verso.

3. L'Or HaChaiim ha scritto: "Quando venne distrutto il Santuario la profezia lasciò il popolo ebraico". La fonte è il talmud, trattato di Baba Batrà 12: "Ha detto Rabbì Jochanan: Da quando è stato distrutto il Santuario la profezia è stata tolta ai profeti e consegnata ai matti ed ai bambini etc.". Questo sembra contraddire altri brani di talmud, nel trattato di Yomà 9b, Sotà 48b e Sanedrin 11a: "Una volta defunti gli ultimi profeti, Chaggai, Zecharià e Malachì, se ne andò via il *ruach a-kodesh* da Israel e c'era solamente la *bat kol* (al posto del ruach ha-kodesh) etc." Il talmud per *ruach ha-kodesh* intende la profezia perchè Chaggai, Zecharià e Malachì erano veri e propri profeti e infatti i loro libri fanno parte dei Dodici Profeti. Eppure Chaggai, Zecharià e Malachì hanno vissuto nei primi anni del Secondo Santuario e quindi non è possibile che il talmud in Baba Batrà si riferisca al Primo Santuario perchè all'epoca del Secondo c'erano ancora profeti [ed anche Geremia ed Ezechiele profetizzarono dopo la distruzione (del Primo)! D'altro lato all'epoca del Secondo Santuario già molto prima della sua distruzione non c'era più la profezia!? Circa questa contraddizione vedasi nei *Biurè Aggadot* sul trattato di Baba Batrà 12.

4. L'Or HaChaim ha scritto ancora: "Questa è la più grande disgrazia della Casa d'Israele, il non potere dissetare la sua sete di percepire *Avinu SheBaShamaim~Nostro Padre che è nei cieli*, cosa che ne avrebbe fatto rinascere lo spirito." Bisogna aggiungere le parole di Rabbì Chaim Vital nell'introduzione (31) al libro Shaar HaGhilgulim, pag.239 nell'edizione con il commento di Benè Aron: Lì scrive che anche Adamo, per via del peccato di aver magiato il frutto della conoscenza, scese dal suo livello. Perse nel suo *nefesh-ruach-*

neshamà il livello di *azzilut*, il cosiddetto *splendore di Adamo*; così si è attuata la maledizione che dice: "Perchè nel giorno in cui ne mangiassi, moriresti." Infatti non c'è morte peggiore della perdita della parte del *nefesh-ruach-neshamà* chiamata *azzilut*. Quindi sia l'Or HaChaiim che Rav Chaiim Vital trattano di una situazione nella quale vengono a mancare all'anima grandi forze spirituali. [Vedasi ancora nel Sefer HaChezionot di Rav Chaim Vital circa il sogno dell`*Arì* e di *Maarì de Coreal*].

SESTA PARTE
Le parole dell'Or HaChaiim nella *Parashà* di BeChukkotai su questi argomenti:
1. Come complemento alle parole dell'Or HaChaiim nella *parashà* di Acharè Mot vedasi anche il suo commento nella *Parashà* di BeChukkotai al verso che dice: "Io stabilirò la Mia sede in mezzo a voi e non rifuggirò da voi".
2. Sempre nella *Parashà* di BeChukkotai l'Or HaChaiim scrive che il fatto che un'anima ebraica possa essere attratta dalle nullità di questo mondo è possibile solo perchè le *luci* divine della sua anima si sono affievolite, lasciando luogo a desideri materiali. Vedasi lì tutte le sue parole dalle quali impariamo che intensificare la luce divina nell'anima è un ottimo consiglio per allonatanare i desideri materiali.

Terzo capitolo
Sulla Messilat Yesharim cap.25 circa le cose che portano l'uomo al "timore del peccato", virtù ampiamente elogiata dai Maestri

PRIMA PARTE
Citazione di parole della Mesillat Yesharim nel cap.25
1. Il libro Messilat Yesharim nel cap.25 indica la strada per acquisire il timore di D. al livello più alto, chiamato *timore del peccato* e così scrive: "Ma la strada per l'acquisizione di questo timore è il fare bene caso a due veri fatti. Il primo, che la Presenza Divina si trova ovunque e Lui sorveglia ogni cosa, piccola e grande. Nulla si nasconde ai Suoi occhi, nè per via della grandezza dell'argomento

nè per la sua pochezza, bensì Lui vede e capisce senza differenza la cosa grande e quella piccola, la disprezzabile e l'onorabile.

2. Questo è quanto dicono i versi: ...tutta la terra è piena della Sua gloria [Isaia 6,3]; ...Io riempio il cielo e la terra" [Geremia 23,24]; Chi è come HaShem...che si abbassa per guardare nel cielo e sulla terra? [Salmi 113, 5- 6]; Perchè elevato è il Signore, Egli vigila sull'infimo, e dal Suo luogo alto sa da lontano cosa succede nel mondo [Salmi 138, 6]. (I primi due versi riportati dalla Messilat Yesharim sono la dimostrazione del primo concetto che la Presenza Divina si trova ovunque, mentre gli ultimi due versi dimostrano il secondo, che Lui sorveglia ogni cosa).

3. E poichè sarà chiaro (all'uomo) che ovunque si trovi sta davanti al Signore, di conseguenza l'uomo sarà raggiunto dal timore e dalla paura di inciampare in azioni non fattibili davanti alla maestosità della Sua gloria. Questo è quanto detto nelle Massime dei Padri, cap.2 mishnà 1: Sappi cosa c'è al di sopra di Te, un occhio che vede, un orecchio che ode e tutte le tue azioni vengono registrate in un libro; poichè la vigilanza del Signore è su ogni cosa e Lui vede tutto e sente tutto, sicuramente tutte le azioni lasciano un segno e vengono tutte registrate in un libro, come merito o come colpa.

4. Sicuramente questo concetto non viene appreso dal cervello umano con chiarezza se non attraverso la perseveranza nella contemplazione e la grande osservazione. Questo perchè non si riesce ad immaginare con concretezza una cosa che è lontana dalla nostra percezione, se non dopo aver scrutato e studiato tanto. Anche dopo che l'uomo si è fatto un'immagine del concetto, senza un costante ripasso questa svanirà facilmente. Quindi, così come la tanta contemplazione è il sistema per acquisire il timore perenne, l'inavvertenza e la mancanza di studio sono ciò che più lo fanno perdere: Sia l'inavvertenza a causa di disturbi o volontaria, in ogno caso porta alla perdita del timore costante.

5. Questo è quanto il Signore ha comandato al re (Devarim 17, 19): La terrà con sè e la leggerà per tutta la sua vita per apprendere a temere il Signore suo Dio.... Ecco deduci che il timore non si apprende se non dalla lettura ininterrotta. E precisa che il verso ha detto *per apprendere* e non *per temere*, perchè questo timore non lo si raggiunge per natura; al contrario è lontano dall'uomo a causa del materialità dei sensi e non può essere acquisito se non attraverso lo studio. Questo studio per arrivare al timore deve essere affrontato con tanta perseveranza, ininterrotta, nella *Torà* e nelle sue strade.

6. Ossia, l'uomo deve guardare bene e studiare sempre questo concetto, quando siede e quando cammina, quando si corica e quando si alza, finchè non abbia interiorizzato nella mente la vericidità del fatto che la Presenza Divina si trova ovunque e che noi ci troviamo sempre, letteralmente, davanti a Lui. Allora Ne avrà veramente timore. Questo è quanto pregava il re David dicendo: "Insegnami la Tua via, o Signore, perchè possa camminare nella Tua verità, indirizza il mio cuore a temere il Tuo nome." (Salmi 86, 11). Fino a qui le parole della Messilat Yesharim.

SECONDA PARTE

Aggiunta circa le parole della Messilat Yesharim sopra citate

1. Le parole della Messilat Yesharim nel cap.25, sopra citate, sono forti basi per portare l'uomo a grandi e potenti livelli. Felice colui che potrà abituarsi a ripassare ogni tanto queste parole della Messilat Yesharim! Questo sicuramente porterà a un cambiamento positivo nella sua strada, in particolare se capirà bene il senso delle parole.

2. In breve, il contenuto di quelle parole della Messilat Yesharim consiste in due concetti basilari. Il primo, che l'uomo sta sempre davanti al Signore.

3. Il secondo, che tutti i particolari delle sue azioni e dei suoi fatti sono vigilati continuamente dal suo Creatore; sia che l'uomo abbia agito bene sia che, mai sia, abbia agito male, tutto sarà sarà preso in considerazione, particolareggiatamente.

4. Spiega nella Messilat Yesharim che se queste due nozioni saranno fisse nel pensiero dell'uomo lo protegeranno molto da ogni peccato.

5. Poi ancora che affinchè l'uomo abbia presenti sempre davanti agli occhi questi due concetti basilari, li deve ripassare spesso e pensarci molto sopra.

6. La grande utilità del pensiero perenne (come scrive la Messilat Yesharim) sulla Presenza Divina che è ovunque, secondo una semplice spiegazione, consiste nel fatto che grazie a ciò viene all'uomo il timore del Signore Benedetto. Allora farà più attenzione alle sua azioni che siano come si deve. Questo è quanto scrive Rav Moshè Isserlish nell'Orach Chaiim cap. 1 par.1:" *Ho posto la presenza di D-o continuamente dinanzi a me; questo è uno dei principi più importanti nella Torà e nel comportamento degli tzaddikim~giusti, che procedono di fronte ad Ha-shem.*" Rav Moshè Isserlish spiega che il comportamento dell'uomo non è identico se si trova da solo oppure alla presenza di un re. Il Gaon nel commento allo Zoar, parashà di Pikudè, foglio 16, aggiunge, secondo la cabala, che mentre l'uomo pensa al Signore, in quel momento si aggiungono della parti nuove alla sua anima; questo lo santifica con una *kedushà* eccelsa. (Vedasi lì tutte le parole del Gaon).

Quarto capitolo
"Il Signore si trova ovunque": le parole del Nefesh HaChaiim su questo

PRIMA PARTE

1. Tra le cose che più delle altre portano l'uomo ad alti livelli è la consapevolezza che il Signore si trova ovunque. Vedasi su questo nel libro Scritti del Nachmanide la lettera che inizia con le parole: "*Terem eenè anì sciogheg etc.*" Nel libro Nefesh HaChaiim si è dilungato sull'argomento aggiungendo particolari: spiega lì che queste cose sono la radice delle forze soprannaturali e della comprensione della *Torà*.

2. Vedasi nel libro Nefesh HaChaiim, prima e terza parte. In linee generali si può suddividere il contenuto in diverse parti.

a. L'azione del Signore alla quale l'uomo deve pensare sempre: In tutto quello che succede è il Signore ad agire e non esiste altra forza all'infuori di Lui. Dopo aver creato l'Universo il Signore continua a dargli vitalità in ogni istante sicchè per distruggerlo Gli basterebbe smettere di dargli vitalità. Quindi non solo il Signore è la fonte di tutte le vicende che capitano all'uomo, ma anche Colui che dà la vita a lui e a tutto l'Universo, in ogni istante. Questa nozione ha grande capacità di portare l'uomo a maggior *attaccamento* al Signore. [Vedasi ancora nel libro Ghilionè Leshem Shevò VeAchlamà pag.307 par.50 circa il Passaggio del Mar Rosso].

3. b. L'uomo deve sempre interiorizzare che il Signore si trova ovunque. Inoltre, che non esiste nulla al di fuori di Lui. Questo va spiegato, perchè se non c'è nulla che influisce al di fuori di Lui, che influenza hanno le *mizvot* o i peccati!? Forse il Nefesh HaChaim intende dire *che non esiste nulla al di fuori di Lui* nel senso che l'esistenza di ogni cosa non è assicurata in futuro ed anche nel presente non è autonoma perche sussiste solo grazie alla vitalità che gli dà il Signore; comunque in ogni cosa c'è un valore *a sè stante* che influisce.

4. Tuttavia dalle parole del Nefesh HaChaiim sembra che per arrivare alla completezza nell'*attaccamento* al Signore bisogna immaginarsi che non c'è proprio nulla di minimamente autonomo. Ma questo va compreso perchè in effetti definiamo per ogni cosa un valore autonomo, come scritto alla fine del paragrafo precedente!?

5. È posssibile spiegare che nonostante ogni cosa ha un'essenza a sè stante, tuttavia per arrivare alla completezza nell'*attaccamento* al Signore bisogna pensare solamenta a Lui e questo è possibile quando si considera come se non ci fosse nulla al di fuori di Lui. Inoltre possiamo dire che non è solo questione di *completezza nell'attaccamento* bensì non è possibile percepire la vericidità del concetto che tutto riceve vitalità dal Signore finchè noi ci concentriamo sull'esistenza del creato, perchè questo lo vediamo e questa visione impedisce una più chiara percezione del Signore. Dobbiamo quindi non pensare affatto al creato per percepire meglio il Signore.

6. Possiamo quindi riassumere le parole del Nefesh HaChaiim in cinque punti: due, descritti nel secondo paragrafo, riguardanti le azioni del Creatore; altri due, descritti nel terzo paragrafo, circa la realtà del Creatore; l'ultimo, descritto nel quarto e nel quinto paragrafo, circa il modo di pensare al Creatore. Il Nefesh HaChaiim spiega che attraverso questo pensiero l'uomo riesce a portare salvezza soprannaturale e a togliere ciò che disturba alla percezione divina, anche se riuscire a togliere questo disturbo è una cosa soprannaturale. [Vedasi nel libro Ghilionè Leshem Shevò VeAchlamà sopra citato, alla fine del secondo paragrafo.]

7. Circa le cose scritte dal Nefesh HaChaiim nella prima e seconda parte, sopra citate, lui stesso ha scritto che c'è nelle sua parole un aspetto incomprensibile in questi tempi. [È probabile o addirittura sicuro che si riferisce a qualche difficoltà che sopra non abbiamo citato]. In ogni caso mi sembra che possa eserci nelle sue parole una grande utilità per arrivare all'*attaccamento al Signore*. [Mi pare che nei libri sia scritto che per alcuni è difficile pensare al Signore in tale modo in un qualsiasi momento mentre gli è più facile mentre si occupano di qualche azione inerente al servizio divino].

SECONDA PARTE

1. Il Nefesh HaChaim nella terza parte, cap.12, scrive circa l'importanza delle cose citate qui sopra e ne esalta la capacità di portare all'uomo forze soprannaturali: "Questa è una grande cosa e un bellissimo tesoro per liberarsi dalle pene alle quali si è condannati ed annullare le volontà altrui negative affinchè non possano aver potere su di noi e neanche lasciare minima traccia. Quando l'uomo stabilisce in cuor suo che Kadosh BaruchU Lui è il vero D-o, all'infuori di Lui, benedetto Egli sia, non esiste alcuna forza al mondo e tutti i mondi sono pieni solamente della Sua semplice Unità; quando l'uomo annulla del tutto in cuor suo e non fa affatto caso a nessuna forza nè volontà al mondo, sottomette ed *attacca* la purezza del suo pensiero solamente all'Unico Signore, di conseguenza tutte le forze e le volontà del mondo saranno annullate sì da non potergli nuocere minimamente."

2. Con questo concetto il Nefesh HaChaim spiega le seguenti parole dell'introduzione allo Zoar 12a: "Quarta *mizvà* è sapere che *Akonai* Esso è *Elokim* e pensare che le *luci spirituali* accennate nel nome *Elokim* fanno parte della *luce* sublime accennata nel nome *Akonai*. Sapere che esiste un'unica forza al mondo, il Signore Benedetto.

Allora anche le forze del male superiori, spirituali, svaniranno e non potranno fare alcun male nè diminuire la buona *influenza divina*."

3. Il Nefesh HaChaiim propone ancora un sistema:"Pensare di riuscire a far cose miracolose contrarie alle leggi di natura; allora ci riuscirà, a condizione che veramente sottometterà ed *attaccherà* la pura fede del suo cuore affinchè non crolli solo al Signore. Infatti, presso il Signore non c'è differenza se si tratta di legge naturale o no, perchè in ogni momento può comportarsi seconde le leggi di natura che ha stabilito oppure al contario, come troviamo presso Rabbì Channina Bar Dossa che decideva in qualsiasi momento di far funzionare cose come voleva, al contrario delle leggi di natura; infatti disse: Chi ha detto all'olio di ardere, dica all'aceto di ardere! (Talmud, trattato di Taanit 25a). Il Signore lo esaudiva perchè appunto presso il Signore l'olio e l'aceto sono uguali e così in tante altre cose miracolose che chiedeva, come riportato nel Talmud."

4. Scrive inoltre il Nefesh HaChaiim che Mosè arrivò ai suoi grandi livelli perchè concentrava sempre il suo pensiero su questo tipo di ragionamento. Verso la fine del cap.14 scrive ancora che l'utilità di questo pensiero è enorme ai fini della *tefillà* e tra parentisi aggiunge che grazie ad esso s'ingrandisce molto la potenza dell'uomo nello studio della *Torà*. Ovviamente, più è lungo il tempo nel quale pensiamo così ed intenso il pensiero, più l'influenza sarà forte, È risaputo che Rabbì Izchak Zeev di Brisk usava frequentemente il sistema proposto dal Nefesh HaChaim.

5. Abbiamo quindi spiegato nei precedenti paragrafi le parole del Nefesh HaChaiim circa cose fortissime e *terribili* sulla meravigliosa potenza umana, quando l'uomo pensa che esiste al mondo solamente l'Essenza Divina. Però, ai fini di comprendere a fondo la cosa c'è bisogno di molto studio su quanto abbiamo scritto sopra nella prima parte del quarto capitolo. Essendo i concetti profondi, per capirli bene ed ancora di più per abituare il pensiero ad essi, conviene forse rileggere più volte con tanta concetrazione le cose scritte sopra, nella prima parte del quarto capitolo.

Quinto capitolo
La spiegazione di Bach (Orach Chaiim 47) sulla *mizvà* di studiare

la *Torà*.
A quale intenzione bisogna pensare quando si studia e le parole del libro Shaar Ruach HaKodesh su questo

PRIMA PARTE
1. È scritto nel Talmud, trattato di Nedarim: "Ha detto Rav Yeudà a nome di Rav: Che significa il verso che dice *chi è l'uomo saggio che comprenda ciò? Colui cui la bocca del Signore abbia parlato e possa spiegarlo? Perchè il paese è andato in rovina...?* Lo domandarono ai saggi, ai profeti ed agli angeli ma non lo spiegarono, finchè lospiegò *Kadosh Baruch U*, come è scritto :*Risponde il Signore: Poichè hanno abbandonato la Mia legge che avevo posto loro innanzi, non la seguirono e non diedero ascolto alla Mia voce....* Che significa *non la seguirono e non diedero ascolto alla Mia voce*? Ha detto Rav Yeudà a nome di Rav: Che non dicevano la benedizione apposita prima dello studio."
2. Su questo scrive il Bach nel commento al Tur, Orach Chaiim par.47, che è molto difficile da capire perchè mai per non avere benedetto prima dello studio, cosa che sembra essere un piccolo peccato, hanno ricevuto una punizione così grande!?
3. Risponde che da sempre l'intenzione del Signore è che noi ci occupiamo di *Torà* affinchè la nostra anima si rafforzi riempedosi delle stesse forze che sono la fonte della *Torà*, forze sante e spirituali. Per questo il Signore ha dato in regalo ad Israele la *Torà di verità* affinchè non la dimentichiamo; affinchè la nostra anima, le 248 membra ed i 365 tendini del nostro corpo si uniscano alle 248 *mizvot* positive ed alle 365 negative scritte nella *Torà*. Se i Figli d'Israele si occupassero di *Torà* con questa intenzione diventerebbero come una *merkavà~carrozza* ed un *echal~sala* per la Presenza Divina, ossia il Signore si troverebbe proprio dentro di loro, perchè essi sono *la sala del Signore*, e la Presenza Divina avrebbe stabilito dentro di loro la Sua residenza fissa. Allora tutta la Terra risplenderebbe grazie alla Sua *luce,* ci sarebbe quindi un legame tra la Corte Regale Terrena e la Corte Regale Celeste, sicchè la dimora divina sarebbe *unica*.
4. Ma loro infransero questo principio: non si occupavano di *Torà*

se non per scopi materiali, per il loro vantaggio o per vantarsi della loro saggezza; non intendevano studiare per rafforzare l'animo ed *attaccarsi* alla santità ed alla spiritualità della *Torà* o per far *scendere a terra* la Presenza Divina, sicchè l'animo possa elevarsi dopo la morte ad alti livelli. Così *separarano* la *Presenza Divina* dalla Terra d'Israele; Essa *salì in alto* e la Terra rimase materiale, senza santità. Questa fu la causa della distruzione e della rovina della Terra d'Israele.

5. Questo è il senso del Talmud: *"Chi è l'uomo saggio etc.? Perchè il paese è andato in rovina etc.? Risponde il Signore: Poichè hanno abbandonato la Mia Legge che avevo posto loro innanzi etc."* Si intende:"Gli avevo dato in regalo la *Torà di verità* affinchè studiassero e non dimenticassero e gli spiegai bene ogni cosa con il suo significato." (*Avevo posto loro innanzi* significa come una tavola apparecchiata, come spiegano i Maestri il verso che dice: "Queste sono le leggi che gli porrai davanti".) Il Signore intende che gliel'aveva posta davanti affinchè si *legassero* alla santità stessa della *Torà*, una *Torà di verità*, e la Presenza Divina risiedesse *in essi*, ma loro *hanno abbandonato la Mia legge*, *non la seguirono*, cioè dall'inizio dello studio non studiavano per la *Torà stessa*, al fine di progredire da un livello all'altro ed *attaccare* l'animo alla sua santità. Ossia prima di iniziare lo studio avrebbero dovuto recitare la seguente benedizione dove si benedice e si ringrazia il Signore per aver dato la *Torà* al suo popolo Israele affinchè si *attaccassero* alla Sua santità: *"Benedetto sia Tu Signore che ci ha scelto* (ossia che ci hai avvicinato al Monte Sinai) *e ci ha dato la Sua Torà...* (il tesoro a Lui caro con il quale *gioca* ogni giorno, affinchè *si attacchi* la nostra anima alla santità ed alla spiritualità della *Torà* e facciamo scendere dentro di noi la Presenza Divina)". Ma loro non *la seguirono*, cioè non si occuparono di essa con la giusta intenzione e per questo la loro punizione fu che la Presenza Divina se ne andò via da loro e di conseguenza, come segue il verso *...il paese è andato in rovina, è desolato come un deserto senza "viandante"*, ossia il paese è stato distrutto ed è rimasto materiale, senza *"la santità della Presenza Divina"*, che Se ne andò completamente e Se ne tornò in alto. Fino a qui il contenuto delle parole del Bach.

SECONDA PARTE

1. Per capire il bene il significato delle parole del Bach conviene vedere sopra, nel primo capitolo, tutta la spiegazione del detto:" Il Signore, la *Torà* e Israel sono un'unica cosa". Secondo ciò, il Bach intende dire che lo scopo della studio della *Torà è amalgamare* le *luci* della propria anima con le luci della *Torà*, grazie alla quale il Creatore illuminerà intensamente l'anima.

2. In linea di massima come facile consiglio pratico possiamo dire che quando si studia bisogna pensare a due cose:

a. *Legarsi* al Signore attraverso questo studio (Si intende un'intensificazione del legame già esistente tra l'anima ed il Signore).

b. Intendere di portare all'anima, attraverso lo studio, *una* luce proveniente dal Signore.

3. Vedasi attentamente nel libro Shaar Ruach HaKodesh di Rabbì Chaim Vital 11a che riporta a nome dell'Arì:"Anche circa lo studio della *Torà* il mio maestro mi diceva che per attirare su noi stessi la percezione divina e la santità, l'intenzione essenziale nello studio deve essere *collegare l'anima alla sua sublime fonte*; questo al fine di *aggiustare* l'aspetto sublime dell'essere umano. Questo era lo scopo finale del Signore quando creò l'uomo ed il motivo per il quale gli comandò di occuparsi di *Torà.*"

4. Per capire le parole dell'Arì ci vorrebbere a priori diverse introduzioni ma credo che possa bastare anche la breve spiegazione portata sopra nel par.2: le intenzioni descritte lì possono ben aiutare per arrivare ai livelli descritti nel libro Shaar Ruach HaKodesh.

5. Il Bach non intende aggiungere un ulteriore particolare alla *mizvà* dello studio della *Torà* bensì scrive che questo è il significato essenziale di questa *mizvà*: *Collegarsi al* Signore e far così venire un'*illuminazione* da Lui sulla nostra anima. Infatti scrive chiaramente che questo era lo scopo essenziale del dono della *Torà* ad Israele e quando non fu raggiunto, di conseguenza la Terra d'Israele fu distrutta ed andarono in esilio. Così pure scrive nel Shaar Ruach HaKodesh che attraverso lo studio si realizza in gran parte lo scopo per il quale l'uomo è stato creato e per il quale il

Signore ha comandato di occuparsi di *Torà*. È quindi importantissimo che l'uomo si abitui a questo ragionamento ed *incida* nell'anima che ogni volta prima di studiare deve fare queste due cose: Pensare bene che grazie allo studio si intensificherà il legame dell'anima al Signore e intendere che grazie ad esso si riverserà su di lui direttamente dal Signore una grandissima e santa abbondanza spirituale.

6. Non solo queste intenzioni nello studio intensificano notevolmente la santità che si acquisisce studiando ma inoltre sono molto efficaci per risvegliare la voglia di perseverare nello studio, per superare molti frequenti disturbi che impediscono di studiare. Ora possiamo interpretare alcune parole del racconto talmudico su Hillel HaZaken. È scritto nel trattato di Yomà 35b:" Raccontarono su Hillel HaZaken che guadagnava una moneta al giorno. La metà la dava per entrare nel beth ha-midrash e l'altra metà la usava per sostenere se stesso e la sua famiglia. Un giorno non trovò lavoro sicchè il guardiano del beth ha-midrash non lo fece entrare. Salì sul lucernario per ascoltare da lì *le parole del D-o vivente* (cioè parole di *Torà*) dalla bocca di Shemayà ed Avtalion. Dissero che quel giorno era la vigilia di *shabbat* ed era il periodo di tevet (quindi pieno inverno), e scese su di lui dal cielo la neve. All'aurora disse Shemayà ad Avtalion: Fratello mio, ogni mattino la sala è luminosa ed oggi è buia! Forse è nuvolo oggi? Alzarono gli occhi e videro l'immagine di un uomo sul lucernario; trovarono su di lui neve alta tre braccia, lo tirarono fuori, lo lavarono e lo curarono con unguenti etc." Vedasi lì tutto il racconto. Notiamo che i Nostri Maestri, quando raccontano delle parole di *Torà* che Hillel voleva ascoltare dalla bocca di Shemayà ed Avtalion, usano l'espressione *le parole del D-o vivente*, come sopra citato. Perchè proprio qui usano questa espressione per indicare *parole di Torà*, espressione non frenquente nel talmud per indicarle? [La troviamo di nuovo nel trattato di Eruvin 13b ma lì c'è un chiaro motivo]. Bisogna dire che i Maestri ci vogliono informare con questo da dove Hillel prese l'enorme forza di sacrificio per lo studio della *Torà*! Tanto che per non perdere una sola volta la lezione salì sul tetto ed appiccicò l'orecchio al lucernario in un giorno nevoso!

Questo è difficilissimo, tanto che arrivò ad uno stato gravissimo, come spiegato dal talmud! Questa forza l'aveva perchè giustamente considerava l'ascolto delle parole di Shemayà ed Avtalion come fosse l'ascolto delle parole del Signore, perchè insieme alle parole di *Torà* perviene dal Signore all'anima una sublime luce che le dà vitalità. Quando un uomo considerà così lo studio gli si dà una forza enorme per perseverare nello studio della *Torà*, con grande voglia, in qualsiasi situazione e in tutti i periodi.

7. Sia chiaro che anche chi non pensa alle due intenzioni sopra citate mentre studia riceve i vantaggi descritti: in ogni momento di studio si rafforza il legame dell'anima al Signore il Quale le manda un'influenza spirituale rafforzandone molto la santità. Diremo lo stesso anche riguardo a una persona che si è allontanata tanto dal Creatore. Infatti i Maestri hanno detto:" La *luce* che è in essa (nella *Torà*) li fa riavvicinare al bene". Certamente però chi aggiunge allo studio i pensieri sopra spiegati riceve questi vantaggi con un'intensità molto più grande e la sua anima si santifica molto di più di quanto sarebbe senza pensare a queste intenzioni; di conseguenza anche il suo desiderio di perseverare nello studio della *Torà* è maggiore.

Sesto capitolo
Altre fonti circa il fatto che *attaccando* il pensiero al Signore si influisce sullo stato e l'essenza dell'anima

PRIMA PARTE: FONTI INERENTI AI CONCETTI SOPRA ESPOSTI
1. Rav Chaiim Vital, nel libro Shaarè Kedeuscià, shaar 3, spiega a lungo che l'attaccamento del pensiero al Signore non rimane come pensiero astratto bensì crea è un legame vero e proprio al Signore, vedasi lì attentamente!
2. Anche nel commento del Nachmanide alla *Torà* troviamo in diversi punti che l'*attaccamento* del pensiero la Signore porta l'uomo ad alti livelli.

SECONDA PARTE: FONTI DALLE PAROLE DEL GAON DI VILNA CIRCA L'*ATTACCAMENTO* DEL PENSIERO AL SIGNORE

DIVRÈ JAAKOV - PAGINE DI PENSIERO EBRAICO

1. Nei seguenti scritti il Gaon tratta di questo. Commento allo Zoar, *parashà* di Pikudè, foglio 16 colonna 3: Lì esalta i livelli raggiungibili *attaccando* il pensiero al Signore, scrive che appunto questo è il fattore più grande per raggiungerli e che in ogni momento di questo *attaccamento* l'uomo riceve dal cielo in dono un'anima santa. D'altro lato, nella colonna 4, spiega cose impressionanti circa i pensieri cattivi: Quando Adamo ed Eva mangiarono dall'Albero della Conoscenza, la gravità essenziale del peccato fu l'influenza sulla forza del pensiero. Il Gaon nel commento al *Sifra DeZeniuta* cap.5 foglio 34 colonna 1 scrive che le cose scritte dalla *Torà* circa Adamo e Mosè possono riguardare in parte qualsiasi persona. Così come presso Adamo la radice della sua caduta spirituale fu l'Albero della Conoscenza anche presso ogni persona la prova principale, dalla quale dipende il suo livello, consiste nel riuscire a mantenere il pensiero *attaccato* al Signore e nel non saperne affatto delle cose cattive.

2. Nel commento allo Zoar, *parashà* di Bereshit, Echalot, alla fine del commento all'Echal 1, foglio 12 colonna 3, scrive che lo spirito dell'uomo è la parte che ascende in alto, dove tutti gli spiriti si uniscono, e lì continua a salire, mentre perfino le creature celesti non ascendono più in alto dei luoghi loro stabiliti perchè rispetto allo spirito umano sono considerati *corpo*.

Quindi anche durante le *tefillot* di *shabbat* e dei giorni festivi ascende solo la parte più spirituale dell'uomo, e così riguardo all'ascesa di Mosè sul Monte Sinai (Circa Mosè vedasi quanto scritto dal Gaon nell'appendice alla fine del capitolo).

3. Nel commento al Zoar, *parashà* di Pikudè 226a, nel foglio 16 colonna 3, prima della spiegazione all'Echalot, scrive:"Il segreto di tutte le ascese dell'anima avviene attraverso la forza del pensiero"; e più avanti:"E sappi che tutte le ascese avvengono attraverso *il cervello di tutti i mondi, come il pensiero umano*".

4. Nello Shulchan Aruch Orach Chaiim, cap 1 par.1 scrive il Remà: "Una grande regola che appartiene alle virtù dei giusti è *avrò il Signore sempre davanti agli occhi*". Commenta il Gaon: "Questa è tutta la virtù degli giusti." Ci si domanda cosa intende, perchè ovunque il Gaon menziona lo studio della *Torà* con perseveranza come cosa essenziale! In realtà non c'è affatto contraddizione perchè in ogni momento di studio si rafforza il legame dell'anima al Signore e perviene all'anima, direttamente da Lui, un'influenza divina, come spiegato ampiamente dal Bach e dal Shaar Ruach HaKodesh (citati sopra al cap.5). È però importantissimo pensare a questo mentre si studia (Vedasi bene le parole del Gaon nel commento al Sefer HaYezzirà menzionato nel prossimo paragrafo.)

5. Vedasi il commento del Gaon al Sefer HaYezzirà, cap.1 mishnà 8, foglio 10 colonne 3,4, circa la *Torà* ed il patto che c'è nella *Torà*.

6. Ed ancora nel commento al Sefer HaYezzirà, cap.1 mishnà 6, foglio 9 colonna 4, circa il legame tra il Popolo d'Israele ed il Signore.

7. Chi saprà studiare con grande attenzione gli scritti del Gaon qui citati si renderà conto di fino a che punto si possa ascendere attraversol'immana potenza della forza del pensiero e dell'*attaccamento* al Signore. È difficile qui dilungarsi nella spiegazione perchè una parte delle cose richiederebbe molte introduzioni su argomenti di cabala.

APPENDICE

1. Nel par.2 della seconda parte abbiamo citato il Gaon circa l'ascesa di Mosè sul Monte Sinai. È chiaro che il Gaon non intende dire che il corpo di Mosè non salì sul Monte Sinai poichè il verso scrive esplicitamente che Mosì salì verso il Signore e non si deve annullare il senso semplice del verso che si riferisce alla persona di Mosè, corpo ed anima.

2. Il Gaon si riferisce al seguente brano di Talmud, trattato di Sukkà 5a: "Rabbì Jossè dice: La Presenza Divina non è mai scesa in basso, Mosè ed Elia non sono mai saliti in alto, come è scritto-*Il cielo è cielo per il Signore e la terra l'ha data per gli uomini*-. (Domanda) Il Signore non è sceso in terra!? Eppure è scritto-*Il Signore scese sul Monte Sinai! -* (Risposta) Si è mantenuto al di sopra di dieci pugni dal suolo. (Domanda) Eppure è scritto-*In quel giorno i suoi piedi si poseranno sul Monte degli Olivi! -* (Risposta) Si manterrà al di sopra di dieci pugni dal suolo. (Domanda) Mosè ed Elia non sono saliti!?

Eppure è scritto-*Mosè salì dal Signore!* (Risposta) Si è mantenuto dieci pugni al di sotto! (Domanda) Eppure è scritto-*Elia salì in cielo!* (Risposta) Si è mantenuto dieci pugni al di sotto!

3. Maarì Ben Chabiv nel commento HaCotev su Ein Jaacov spiega che "Mosè ed Elia si mantenerono al di sotto di dieci pugni" non significa che non salirono più di dieci pugni dal suolo, bensì che salirono molto in alto ma mantenendosi a dieci pugni al di sotto della "vetta", analogamente a quanto detto sul Signore che scese in basso mantenendosi a dieci pugni dal suolo.

4. Dunque il Gaon intendeva dire che con il corpo solamente Mosè si è mantenuto al di sotto di dieci pugni dalla "vetta", ma con l'anima arrivò proprio fino al cielo, o più su. Questo grazie alla forza del pensiero. Vedasi nel libro Nefesh HaChaim circa la forza di Mosè.

Settimo capitol

Alcuni versi del Deuteronomio sulla *mizvà* di attaccarsi al Signore
Talmud, trattato di Ketubot 111b, dove si spiega che "attaccarsi al Signore" significa attaccarsi ai *talmidè chachamim~sapienti di Torà*
Messilat Yesharim, cap.19, dove si spiega che per "attaccarsi al Signore" si intende "l'attaccamento" del pensiero al Signore
Talmud trattato di Sotà 14a, Rashì sulla *Torà* ed altri commentatori su questi argomenti

PRIMA PARTE
TALMUD, TRATTATO DI KETUBOT, SU DUE VERSI DELLE *PARASHOT* DI VA-ETCHANNAN E DI NIZZAVVIM CHE TRATTANO DELLA *MIZVÀ* DI *ATTACCARSI* AL SIGNORE

1. Il Talmud, nel trattato di Ketubot 111b riporta il verso della *parashà* di VaEtchannan 4,4 che dice:"E voi, che siete *attaccati* al Signore siete tutti vivi oggi." Si domanda il talmud come è possibile *attaccarsi* al Signore, eppure è scritto *il Signore tuo D-o è un fuoco che divora*!? (VaEtchannan 4,24). Risponde il talmud:" Chi marita la propria figlia con un sapiente di *Torà* e chi commercia per lui (ossia fa commercio con i soldi del sapiente di *Torà* affinchè questi abbia tempo libero per studiare) e lo fa godere dei propri beni (i beni del suocero) è considerato dal verso come se si attaccasse alla Presenza Divina!

2. Il Talmud riporta inoltre il verso della *parashà* di Nizzavvim 30,20 che dice:"... per amare il Signore tuo D-o, ascoltare la Sua voce ed avvincersi a Lui". Anche qui si domanda il talmud come è possibile *avvincersi* al Signore!? Risponde di nuovo:"Chi marita la propria figlia con un sapiente di *Torà* e chi commercia per lui e lo fa godere dei propri beni è considerato dal verso come se si attaccasse alla Presenza Divina!

SECONDA PARTE
ALTRI VERSI DELLE *PARASHOT* DI EKEV E DI REÈ CHE TRATTANO ANCHE ESSI DELLA *MIZVÀ* DI AVVINCERSI AL SIGNORE SEMBRA QUINDI CHE IL TALMUD NE L TRATTATO DI KETUBOT SOPRA CITATO SI RIFERISCA ANCHE A QUESTI VERSI

1. a. In cinque punti la *Torà* menziona la *mizvà* di *attaccarsi* al Signore, tutti nel libro di Devarim: a. VaEtchannan 4,4:" E voi, che siete *attaccati* al Signore siete tutti vivi oggi".

b. Ekev 10,20:" Temarai il Signore tuo D-o, Lo serverai, ti *attaccherai* a Lui, e giurerai nel Suo nome".

c. Ekev 11,22:" Poichè se voi osserverete tutti questi precetti che Io vi ho comandato di eseguire, di amare il Signore vostro D-o, seguire le Sue vie ed *attaccarsi* a Lui".

d. Reè 13,5:" Andate dietro Signore vostro D-o, temetelo, osservate i Suoi precetti, ascoltate la Sua voce, servitelo e *attaccatevi* a Lui".

e. Nizzavvim 30,20:" ...per amare il Signore tuo D-o, ascoltare la Sua voce ed avvincersi a Lui, perchè Egli è la tua vita e la lunghezza dei tuoi giorni, abitando nella terra che il Signore giurò di dare ai tuoi padri, ad Abramo, ad Isacco, e a Giacobbe". [Le espressioni che troviamo sono *che siete attaccati, ti attaccherai a Lui, ed attaccarsi a Lui, e attaccatevi a Lui, ed attaccarsi a Lui.*]

2. Nonostante il talmud nel trattato di Ketubot abbia riportato solo il primo e l'ultimo verso, dalla *parashà* di VaEchannan e dalla *parashà* di Nizzavvim, domandando come è possibile *attaccarsi* al Signore e rispondendo che è possibile attaccandosi ai sapienti di

Torà, diremo che la stessa cosa riguardo gli altri versi.

3. Perchè il talmud ha scelto proprio il primo e l'ultimo verso? Si potrebbe dire che non c'è un particolare motivo ma sono due esempi tra cinque versi e neanche si fa caso a l'ordine e quindi dopo il primo verso non necessariamente il talmud doveva riportare il secondo, oppure diremo che appositamente ha riportato il primo e l'ultimo intendendo che la stessa cosa riguarda i versi di mezzo.

4. a. Rashì nel commento alla *Torà* cita la spiegazione del talmud nel trattato di Ketubot riferendosi al terzo verso.

b. Questo sembra dimostrare che la spiegazione talmudica del concetto di *attaccamento* al Signore non va limitato ai due versi citati.

c. Sugli altri quattro versi Rashì non riporta il talmud nel trattato di Ketubot.

d. Bisogna però ancora approfondire perchè Rashì sul verso della *parashà* di Reè sembra dare una spiegazione diversa, come riporteremo più avanti nella quarta parte.

5. Bisogna capire perchè Rashì ha scelto di portare la spiegazione talmudica proprio sul terzo verso non menzionato dal talmud, a maggior ragione considerando che il verso della *parashà* di VaEtchannan menzionato dal talmud è precedente! E se pur voleva menzionare un verso della *parashà* di Ekev, ce n'era un altro(10,20) precedente a quello da lui menzionato!

6. Vedasi ancora i seguenti ulteriori versi: Giosuè 22, 5; 23, 8. Re II 18, 6. Salmi 63, 9; 119, 31.

TERZA PARTE

TALMUD, TRATTATO DI SOTÀ 14a SUL VERSO DELLA *PARASHÀ* DI REÈ. APPROFONDIMENTO DEL TALMUD TRATTATO DI *KETUBOT* E TRATTATO DI *SOTÀ* SU QUESTO ARGOMENTO

1. Il talmud nel trattato di Sotà 14a riporta il verso della *parashà* di Reè (13,5) che dice *andate dietro il Signore vostro D-o*. Poi scrive il talmud: "E ha detto Rabbì Channinà Bar Abba: È posssibile forse andare dietro al Signore, eppure è scritto *il Signore tuo D-o è un fuoco che divora*!? Bisogna dire che *andare dietro al Signore* significa *andare* nelle sue strade (imparare dalle Sue virtù), ossia, così come Lui veste gli ignudi, come è scritto *il Signore fece ad Adamo e sua moglie delle tuniche di pelle e li vestì*, anche tu vesti gli ignudi; il Signore visitò i malati, come è scritto *il Signore si presentò da lui ad Elonè Mamrè*, anche tu visita i malati; il Signore consolò chi era in lutto, come è scritto *dopo la morte di Abramo il Signore benedisse suo figlio Isacco*, anche tu consola chi è in lutto; il Signore seppellì i morti, come è scritto *e lo seppellì nella valle*, anche tu seppellisci i morti."

2. La domanda del trattato di Ketubot 111b e quella del trattato di Sotà 14a è simile ma non c'è da domandarsi perchè la risposta è differente: nel trattato di Sotà la domanda è sull'espressione *attaccarsi al Signore* e la risposta è che significa *attaccarsi* ai sapienti di *Torà*; nel trattato do Sotà la domanda è sull'espressione *andare dietro il Signore* e la risposta è che significa imparare dalle Sue virtù.

3. Nel seguito dello stesso verso che dice *andate dietro il Signore* è menzionato anche il concetto di *attaccamento al Signore*. Questo è il verso al completo:"Andate dietro il Signore vostro D-o, temetelo, osservate i Suoi precetti, ascoltate la Sua voce, servitelo e *attaccatevi* a Lui". Quindi se il Talmud nel trattato di Sotà domanda circa l'espressione *andate dietro il Signore* (inizio del verso) sicuramente bisogna domandarsi il significato dell'espressione *attaccatevi* a Lui (fine del verso), domanda che si pone il talmud nel trattato di Ketubot circa altri versi dove si trovano espressioni simili di *attaccamento* al Signore.

4. Le risposte saranno quindi: L'espressione *andate dietro il Signore* significa *andare nelle sue strade* (come risponde esplicitamente il talmud nel trattato di Sotà) mentre l'espressione *attaccatevi a Lui* significa *attaccatevi* ai *sapienti di Torà*, come risponde il talmud nel trattato di Ketubot sui versi delle *parashot* di VaEtchannan e Nizzavvim.

QUARTA PARTE
LE PAROLE DI RASHÌ SU QUESTI ARGOMENTI NEL COMMENTO ALLA TORÀ

1. Rashì sulla prima parte del verso della *parashà* di Reè sopra citato (*andate dietro il Signore*) non commenta nulla mentre invece sull'ultima parte (*attaccatevi a Lui*) commenta:"Attaccati alle sue strade, fai opere buone, seppellisci i morti, visita i malati così come ha fatto il Signore".

2. Quindi secondo Rashì l'*andare nelle strade del Signore* si riferisce alle parole *attaccatevi* a Lui. Lo vediamo sia dal fatto che Rashì lo commenta su queste parole e sia dall'espressione *attaccati alle sue strade* che usa nel suo commento. [Il fatto che Rashì non intende far riferire il suo commento *andare nelle strade del Signore* all'inizio del verso è confermato dal fatto che ancora prima Rashì scrive commenti sulla parte centrale del verso].

3. Quanto detto circa il commento di Rashì è molto difficile da capirsi perchè il talmud sopra citato nel trattato di Sotà 14a spiega *andare nelle strade del Signore* riferendosi all'inizio del verso mentre sulla fine del verso non spiega nulla!

4. Anzi sembra logico dire che il significato della fine del verso sia *attaccati ai sapienti di Torà* come spiegato dal talmud nel trattato di Ketubot 11b!

QUINTA PARTE
ALCUNI COMMENTATORI SPIEGANO CHE LA *MIZVÀ* DI *ATTACCARSI* AL SIGNORE SIGNIFICA *ATTACCAMENTO* DEL PENSIERO.
SECONDO QUESTA SPIEGAZIONE, COME SI PUÒ INTERPRETARE IL TALMUD NEL TRATTATO DI KETUBOT?

1. La Messilat Yesharim, cap. 19, spiega la *mizvà* di *attaccarsi* al Signore in maniera diversa dalla spiegazione del talmud nel trattato di Ketubot 111b. Così scrive:"L'*attaccamento* al Signore è quando il cuore umano è talmente attaccato al Nome del Signore che smette di volgersi o far caso a qualcosa di altro al di fuori di Lui etc. Circa l'*attaccamento* siamo stati avvertiti dalla *Torà* molte volte: *amare il Signore tuo D-o etc., attaccarsi a Lui etc. , attaccati a Lui,, attaccatevi a Lui*. E David disse *la mia anima si è attaccata dietro a Te*. Il significato di tutti questi versi ... è un attacamento tale dell'uomo al Signore che non può separarsi ed andarsene via da Lui." [Riporta quindi quattro versi: *Parashà* di Nizzavvim 30,20;

parashà di Ekev 10,20; *parashà* di Reè 13,5; Salmi 63, 9]. Vedasino lì anche le altre parole della *Messilat Yesharim* sull'argomento.

2. Bisogna comprendere come conciliare la spiegazione del Messilat Yesharim con quella del talmud nel trattato di Ketubot 111b che interpreta *attaccamento* al Signore come *attaccamento* ai sapienti di *Torà*.

3. Ma forse questa non è una domanda perchè la *Torà* si può interpretare in quattro chiavi, *psciat, remez, drash, sod* ed è stato detto inoltre che *la Torà ha settanta facce*. Quindi non c'è da meravigliarsi se troviamo due spiegazioni diversi per la stessa cosa.

4. La difficoltà sussiste solo nel fatto che il talmud esclude la possibilità che l'*attaccamento* si riferisca al Signore, perchè il Signore è *un fuoco che divora*, mentre la Messilat Yesharim ha trovato sì un sistema come spiegare che si riferisce al Signore!

5. La risposta è che il concetto *attaccamento* può riferirsi a diversi tipi di attaccamento, tutti accettati dal talmud, tra i quali *attaccamento vero e proprio* e non solo con il pensiero. Solo circa l' *attaccamento vero e proprio* dice il talmud che non può riferirsi al Signore e spiega quindi che si riferisce ai sapienti di *Torà*.

6. Nella traduzione di Unkelus alla *Torà* spiega che *attaccarsi al Signore* significa *avvicinarsi al Suo timore* e bisognerebbe capire se questo corrisponde o meno alla spiegazione del Messilat Yesharim. Riportiamo qui la traduzione di Unkelus ai diversi versi: "E voi, che siete *attaccati* al Signore vostro D-o..." (VaEtchannan)~ *E voi che siete attaccati al timore del Signore vostro D-o.*

"...ti *attaccherai* a Lui ..." (Ekev) ~ *avvicinati al Suo timore.*

"...ed *attaccarsi* a Lui" (Ekev) ~ *ed avvicinarsi al Suo timore.*

"...e *attaccatevi* a Lui" (Reè) ~ *avvicinatevi al Suo timore.*

" ... ed *avvincersi* a Lui..." (Nizzavvim)~ *ed avvicinarsi al Suo timore.* Vedasi ancora altri commenti su questi versi.

7. Nelle prossime parti del capitolo riporteremo sull'argomento i commenti dell'Iben Ezra e del Nachamnide sul verso della *parashà* di Ekev, la spiegazione del Nachamide sul Sefer HaMizvot *mizvà* positiva 7 ed il commento di Sforno su questa *mizvà*.

8. Troveremo che che il Nachamnide menziona tra il resto la possibilità di spiegare come la Messilat Yesharim sopra citata.

9. Abbiamo precedentemente citato la spiegazione dell'*attaccamento* come *attaccamento del pensiero* a nome della Messilat Yesharim perchè lì è l'unica spiegazione data, mentre il Nachmamanide la dà solo come una possibilità tra altre spiegazioni.

10. Nell'ottavo capitolo riporteremo che il Maimonide nel Sefer HaMizvot spiega il talmud nel trattato di Ketubot e scrive che *attaccarsi ai sapienti di Torà* è questa la semplice e reale spiegazione della *mizvà* di *attaccarsi al Signore*.

SESTA PARTE

LA SPIEGAZIONE DEL NACHMAMNIDE SULLA *MIZVÀ* DI *ATTACCARSI* AL SIGNORE MENZIONATA NELLA *PARASHÀ* DI EKEV (11, 22)

1. È scritto nella *Torà*, *parashà* di Ekev (11, 22): "Poichè se voi osserverete tutti questi precetti che Io vi ho comandato di eseguire, amare il Signore vostro D-o, seguire le Sue vie ed *attaccarsi* a Lui". Riporta il Nachmanide:" Rabbì Avraham Iben Ezra ha spiegato che *attaccarsi* a Lui (in questo verso) non è un comandamento ma un dato di fatto che alla fine ci si trova in uno stato di *attaccamento* a Lui e questo è un gran *sod~segreto*". Obietta il Nachamnide che il verso tratta di comandamenti mentre l'*attaccamento* come dato di fatto non è un comandamento. Poi scrive che forse si può spiegare come l'Iben Ezra ed il verso parla di questo *attaccamento* come conseguenza dell'adempimento ai precetti prima menzionati (ossia il verso non sta dicendo di *attacarsi* al Signore bensì che se si osservano tutti i precetti, alla fine ci si trova in uno stato di *attaccamento* a Lui).

2. Poi cita un verso di Giosuè 23 7,8 come dimostrazione che *attaccarsi* al Signore è un comandamento. Queste le parole del Nachmanide:" ...non invocate il nome delle loro divinità, nè giurate per loro, non li servite, nè vi prostrate davanti a loro. Ma *attaccatevi* al Signore D-o vostro come avete fatto fino ad oggi. Quindi è questo un avvertimento che fa parte degli avvertimenti inerenti all'idolatria. Ci dice che l'uomo non deve allontanare il suo pensiero dal Signore per pensare ad altre divinità; quindi di non pensare che ci sia un qualcosa nell'idolatria ma sapere invece che è una completa nullità."

3. Poi cita ancora un verso della *parashà* di Reè 13,5 e conferma questa spiegazione: "... servitelo e *attaccatevi* a Lui; intende avvertire l'uomo di non servire insieme a D-o altre divinità ma servire solamente Lui, nel suo cuore e con le sue azioni."

4. Continua:"È possibile che l'*attaccamento* significhi anche ricordarsi sempre del Signore e del Suo amore; non distogliere il pensiero da Lui mentre camminiamo per strada, quando ci corichiamo e alziamo, sicchè mentre parliamo con la gente solo la lingua e la bocca ci sono ma il cuore è con il Signore. A certi livelli è possibile arrivare al vero e proprio *attaccamento* al Signore già in questo mondo e ci si trova ad essere come una *dimora* per la Presenza Divina, come dice il Sefer HaKuzarì (già da me menzionato nella *parashà* dei rapporti proibiti, Acharè Mot 18, 4). Giosuè dice *come avete fatto fino ad oggi* perchè quando erano nel deserto, coperti dalla divina nube protettrice, quando scendeva la manna dal cielo, arrivavano miracolosamente le quaglie, c'era perennemente il *pozzo di Miriam* e tutte le loro faccende erano palesemente in mano di D-o, allora certo che le loro azioni ed i loro pensiero erano sempre con D-o. Per questo Giosuè li avverte che anche entrando in Erez Israel, anche se quei miracoli non ci saranno più, di mantenere il loro pensiero attaccato all'onorato e temibile Nome del Signore, senza mai distaccarsi."

5. Bisogna spiegare che per *attaccamento* a Lui che è un gran *sod~segreto* l'Iben Ezrà intende l'attaccamento dell'anima al Signore dopo la morte. L'essenza di ciò è un segreto profondo perchè rispetto al Signore anche l'anima è materiale e come si può quindi unirla al Signore!? Tuttavia esiste un certo tipo di legame che è possibile ed è un legame più forte di qualsiasi legame che possa esistere in questo mondo: anche questo è un segreto profondo.

6.Il Nachamanide ha portato tra i profeti il verso di Giosuè dal quale impariamo chiaramente che l'*attaccamento* al Signore significa credere nel Signore e non nell'idolatria. Dalla *Torà* invece cita il verso della *parashà* di Reè spiegandolo nella la stessa maniera. Proprio quando commenta il verso di Reè riporta questa interpretazione all'*attaccamento* e non quando commenta il verso di Ekev perchè in Reè il verso si trova nel contesto dell'avvertimento di non ascoltare quando un profeta ci dice di servire altri dei e quindi anche dicendo di *attaccarsi* al Signore sembre voglia dire di pensare solo a Lui e non ad altre divinità. Sembra però che il Nachmanide voglia dire che anche il verso di Ekev è interpretabile in questa maniera.

7.Come spiegazione al verso di Ekev scrive il Nachmanide: "Pensare in ogni momento al Signore" (come abbiamo già riportato sopra al par.4).

8. Scrive inoltre che anche il verso di Giosuè si può intepretare in questa maniera.

9. Bisogna notare che nel contesto del lungo commento con tre spiegazioni al concetto di *attaccamento*, il Nachmanide non cita la spiegazione del talmud nel trattato di Ketubot 111b che si tratta di attaccamento ai sapienti di *Torà*: anche se non è un'interpretazione letterale bensì un *drash* l'avrebbe dovuta citare!?

10. Invece il Nachamanide su VaEtchannan 6,13 riporta il talmud nel trattato di Ketubot nel contesto del Midrash Tanchuma sul significato dello scritto *giura nel nome del Signore*.

11. Vedasi ancora il Nachmanide nel Sefer HaMizvot *mizvà* positiva 7 nella spiegazione alla *mizvà* dell'*attaccamento*. Nel nono capitolo porteremo diversi brani del Nachamnide circa questa *mizvà*.

12. Scrive lo Sforno su Ekev 11, 22:"*Attaccarsi* a Lui significa che tutte le vostre azioni siano con l'intenzione di eseguire la Sua volontà come è detto *in tutte le tue strade conosci il Signore*". Similmente commenta lo Sforno su Reè 13, 5.

SETTIMA PARTE
SONO TUTTI D'ACCORDO CHE L'*ATTACCAMENTO* DEL PENSIERO AL SIGNORE È UNA GRANDISSIMA *MIZVÀ*

1. Anche se spieghiamo il significato della *mizvà* positiva come il *talmud* nel trattato di Ketubot 111b sopra citato, è tuttavia sicuro che la *mizvà* di *attaccare* il pensiero al Signore è una delle radici della *Torà* e importantissima *mizvà* sicchè il talmud non intende dire che questa non sia *mizvà*. Quindi ognuno deve metterci tutta la sua forza per riuscire in questo, essenzialmente attraverso la fatica nelle studio della *Torà* e le *tefillot*.

2. Chi più degli altri commentatori prende il talmud nel trattato di Ketubot come la semplice spiegazione della *mizvà* dell'*attaccamento* al Signore, ossia che bisogna *attaccarsi* ai sapienti di *Torà*, è il Maimonide nel Sefer HaMizvot e nelle Hilchot Deot, come ampiamente riportato più avanti nel capitolo 8. Nonostante ciò il Maimonide nella Guida dei Perplessi, parte 3 verso la fine, si dilunga sul fatto che l'*attaccamento al Signore* è una delle basi della *Torà*. Vedasi ancora più avanti nel capitolo 8 quanto citato dagli scritti del Maimonide nelle Alachot e nel Sefer HaMizvot *mizvà* positiva 3 sull'argomento. Comunque è nella Guida dei Perplessi dove si dilunga moltissimo nello spiegare che questo è proprio una delle basi della *Torà*.

3. Nonostante ci siano nella Guida dei Perplessi delle cose non adatte per tutti, come scrive lo stesso Maimonide, questo brano sull'*attaccamento al Signore* è stato riportato da tutti i decisori di *alachà*; anche il Remà, Orach Chaiim 1,1 riporta il Maimonide, scrivendo che "una grande regola che appartiene alle virtù dei giusti è *avrò il Signore sempre davanti agli occhi*".

4. Però su quanto scritto nella Guida dei Perplessi che l'*attaccamento* sia lo scopo di tutte le *mizvot* molti non sono d'accordo. Vedasi infatti negli scritti dell'Arì che ogni *mizvà* porta degli enormi *tikkunim* nei *mondi superiori*. In effetti circa i significati delle *mizvot* le opinioni sono molte. In ogni caso il fatto che l'*attaccamento* al Signore sia qualcosa d'importantissimo ed essenziale tra le basi della religione, come scrive il Maimonide nella Guida dei Perplessi, è unanimamente accettato.

5. Nel commento del Gaon allo Shulchan Aruch 1,1, riferendosi alle parole del Remà che "una grande regola che appartiene alle virtù dei giusti è *avrò il Signore Sempre davanti agli occhi*", scrive che non è solo una grande regola ma *è tutta la loro virtù*, portando dei versi a dimostrazione. Nello stesso commento definisce chi sono i *kedoshim:*" Chi si trova sempre davanti al Signore." Così pure nei libri del Gaon sulla cabala spiega ampiamente l'importanza dell'*attaccamento* del pensiero al Signore.

6. Più avanti nel capitolo 9 porteremo ancora circa l'importanza enorme di questo da diversi scritti del Nachmanide.

7. Nel libro Nefesh HaChaiim, parte 3, si è dilungato moltissimo sull'importanza dell'*attaccamento.*Nel capitolo 13 scrive che questo era il lavoro dei Padri durante tutta la loro vita e che questo è il significato di quanto detto dal tannaita Resh Lakish:"I Padri sono la *merkavà~carrozza* [del Signore]" (Bereshit Rabbà 47 riportato da Rashì sulla *Torà* 11,22). Aggiunge che questo era anche il lavoro di Mosè e spiega ampiamente la differenza tra l'attaccamento raggiunto dai Padri attraverso il loro lavoro e quello raggiunto da Mosè. Vedasi lì nel Nefesh HaChaim su questo l'argomento.

APPENDICE COMPLEMENTARE

1. Abbiamo trovato in un secondo tempo che nel libro Daat Nottà, prima parte, *spiegazioni*, riporta che anche il libro *Charedim*, capitolo 9 par.10, cita il Nachmanide sulla *Torà* Devarim 11, 22 da noi già menzionato.

2. Abbiamo inoltre trovato che il Hayè Adam all'inizio del libro spiega che la *mizvà* dell'*attaccamento* significa *attaccamento* del pensiero al Signore, vedasi lì.

3. Inoltre che il Penè Yeoshua su Ketubot 111b chiarisce perchè il talmud deve spiegare che *attaccamento* al Signore significa attaccamento ai sapienti di *Torà* e non può spiegare che si tratta di *attaccamento al Signore*: perchè il comandamento è per tutti ma non tutti possono arrivare all'attaccamento del pensiero al Signore.

4. La stessa cosa viene spiegata dall'Aflaà su Ketubot 96a nel brano che inizia con le parole *kol ha-monea*. (Quanto citato fin qui in questi paragrafi si trova nel libro Daat Nottà pag.19).

5. Ora possiamo rispondere alla domanda che lì si pone come possono i sapienti di *Torà* adempiere alla *mizvà* dell'*attaccamento* se questa significa *attaccarsi ai sapienti*, dal momento che essi stessi sono sapienti!? La risposta sarà che in effetti nei loro confronti il significato della *mizvà* è differente!

Ottavo capitolo

Il Maimonide nel Sefer HaMizvot e nel Mishnè Torà interpreta letteralmente il talmud nel trattato di Ketubot dove è scritto che "attaccarsi al Signore" significa attaccarsi ai *talmidè chachamim~sapienti di Torà*. I particolari della *mizvà* di attaccarsi ai *talmidè chachamim*. Parole del Maimonide circa la *mizvà* di "andrai nelle Sue strade". Ulteriori spiegazioni del brano di Talmud citato sopra. Il Maimonide è d'accordo che esiste la *mizvà positiva* dell' "l'attaccamento" del pensiero al Signore e dell'infoverarsi dell'anima per Lui; secondo il Maimonide però questa *mizvà* è compresa nella *mizvà* di amare il Signore.

PRIMA PARTE
IL MAIMONIDE NEL SEFER HA-MIZVOT, *MIZVÀ* POSITIVA 6, "LA *MIZVÀ* DELL'*ATTACCAMENTO*", ED IN ALTRI SUOI SCRITTI, SCRIVE CHE IL TALMUD KETUBOT 111 INTENDE LETTERALMENTE CHE LA SPIEGAZIONE ESSENZIALE DELLA *MIZVÀ* È *ATTACCARSI AI SAPIENTI*
1. Scrive il Maimonide nel Sefer HaMizvot sulla *mizvà* positiva 6 di *attaccarsi a* Lui: "La sesta *mizvà* è quanto ci ha comandato di legarci ai sapienti di *Torà*, essere in loro compagnia ed essere perseveranti nel sedersi con loro, sia quando ci si occupa del servizio divino e sia durante le semplici azioni quotidiane della società come mangiare, bere e lavorare. Questo affinchè possiamo imparare da loro come comportarci e capire a fondo la vericidità delle loro parole. La *mizvà* la impariamo da quanto detto *attaccati a Lui* e ripetuto nel verso che dice *e attaccarsi a* Lui, interpretato nel Sifrè come *attaccamento ai sapienti di Torà ed ai loro discepoli*. È stato già portato come dimostrazione il dovere di sposare la figlia di un sapiente di *Torà*, di dare da mangiare ai sapienti e dargli lavoro, cose dedotte appunto dal verso che dice *attacccati a Lui*. Hanno già detto: "Come è possibile *attaccarsi* al Signore, eppure è scritto *il Signore tuo D-o è un fuoco che divora*!? (VaEtchannan 4,24)". La spiegazione sarà: Chi marita la propria figlia con un

sapiente di *Torà*, chi sposa la figlia di un sapiente di *Torà* e chi lo fa godere dei propri beni è considerato come se si attaccasse alla Presenza Divina!"

2. Il Maimonide nelle Hilchot Deot cap.6 alachà 2 scrive:"È *mizvà positive* attaccarsi ai sapienti di *Torà* ed ai loro alunni per imparare dalle loro azioni, come è scritto, *attaccati a Lui*; è forse possibile attaccarsi alla Presenza Divina!? A punto hanno interpretato i *chachamim* che significa *attaccarsi ai sapienti di Torà ed ai loro alunni*. Per questo motivo l'uomo deve cercare di sposarsi e far sposare sua figlia con la figlia di un *talmid chacham*, di mangiare e bere con loro, di occuparsi della loro merce ed *attaccarsi* in loro in diversi modi, come è scritto, *ed attaccarsi a Lui*; i saggi hanno anche prescritto *avvolgiti nella polvere dei loro piedi e bevi con sete le loro parole.*"

3. All'inizio delle Hilchot Deot, nella lista delle *mizvot*, tra le *mizvot positive*, il Maimonide si esprime invece: "Attaccarsi a coloro che Lo conoscono".

4. Invece nella lista generale delle *mizvot* all'inizio del libro *HaYad HaChazakà*, sulla *mizvà positiva* 6, "Attaccati a Lui", il Maimonide commenta solamente *attaccarsi al Signore* senza spiegare oltre, ma dobbiamo dedurre che abbia ritenuto bastasse averlo spiegato in altro luogo. Sia pur vero che anche dove ha voluto essere breve, come all'inizio del Hilchot Deot e nel Sefer HaMizvot, ha perlomeno scritto *attaccarsi a chi Lo conosce*, qui non scrive neanche questo perchè vuole rimanere nell'espressione del verso.

5. In conclusione, il Maimonide spiega che il commento del talmud Ketubot 111b non è un *midrash* ma la più pratica spiegazione della *mizvà* e quindi riporta come *alachà* tutti gli aspetti pratici del legame con i sapienti di *Torà* per adempiere alla *mizvà* della *Torà* di *attaccarsi a Lui*, senza riportare alcuna altra spiegazione da seguire.

SECONDA PARTE
IL MAIMONIDE È D'ACCORDO CHE ESISTE LA *MIZVÀ POSITIVA* DELL' "L'ATTACCAMENTO" DEL PENSIERO AL SIGNORE E DELL'INFOVERARSI DELL'ANIMA PER LUI; SECONDO IL MAIMONIDE

PERÒ QUESTA *MIZVÀ* È COMPRESA NELLA *MIZVÀ* DI AMARE IL SIGNORE

1. Abbiamo spiegato a lungo nella prima parte che il Maimonide nel Sefer HaMizvot, *mizvà positiva* 6, e nelle Hilchot Deot iterpreta che la *mizvà positiva* di *attaccati a Lui* significa attaccarsi ai sapienti di *Torà* come dice il talmud nel trattato di

Ketubot 111b e non ha affatto inserito in questa *mizvà* la questione dell'*attaccamento* del pensiero al Signore.

2. In realtà nella spiegazione alla *mizvà* di *amare il Signore* il Maimonide include nella maniera più assoluta gli altri significati dati dai commentatori alla *mizvà* di *attaccati a Lui*.

3. Dobbiamo riportare qui le parole del Maimonide.

Nelle Hilchot Yesodè HaTorà 2 *alachà* 1 scrive:"Il Signore ci comanda di amarLo e di temerLo, come è scritto *amerai il Signore tuo D-o*, ed ancora, *temi il Signore tuo D-o*." Nell'*alachà* 2 aggiunge circa l'amore:" ...subito lo ama, lo loda, lo magnifica e desidera ardentemente conoscere il Suo Nome, come si è espresso David *la mia anima è assetata di D-o, del D-o vivente*."

4. Le parole essenziali del Maimonide circa i particolari della *mizvà* di *amare il Signore* si trovano nelle Hilchot Tesciuvà cap.10 [e bisogna comprendere perchè li ha scritti lì e non nelle Hilchot Yesodè Torà dove tratta di questa *mizvà*.] Così scrive:"Chi lavora il Signore per amore, quando si si occupa di *Torà* e di *mizvot* e va nelle strade della sapienza non lo fa per nessun motivo al mondo, nè per paura del male nè per ereditare il bene, bensì agisce secondo la verità perchè è verità ed alla fine il bene gli arriverà. Questo è un grande livello al quale non ogni sapiente arriva. Questa è la virtù di Abramo che è stato chiamato dal Signore *colui che Mi vuole bene* appunto perchè non lavorava se non per amore. Questo è il livello comandatoci da Mosè, come è scritto *amerai il Signore tuo D-o con tutto il tuo cuore, con tutta la tua anima e con tutte le tue forze*; e quando si amerà il Signore come si deve di conseguenza si eseguiranno subito tutte le *mizvot* con amore."

5. "A quale livello di *amore* bisogna cercare di arrivare? Voler bene al Signore con tantissimo amore, grande e fortissimo, sicchè l'anima rimane legata all'amore per il Signore e pensa sempre a questo amore etc., sia quando l'uomo siede e si alza sia quando mangia e beve; l'amore per il Signore sarà ancora di più di così nel cuore di chi Gli vuole bene e ci penseranno sempre, come ci ha comandato *con tutto il tuo cuore e con tutta la tua anima e con tutte le tue forze* etc."

6. Nell'*Alachà* 6 aggiunge:"È cosa chiara e risaputa che l'amore per il Signore non si fissa nel cuore dell'uomo fino a che non ci pensa sempre come si deve e non abbandona ogni cosa al mondo al di fuori di questo amore, come ci ha comandato dicendo *con tutto il tuo cuore e con tutta la tua anima...*".

7. Nel Sefer HaMizvot, *mizvà positiva* 3, scrive il Maimonide:" È quanto ci ha comandato di amarlo. Significa che dobbiamo osservare bene ed imparare le Sue *mizvot* e le Sue azioni finchè non Lo percepiremo e goderemo di questa percezione col massimo del piacere; questo è l'amore al quale siamo obbligati." Dicendo *questa percezione col massimo del piacere* intende che il legame dell'anima al Signore deve essere il piacere più grande che possa esistere al mondo sicchè se l'uomo ha piacere di più in quacosa di altro già non ha adempito a questo particolare sul quale il Maimonide si esprime *questo è l'amore al quale siamo obbligati.*

8. Dobbiamo indagare da dove il Maimonide ha tratto che per adempiere all'obbligo della *mizvà* la percezione del Signore deve essere il masimo del piacere. Bisogna dire che lo deduce da quanto scritto:" *Amerai il Signore tuo D-o con tutto il tuo cuore, con tutta la tua anima e con tutte le tue forze.*" Nonostante il Talmud deduce altre cose da questo verso, il Maimonide pensa che non bisogna abolire il semplice significato del verso che intende descrivere la completezza di un amore decisivo, per arrivare al quale bisogna che il legame con il Signore sia il più grande nostro piacere. Questo invece è quanto deduce il talmud nel trattato di Berachot cap.9 dal verso: *Con tutto il tuo cuore* significa "con tutti e due gli istinti, il buono ed il cattivo"; *con tutta la tua anima* significa "anche se ti toglie l'anima"; *con tutte le tue forze* significa "con tutto il tuo denaro", oppure che "in qualsiasi situazione il Signore ti metta, ringrazialo". Queste sono interpretazioni con conseguenze pratiche; infatti nei trattati di Pesachim 24 e Sanedrin 74 si impara da qui che il divieto di idolatria sussiste anche a prezzo di sacrificare la vita.

9.Notiamo che nelle Hilchot Tesciuvà, quando il Maimonide parla degli altissimi livelli decritti nel par. 4-5, si esprime *livello di amore al quale bisogna cercare di arrivare*, mentre nel Sefer HaMizvot, quando scrive *finchè non-Lo percepiremo e goderemo di questa percezione col massimo del piacere*, si esprime *questo è l'amore al quale siamo obbligati*. Sembra che appositamente il Maimonide abbia cambiato espressione perchè se riguardo al *piacere nella percezione divina* siamo tutti obbligati ad arrivare a quei livelli, invece a quanto descritto nel par. 5 non è obbligatorio arrivare, tanto che il Maimonide scrive:" Questo è un grande livello al quale non ogni sapiente arriva".

10.Questa differenza è pero discutibile perchè ambedue le cose si deducono dallo stesso verso:" *Amerai il Signore tuo D-o con tutto il tuo cuore, con tutta la tua anima e con tutte le tue forze.*" (Vedasi Maimonide Hilchot Tesciuvà cap.10 *alachà* 6).

11.Inoltre è possibile che anche nel Sefer HaMizvot non si intende *al quale siamo obbligati* ma *al quale dobbiamo cercare di arrivare* e l'imprecisione è dovuta dalla traduzione da arabo ad ebraico, perchè come risaputo il Sefer HaMizvot è stato scritto in arabo.

12.Vedasi inoltre quanto riportato sopra, alla fine del cap.7, dal Maimonide nella Guida dei Perplessi, circa l'importanza dell'attaccamento del pensiero al Signore.

TERZA PARTE
STUDIO SUI PARTICOLARI DELLA *MIZVÀ* DELL'ATTACCAMENTO AI SAPIENTI DI TORÀ

1. Bisogna capire come i sapienti di *Torà* devono adempiere alla *mizvà* di *attaccamento ai sapienti* se loro stessi sono *sapienti*!?

2. Possiamo rispondere che ogni sapiente ha la *mizvà* di *attaccarsi* ad un sapiente più grande di lui. Il Maimonide si è espresso dicendo che la *mizvà* è *attaccarsi ai sapienti di Torà ed ai loro discepoli*: Possiamo precisare che per la maggior parte del popolo è *attaccarsi ai discepoli* dai quali potrà imparare come procedere nel servizio divino, mentre per i sapienti è *attaccarsi ad altri sapienti di*

Torà.

3. Ancora c'è da capire come possono adempiere alla *mizvà* i più grandi sapienti della generazione!? Forse si può rispondere che poichè quando l'uomo semplice si attacca al sapiente per impararne il comportamento ed il servizio divino adempie alla *mizvà*, quando il sapiente si comporta come si deve adempie anche lui alla *mizvà*; anche se il verso parla di *attaccamento ai sapienti* e non di *attaccamento al comportamento adatto per il servizio divino* si può sostenere che l'essenziale è la radice della *mizvà* sicchè quando si fa raggiungere lo scopo della *mizvà* la si compie anche se non eseguita nel modo descritto dal verso.

4. Obbietteremo però che nonostante il Maimonide si dilunga nello specificare il modo come compiere la *mizvà*, sia nel Sefer HaMizvot che nelle Hilchot Deot, non menziona che si possa eseguire comportandosi nel modo adatto al servizio divino ma parla solamente di *attaccamento ai* sapienti; da qui dobbiamo dedurre che è questo l'unico sistema per adempiere a questa *mizvà*.

QUARTA PARTE
PAROLE DEL MAIMONIDE CIRCA LA *MIZVÀ* DI "ANDRAI NELLE SUE STRADE" E LA *MIZVÀ* DI "ANDATE DIETRO IL SIGNORE VOSTRO D-O" SECONDO IL TRATTATO DI SOTÀ 14 CITATO NEL CAPITOLO PRECEDENTE

1. Scrive il Maimonide nel sefer HaMizvot, *mizvà* positiva 8:" Consiste ne quanto ci ha comandato il Signore di assomigliare a Lui, per quanto sia possibile, come è scritto *andrai nelle Sue strade*; il comandamento è ripetuto nel verso che dice *andare in tutte le Sue strade*. Il trattato di Sotà 14 spiega la *mizvà* che *come Lui è definito pietoso anche tu sii pietoso, come Lui è definito misericordioso anche tu sii misericordioso, come Lui è definito chassid anche tu sii chassid*. Il comandamento è ribadito nel verso che dice *andate dietro il Signore vostro D-o* che è stato spiegato come obbligo di assomigliare al Signore nelle buone azioni e le onorevoli qualità con le quali Lui viene descritto per dare un'idea di Lui, nonostante sia Lui molto al di sopra di queste".

2. Nelle Hilchot Deot, cap.1 *alachà* 5,6 scrive:" Noi siamo comandati di andare nelle strade che sono una via di mezzo, che sone le strade giuste e buone, sulle quali è detto *e andrai nelle Sue strade*. Hanno spiegato questa *mizvà* che *come Lui è definito pietoso anche tu sii pietoso, come Lui è definito misericordioso anche tu sii misericordioso, come Lui è definito kadosh anche tu sii kadosh*. I profeti hanno dato anche altri aggettivi al Signore, come *indulgente, caritatevole, giusto, onesto, integro, forte* e simili, per insegnarci che sono giusti comportamenti che è obbligatorio imitare per assomogliarGli, per quanto sia possibile." [Dicendo *le strade che sono una via di mezzo* non intende dire che non bisogna fare bene ancora di più della via di mezzo, ed infatti all'inizio dell'*alachà* 5 ha scritto che colui che fa di più della via di mezzo è un *chassid* che si comporta al di là del rigor di legge, ma intende che non bisogna fare di meno della via di mezzo].

3. Nella lista delle *mizvot* generale che è all'inizio della Yad HaChazakà scrive: "L'ottava *mizvà* è assomigliare al Signore nelle buone e rette strade, come è scritto *e andrai nelle Sue strade*."

4. Anche nella lista delle *mizvot* che è all'inizio delle *Hilchot Deot*, *mizvà* positiva 1, scrive:"AssomigliarGli nelle Sue strade."

5. Bisogna analizzare bene le diffferenze tra quanto scritto nel Sefer HaMizvot e quanto scritto nelle Hilchot Deot, dove ha aggiunto ulteriori definizioni. Inoltre bisogna capire che significa *come Lui è definito kadosh anche tu sii kadosh*, considerando che nel trattato di Sotà 14a nella spiegazione della *mizvà* si considerano solo comportamenti inerenti al rapporto tra gli uomini e non tra uomo e D-o.

QUINTA PARTE
NEL TRATTATO DI SANEDRIN 52 TROVIAMO CHE QUANDO UNA PERSONA SEMPLICE FA GODERE DEI SUOI BENE UN SAPIENTE DI *TORÀ* QUESTA AZIONE LO PORTA A UN SENSO DI DISPREZZO VERSO IL SAPIENTE; COME È POSSIBILE QUINDI CHE IL TALMUD NEL TRATTATO DE *KETUBOT* ED IL MAIMONIDE PRESCRIVINO TALE COMPORTAMENTO!?

1. Nel precedente capitolo abbiamo citato il talmud nel trattato di

Ketubot 111b sul verso della *parashà* di VaEtchannan 4,4 che dice:"E voi, che siete *attaccati* al Signore siete tutti vivi oggi." Il talmud domanda:" Come è possibile *attaccarsi* al Signore, eppure è scritto *il Signore tuo D-o è un fuoco che divora* (VaEtchannan 4,24)!?" Risponde il talmud:" Chi marita la propria figlia con un sapiente di *Torà* e chi commercia per lui e lo fa godere dei propri beni è considerato dal verso come se si attaccasse alla Presenza Divina!"

2. Il talmud riporta inoltre il verso della *parashà* di Nizzavvim 30,20 che dice:" ... per amare il Signore tuo D-o, ascoltare la Sua voce ed avvincersi a Lui". Anche qui il talmud domanda:"Come è possibile *attaccarsi* al Signore!?" Risponde ugualmente:"Chi marita la propria figlia con un sapiente di *Torà* e chi commercia per lui e lo fa godere dei propri beni è considerato dal verso come se si attaccasse alla Presenza Divina!"

3. Anche il Maimonide, compe riportato nella prima parte di questo capitolo, nel Sefer HaMizvot *mizvà* positiva 6, si riferisce a questo verso come fonte della *mizvà* di *attaccarsi al Signore* e scrive: "La sesta *mizvà* è quanto ci ha comandato di legarci ai sapienti di *Torà*, essere in loro compagnia ed essere perseveranti nel sedersi con loro, sia quando ci si occupa del servizio divino e sia durante le semplici azioni quotidiane della società come mangiare, bere e lavorare. Questo affinchè possiamo imparare da loro come comportarci e capire a fondo la vericidità delle loro parole. La *mizvà* la impariamo da quanto detto *attaccati a Lui* e ripetuto nel verso che dice *e attaccarsi a* Lui, interpretato nel Sifrè come *attaccamento ai sapienti di Torà ed ai loro discepoli*. È stato già portato come dimostrazione il dovere di sposare la figlia di un sapiente di *Torà*, di dare da mangiare ai sapienti e dargli lavoro, cose dedotte appunto dal verso che dice *attacccati a Lui*. Hanno già detto: "Come è possibile *attaccarsi* al Signore, eppure è scritto *il Signore tuo D-o è un fuoco che divora*!? La spiegazione sarà : Chi marita la propria figlia con un sapiente di *Torà*, chi sposa la figlia di un sapiente di *Torà* e chi lo fa godere dei propri beni è considerato come se si attaccasse alla Presenza Divina!"

4. Nelle Hilchot Deot scrive inoltre:" È *mizvà positiva* attaccarsi ai sapienti di *Torà* ed ai loro alunni per imparare dalle loro azioni, come è scritto, *attaccati a Lui;* è forse possibile attaccarsi alla Presenza Divina!? Appunto hanno interpretato i *chachamim* che significa *attaccarsi ai sapienti di Torà ed ai loro alunni.* Per questo motivo l'uomo deve cercare di sposarsi e far sposare sua figlia con la figlia di un *talmid chacham,* di mangiare e bere con loro, di occuparsi della loro merce ed *attaccarsi* in loro in diversi modi, come è scritto, *ed attaccarsi a Lui;* i Saggi hanno anche prescritto *avvolgiti nella polvere dei loro piedi e bevi con sete le loro parole.*"

5. Nel trattato di Sanedrin 52, fine *a* ed inizio *b,* scrive il talmud:" Ha detto Rabbì Elazar: A cosa assomiglia un sapiente di *Torà* agli occhi dell'ignorante di *Torà*? All'inizio ad un secchio d'oro, dopo che ha conversato su di lui [Rabbenu Hannanel dice che bisogna scrivere *dopo che ci ha conversato*] ad un secchio d'argento, se poi il sapiente ha tratto profitto dall'ignorante diventa ai suoi occhi come un secchio di terracotta che una volta rotto è irreparabile." (Il Maarshà spiega che *ci ha conversato* si intende discorsi profani.)

6. Ne consegue che mentre un individuo compie la *mizvà* di far godere gli studiosi di *Torà* dei propri beni, come dice il talmud ed il Maimonide, il valore dello studioso cala ai suoi occh i fino a sembrare un oggetto di terracotta!? Così pure non è difficile che mangiando e bevendo con lui si arrivi a volte a discorsi futili che causano anche essi un calo nell'apprezzamento dello studioso.

7.Bisogna dunque conciliare fra i due brani di talmud perchè dire che sono due opinioni diverse è una forzatura, dal momendo che il talmud li riporta senza fare alcuna obiezione. Inoltre vedasi bene in Ketubot dall'inizio dell'argomento che le opinioni lì sono di Rabbì Elazar discepolo di Rabbì Iochanan ed anche in Sanedrin, nonostante il brano è citato a nome di Rabbì Eliezer, il Masoret HaShas corregge *Rabbì Elazar* intendendo sembra l'*amorà* Rabbì Elazar discepolo di Rabbì Iochanan.

8. Potremmo rispondere che in effetti è così: È una cosa che da un lato porta vantaggio e dall'altro danno! Bisogna però obiettare: Il Maimonide scrive che il motivo della *mizvà* è di imparare dai comportamenti del sapiente di *Torà,* me se l'apprezzamento nei suoi confronti cala, come potrà imparare dalle sue strade!? A meno che non diciamo che l'ignorante ha così tanto da imparare dal sapiente che per quanto l'apprezzamento nei suoi confronti cali ancora l'ignorante sente di aver molto da imparare da lui!

9. Quindi diremo che in effetti i due brani di talmud sono in contraddizione: Il talmud nel trattato di Ketubot 111b ed il Maimonide nel Sefer HaMizvot e nelle Hilchot Deot dicono che è giusto far godere dei propri bene i *talmidè chachamim* e bere e mangiare con loro, mentre i Maestri che dicono che la conseguenza è che questi diventano come brocche di terracotta agli occhi degli ignoranti non sono d'accordo che bisogna comportarsi così.

10. Ora propongo una nuova risposta: Il Maimonide si riferisce a una persona che non è un sapiente di *Torà* ma neanche un ignorante , mentre quanto detto che non è bene comportarsi così con il sapiente si riferisce a una persona ignorante in *Torà*. Non ho troppo approfondito se in effetti posso rispondere così, tanto più che il talmud nel trattato di Ketubot parla di una persona che per via della sua ignoranza non resuscita: All'inizio Rabbì Elazar dice che gli ignoranti non resuscitano e Rabbì Iochanan si meraviglia e si dispiace; visto Rabbì Elazar che Rabbì Iochanan si è dispiaciuto propone come soluzione per gli ignoranti attaccarsi ai sapienti, farli godere dei propri beni ecc. Ecco quindi che questo è un comportamento consigliato proprio agli ignoranti! Forse possiamo ancora sforzarci rispondendo che ci sono due tipi di ignoranti: Quelli che odiano i sapienti di *Torà*, vedasi trattato di Pesachoim 49b e quelli che invece desiderano attaccarsi a loro, per i quali appunto il talmud propone questo comportamento.

11. Ancora una risposta: Nel trattato di Sanedrin 52b non si tratta di un pericolo assoluto perchè è possibile comportarsi così con il sapiente senza che questo causi un calo dell'apprezzamento nei suoi confronti; il talmud intende appunto dire di fare attenzione che che il giusto comportamento verso il *talmid chacham* non causi disprezzo verso di lui, tanto che se non è capace è meglio che ci si astenga da questa *mizvà* di attaccarsi a lui. Il talmud nel trattato di Ketubot invece propone di comportarsi in quella maniera verso il *talmid chacham* a chi sa come agire senza arrivare a disprezzo.

Concludiamo dicendo che ancora c'è da approfondire sull'argomento.

Nono capitol
Le parole del Nachmanide circa l'"attaccamento" del pensiero al Signore

1. Nel settimo capitolo abbiamo già riportato la spiegazione del Nachmanide nelle *parashot* di Ekev e di VaEtchannan alla *mizvà* della *Torà* di *attaccarsi a Lui*. In quel brano il Nachmanide scrive inoltre le seguenti, importanti parole sull'*attaccamento del pensiero al Signore:*"... ricordarsi sempre del Signore e del Suo amore; non distogliere il pensiero da Lui mentre camminiamo per strada, quando ci corichiamo e alziamo, sicchè mentre parliamo con la gente solo la lingua e la bocca ci sono ma il cuore è con il Signore. A certi livelli è possibile arrivare al vero e proprio *attaccamento* al Signore già in questo mondo e ci si trova ad essere come una *dimora* per la Presenza Divina"; vedasi nel cap.7 il seguito.

2. È ora rilevante citare anche le parole del Nachamanide nel commento sulla *Torà* alla *parashà* di Acharè Mot:"Sappi che l'influenza delle *mizvot* sull'uomo dipende dal suo approccio e dal suo livello nell'apllicarle.

a) Chi esegue le *mizvot* non per amore delle *mizvot* ma per ricevere ricompensa, comunque per loro merito vivrà una lunga vita in questo mondo, con ricchezza, beni e onore.

b) Così pure chi esegue le *mizvot* per ricevere ricompensa nel mondo a venire ed è una persona che lavora il Signore perchè ne ha timore, con questa intenzione merita di salvarsi dalle pene dei malvagi e di stare bene dopo la morte.

c) Chi si occupa di *mizvot* come si deve e per amore e si occupa anche dei lavori di questo mondo, come nel verso della *parashà* di BeChukkotai 26,5 che dice *la vostra trebbiatura durerà fino alla vendemmia*, questi meriterà buona vita in questo mondo e anche nel mondo futuro il suo merito sarà completo.

d) Chi abbandona tutte le cose di questo mondo e non ci bada affatto come se non avesse un corpo; chi pensa esclusivamente al

Signore come Elia, essendo la sua anima attaccata al Signore, vivrà eternamante con la stessa anima e corpo, come successo ad Elia secondo quanto appare dagli scritti e risaputo dalla cabala, e come troviamo nei midrashim circa Chanoch. Quindi sarà nello stesso stato di coloro che resusciteranno ma senza morire."

3. Citiamo ancora il Nachmanide nel commento sulla *Torà* alla *parashà* di Valshlach 35,1 sul verso che dice *Dio disse a Giacobbe: Levati, va' a Beth-El, fermati là e fa' un altare all'Iddio che ti apparve quando fuggivi da Esaù tuo fratello*:"Non so che significhi *fermati là*; forse semplicemente che doveva prima fermarsi e poi fare un altare per la purificazione dall'idolatria, oppure intendeva dire che doveva fermarsi per fissare il pensiero sull'attaccamento al Signore." Quindi secondo la seconda spiegazione c'è un comandamento del Signore a Giacobbe di liberarsi dalle altre faccende per sedersi ed occuparsi dell'attaccamento del pensiero al Signore.

4. Il Nachmanide dice che alla base della capacità di fare miracoli c'è l'attaccamento del pensiero al Signore. Questo lo scrive nell'Iggheret HaKodesh [stampato nel libro Kitvè HaRamban] ed è riportato nel Shaarè Keduscià di Rav Haim Vital stampato nel libro Ctavim Chadashim di Rav Chaim Vital; credo sia stato citato inoltre nel Reshit Chochmà. Vedasi nello scritto del Nachamanide anche il motive della cosa. [Bisogna però capire se il Nachmanide si riferisce a qualsiasi miracolo o solo a quelli particolari; seppure il Nachamnide si riferisce solo a questi ultimi, in altri libri di *rishonim* e *mekubalim* troviamo la stessa cosa riguardo a tutti i tipi di miracoli].

Decimo capitol
Parole dell`Iben Ezra nel commento alla *Torà* (parashot di bereshit, shemot, va-erà, ki tissà e chukat) circa l'*attaccamento al Signore*, cosa che porta buoni miracoli soprannaturali; più l'attaccamento è intenso e più crescerà l'intensità di tali miracoli

PRIMA PARTE
SPIEGAZIONI DELLE PAROLE DELL`IBEN EZRA SULLA *PARASHÀ* DI

DIVRÈ JAAKOV - PAGINE DI PENSIERO EBRAICO

BERESHIT 1,26

1. Scrive l`Iben Ezrà sulla *parashà* di Bereshit 1,26:"La sublime ed immortale anima umana è *paragonata* al Signore nel senso che anche essa non ha corpo e riempie tutto il corpo che è come un microcosmo; sia benedetto il Signore che ha iniziato con la creazione del grande cosmo ed ha poi creato un microcosmo! Anche il profeta ha detto di aver visto la Gloria Divina con *aspetto umano* [Ezechiele 1,28]. Il Signore è unico, Lui crea tutto, Lui è tutto e più di così non posso spiegare."

2. Sembra dunque che l'Iben Ezra intenda paragonare da un certo punto di vista il fatto che l'anima riempie tutto il corpo al fatto che il Signore si trova in tutto e *riempie* tutto l'Universo.

3. Nel libro Nefesh HaChaiim shaar   scrive infatti che non esiste punto al mondo libero dalla Sua essenza, sicchè il Signore non si è mai *ritirato* da alcun luogo.

4. Quando scrive *Lui è tutto* intende che l'unica realtà assoluta è solo la Sua essenza mentre le altre cose non hanno una reale forza autonoma bensì il Signore le ricrea un ogni istante. Dunque il Signore è unico e Lui è tutto poichè non cè nulla di vero e proprio all'infuori di Lui. Circa questo argomento vedasi anche quanto ho scritto sulle parole del Nefesh HaChaim nel quarto capitolo.

5. Anche se nelle parole dell'Iben Ezra qui citate non c'è scritto nulla circa l'*attaccamento* sicuramente queste nozioni e la loro comprensione portano ad un grande *attaccamento*.

SECONDA PARTE

PAROLE DELL'IBEN EZRA SULLA *PARASHÀ* DI SHEMOT 3,15 SULL'*ATTACCAMENTO* E SULLE FORZE SOPRANNATURALI PER ACQUISIRE LE QUALI LA BASE È UN FORTE *ATTACCAMENTO* AL SIGNORE

1. Scrive l'Iben Ezra sulla *parashà* di Shemot 3,15 (Lì si dilunga moltissimo e questa è solamente l'ultima parte delle sue parole) che il mondo superiore è il mondo dei santi angeli che non sono corpi nè qualcosa che è dentro corpi come l'uomo e che il loro livello è più alto di quello umano.

2. Riportiamo nei seguenti paragrafi il contenuto delle parole dell'Iben Ezra. L'anima umana è della specie degli angeli ma riceve vitalità dall'apparato dei *mesciartim* ognuno dei quali è stato creato in corrispondenza del *grande esercito*. Se l'anima diventa sapiente potrà, come gli angeli, ricevere vitalità da un luogo più elevato; allora sarà *attaccata* al Signore.

3. Questo è il voto che fece Giacobbe quando disse *ed il Signore mi sarà D-o* [*parashà* di VaJezzè 28,21]: intendeva isolarsi per tutta la vita nell'*attaccamento* al Signore fino al punto al quale poteva arrivare con le sue forze; per questo solo allora disse *levate via le divinità straniere* [*parashà* di Vaishlach 35,2] e non prima perchè da quel momento doveva iniziare a lavorare il Signore nel modo specificato nel voto.

4. Ithrò arrive a questi livelli e perciò disse *ora io riconosco che il Signore è più grande di qualsiasi elohim* [*parashà* di Itrò 18,11]; lui era un gran saggio tanto che circa la sua conversazione con Mosè la *Torà* si esprime *ognuno salutò il suo amico* [idem 7]; troviamo che Mosè gli si prostrò e Ithrò non aveva paura di Mosè.

5. Anche l'umanità in questo mondo è considerata qualcosa di fisso grazie alla capacità di prolificare. Perciò quando Eva partorì Caino disse *kaniti hish*, ossia *ho acquisito come cosa fissa un essere umano.*

6. I discepoli dei profeti si isolavano provando a ricevere influenza divina ognuno secondo le proprie forze.

7. Con le lettere del nome del Signore si possono fare miracoli e prodigi in questo mondo. Infatti quando il *Nome* fu detto a Mosè [sembra intenda il Nome *Avayà* e forse anche il nome *Eheyè* secondo quanto spiegato da alcuni commentatori che c'è un legame tra i due nomi, vedasi l'Iben Ezra nella parte precedente del commento ed il Rashbam nella spiegazione all'*atbash*] chiese al Signore miracoli e prodigi. Per questo motivo non troviamo questo Nome in tutto il libro di *Kohelet* perchè esso tratta di situazioni normali che per na tura non cambiano se non per intervento diretto della *chochmà elionà~la sapienza eccelsa.*

TERZA PARTE
SPIEGAZIONI DELL'IBEN EZRA SOPRA CITATO

DIVRÈ JAAKOV - PAGINE DI PENSIERO EBRAICO

1. Dall'Iben Ezra vediamo dei punti circa la questione dell'*attaccamento* e sul fatto che è questo che dà la forza per miracoli soprannaturali.

2. La base del discorso è che gli esseri umani ricevono vitalità ed *influenza divina* da un certo eccelso luogo mentre gli angeli, che sono più elevati degli uomini, la ricevono da un lugo ancora più alto. Il luogo dal quale proviene l'influenza spirituale dell'uomo è sottomesso alle leggi di natura mentre mentre l'influenza spirituale degli angeli proviene da un luogo che non è limitato dalle leggi di natura.

3. Quando un essere umano arriva ad un intenso *attaccamento al Signore* riceve la sua influenza spirituale da un luogo più elevato rispetto alla normale fonte degli esseri umani, dallo stesso luogo dal quale proviene l'influenza spirituale per gli angeli. Di conseguenza il Signore si comporterà nei suoi confronti con sistemi che sono al di sopra delle leggi di natura, così come avviene per gli angeli, perchè l'influenza spirituale per quest'uomo proviene da un luogo che non è stato limitato dalle leggi di natura.

4. Dalle parole dell'Iben Ezra sembra che in effetti per arrivare ad un vero grande *attaccamento* bisogna che l'influenza spirituale per l'uomo non provenga dalla stessa fonte destinata in genere agli uomini. In tal caso sarà sicuramente più difficile arrivare ad un completo e perpetuo *attaccamento* perchè il tipo di *influenza* per gli uomini non è ininterrotto ed è inoltre mischiato con elementi che non sono solamente spirituali e che causano interruzioni dell'*attaccamento*. Quindi solamente chi riceve dalla stessa fonte degli angeli arriva, come loro, ad un *attaccamento* ininterrotto e completo.

5. Questa può essere la fonte per la nostra spiritualità solo dopo molto sforzo di arrivare ancora prima ad un intenso *attaccamento*, quanto più continuo.

QUARTA PARTE
PAROLE DELL'IBEN EZRA SULLA *PARASHÀ* DI VA-ERÀ 6,3 CIRCA L'*ATTACCAMENTO AL SIGNORE* E LE FORZE SOPRANNATURALI LA CUI RADICE È APPUNTO L'*ATTACCAMENTO*

1. Vedasi ancora l'Iben Ezra nella *parashà* di VaErà 6,3, sul verso che dice:"Mi
sono presentato ad Abramo, ad Isacco e a Giacobbe con il nome *Kel Shakkai* e non-Mi sono fatto conoscere con il nome *Avayà*". Dopo una lunga spiegazione scrive: Sappiamo che il Signore ha creato i tre mondi che ho menzionato [intende quanto ha scritto sul verso 15 del cap.3 parzialmente citato in questo libro nelle parti precedenti] ed il mondo più basso riceve dal mondo mediano, ogni particolare secondo l'apparato superiore.

2. Poichè l'anima umana è superiore al mondo mediano, se essa è sapiente ed ha riconosciuto che le opere del Signore sono fatte senza intermedi, se essa ha lasciato la passione per questo basso mondo e si è isolata per attaccarsi al Nome, allora se pure secondo l'apparato delle stelle nel momento della nascita dovrebbe capitargli un male in un determinato giorno, il Signore, al Quale si è *attaccata*, rigirerà i fatti sì da salvarlo da quel male. Così pure nel caso che secondo l'apparato delle stelle un uomo deve essere sterile il Signore gli darà la forza di prolificare e prolificherà.

3. Per questo spiegano i nostri Maestri [talmud, trattato di shabbat 156a] che quando il Signore ha detto ad Abramo *esci* intendeva dirgli *esci al di fuori dell`apparato delle stelle*.

4. Il significato del detto *non c`è mazal per Israel* è simile a questo concetto, come spiegherò nella *parashà* di ki-tissà [33,21].

5. Infatti il Signore prima di dire ad Abramo *renderò numerosa la tua stirpe* ha detto *Io sono Kel Shakkai* [Bereshit 17,1], ossia sono al di sopra dell`*apparato superiore*.

6. Questo non significa che viene abolita l`influenza delle costellazioni bensì che viene aggiunto a chi è *attaccato al Suo Nome* del bene che non era previsto secondo le costellazioni.

7. Per questo Giacobbe disse *l'angelo che mi salva da ogni male* [*parashà* di VaYechì 48,16], ossia un angelo pronto a venire da lui.

8. Il segreto di tutta la *Torà* è questo, come spiegherò lì.

9. I Padri non arrivarono al livello di *attaccamento* di Mosè con il quale il Signore parlava *faccia a faccia*. Per questo Mosè poteva cambiare le leggi di natura ed eseguire prodigi e miracoli, cosa che i Padri non potevano fare.

10. Mose disse due cose: "Perchè mi hai mandato?"; "Non hai recato alcuna salvezza!"

11. Alla seconda osservazione il Signore gli rispose:"Ora vedrai cosa farò al Faraone!" Alla prima domanda rispose:"...Io sono Akonai...Apparvi ad Abramo,Isacco e Giacobbe con il Nome Kel Shakkai ma con il Mio nome, Akonai, non mi feci conoscere da loro...Parla così ai Figli di Israele:Io sono Akonai...". Quindi proprio Mosè è stato mandato perchè lui conosceva il Nome Akonai e lo doveva svelare, mentre ai Padri si era rivelato solo col Nome Kel Shakkai.

QUINTA PARTE
SPIEGAZIONE DELLE PAROLE DELL'IBEN EZRA SOPRA CITATE, ED AGGIUNTE

1. Quindi anche dall'Iben Ezra sulla *parashà* di VaErà vediamo che la capacità di fare prodigi deriva dall'*attaccamento* al Signore e dall'abbandono della passione di questo mondo sicchè più l'*attaccamento* è grande più cresce questa capacità.

2. L'Iben Ezrà ha detto una cosa molto forte:"Il segreto di tutta la *Torà* è questo". Come è possibile, eppure tutte le 613 *mizvot* sono una grande parte della *Torà*!? Possiamo rispondere che l'Iben Ezra quando scrive che *il segreto di tutta la Torà è questo* non si riferisce esclusivamente all'*attaccamento* come cosa a sè stante ma ad ogni legame col Signore raggiunto attraverso l'esecuzione della Sua volontà, legame grazie al quale si esce dai confini della natura verso la possibilità di eseguire miracoli e cose meravigliose. Questa è chiara verità; tuttavia l'Iben Ezra sottolinea il fattore dell'*attaccamento* vero e proprio, come scrive, *si è isolata per attaccarsi al Nome*, (vedasi lì tutta la frase), perchè l'influenza di questo *attaccamento* è assolutamente particolare. [Anche il Maimonide negli ultimi capitoli della Guida dei Perplessi (vedasi lì) considera il lavoro dell'attaccamento del pensiero al Signore una base fondamentale nella *Torà*. Tuttavia gli altri *poskim* non sono d'accordo con quanto scrive il Maimonide che *questo è lo scopo essenziale delle mizvot*. Infatti l'Arì spiega nei suoi scritti che secondo grandi segreti della cabala ogni *mizvà* con i suoi particolari e nel suo ambito porta *tikkunim* ai mondi superiori ed all'anima].

3. Il Nachamanide sulla *parashà* di VaErà cita e spiega l'Iben Ezra che abbiamo riportato sopra. Tra l'altro scrive che quanto detto che il Signore si è rivelato ai Padri col Nome *Kel Shakkai*, che indica il Suo essere al di sopra dell'*apparato Superiore*, significa che ha dato a loro ricompensa per le loro azioni, come promesso dalla *Torà; durante la carestia li ha salvati dalla morte di fame e durante la guerra dalla spada; gli ha dato ricchezza, cavod ed ogni* bene.Questo tipo di ricompensa potrebbe sembrare naturale ma in effetti non lo è perchè *secondo natura non arrriva del bene per via di una mizvà o del male come punizione per un peccato, se non attraverso un apparato miracoloso; se l'uomo fosse abbandonato al suo mazal non gli si aggiungerebbe nulle nè gli mancherebbe qualcosa per via di buone azioni o peccati. L'apparato di premio e castigo della Torà è un miracolo, ma nascosto, sichhè ghi eventi sembrano naturali ma in realtà sono un premio o un castigo per l'uomo.*

4. Più avanti scrive:"Il Signore ha detto a Mosè che si era rivelato ai Padri con la forza della Sua mano che può scombussolare le influenze delle costellazioni ed aiutare i Suoi prescelti; ma non Si è fatto conoscere con il Nome *Yud Kei* attraverso il quale ha creato tutto a con il quale può cambiare la natura. Quindi gli disse di comunicare un giorno ai Figli di Israele il Grande Nome, perche con questo *gli farò grandi miracoli ed allora sapranno che Io sono il Signore che opera il tutto.*"

5. Termina il Nachamnide scrivendo:"Tutte le parole dell'Iben Ezra su questo sono giuste ed è come un profeta che non sa cosa sta profetizzando".

6. Vedasi nel libro Nefesh HaChaiim dove ci sono lunghe spiegazioni sui miracoli avvenuti ai Padri, Abramo, Isacco e Giacobbe e quelli più grandi avvenuti a Mosè. Sembra che nella spiegazione delle radici della differenza tra i due tipi di miracoli si sia basato sull'Iben Ezra e sul commento del Nachamanide all'Iben Ezra. Il Nefesh Chaim aggiunge alle lore parole delle cose circa l'essenza di queste differenze. Vedasi nel quarto capitolo di questo libro dove abbiamo spiegato una parte delle sue parole nella terza parte del suo scritto.

SESTA PARTE
PAROLE DELL'IBEN EZRA SULLA *PARASHÀ* DI KI TISSÀ 33,21
1. Vedasi ancora l'Iben Ezra sulla *parashà* di Ki Tissà 33,21 su questi argomenti. Tra l'altro scrive:"Mosè poteva sapere ed immaginarsi cosa significa veramente l'*attacamento* delle creature al Creatore etc."
2. Anche su questo si dilunga nel libro Nefesh HaChaim vedasi lì tutte le sue parole.

SETTIMA PARTE
PAROLE DELL'IBEN EZRA SULLA *PARASHÀ* DI CHUKKAT 20,8 CIRCA L'*ATTACCAMENTO AL SIGNORE* ED AL FATTO CHE QUESTO È CIÒ CHE DÀ LA CAPACITÀ DI ESEGUIRE PRODIGI
1. Scrive l'Iben Ezra nel commento sulla *parashà* di Chukkat 20,8:"Svelerò con dei cenni quella che mi sembra la vera spiegazione: Sappi che quando una parte conosce il tutto si attaccherà al tutto e potrà eseguire prodigi in tutto etc.".
2. Come *parte* si intende l'*uomo* [forse proprio l'uomo di Israele, come è scritto *il Suo popolo è la parte del Signore etc.*] e come *Tutto* si intende il Creatore, come vediamo nell'Iben Ezra sulla *parashà* di Bereshit riportato più avanti.
3. In linee generali il discorso dell'Iben Ezra è che l'*attaccamento* del pensiero al
Signore è ciò che dà la capacità di eseguire prodigi soprannaturali.
4. Anche riguardo a Mosè, colui che fece miracoli più di ogni altro uomo, la radice della sua forza stava nell'*attaccamento* del pensiero al Signore; infatti le parole dell'Iben Ezra lì si riferiscono a Mosè.

OTTAVA PARTE
ULTERIORE SPIEGAZIONE ALLE PAROLE DELL'IBEN EZRA NELLA *PARASHÀ* DI CHUKAT, SOPRA CITATE
1. Forse possiamo ricavare dalle parole dell'Iben Ezra sopra citate un approfondimento circa il tipo di *attaccamento* che in particolare

modo dà la capacità di fare prodigi e quindi anche i prodigi di Mosè.

2. Dobbiamo prima citare le parole dell'Iben Ezra sulla *parashà* di Bereshit 1,26:" La sublime ed immortale anima umana è *paragonata* al Signore nel senso che anche essa non ha corpo e riempie tutto il corpo che è come un microcosmo... Il Signore è unico, Lui crea tutto, Lui è tutto e più di così non posso spiegare." Queste parole sono state citate più completamente ed ampiamente spiegate sopra nella prima parte. [Per la comprensione dei prossimi paragrafi è indispensabile rileggere lì la spiegazione perchè essa è la radice dell'argomento qui trattato].

3. Spieghiamo ora le parole dell'Iben Ezra sulla *parashà* di Chukkat citate sopra nel primo paragrafo. Bisogna comprendere cosa intende scrivendo *quando una parte conosce il Tutto*; se si intende solamente la conoscenza del Signore questa è una cosa semplice ed è la base di tutta la fede di Israele. Inoltre, perchè ha scelto di chiamare il Signore proprio con la definizione *Tutto*?

4. Secondo quanto spiegato capiamo che l'Iben Ezra non intende una semplice conoscenza del Signore bensì la completa conoscenza del fatto che il Signore si trova ovunque ed ha creato tutto sicchè l'unica vera realtà assoluta che esiste è la Sua essenza. Questa conoscenza porta ad un potente *attaccamento* del pensiero al Signore e questo è un particolare tipo di *attaccamento*: l'essere attaccato al pensiero che il Signore è tutto.

5. Vedasi nel quarto capitolo dove abbiamo ampiamente spiegato questo tipo di *attaccamento* citando anche il Nefesh HaChaim parte 3 con relativa spiegazione. L'Iben Ezra intende che come conseguenza di questo tipo di conoscenza potrà eseguire prodigi in tutto e spiega che questa era appunto la radice della capacità di Mosè di fare prodigi. Anche il Nefesh Hachaim ha appunto spiegato che questo è ciò che dà la forza di fare prodigi e che ha dato anche a Mosè la forza per i numerosi e grandi miracoli che ha fatto per il popolo di Israele.

6. Forse quando l'Iben Ezra si esprime eseguire *prodigi in tutto* intende sottilineare *lo stesso tutto* circa il quale ha scritto nella parashà di Bereshit che *il Signore si trova in tutto*. Questo per dirci che mentre si esegue il prodigio bisogna pensare alla forza del

Signore che agisce nell'oggetto sul quale lo si esegue. Il Nefesh HaChaim non è d'accordo su questo particolare; sembra che secondo lui ci sia più capacità di fare prodigi quando non si pensa affatto all'esistenza di qualunche realtà ed oggetto. Tuttavia secondo quanto spiegato nel quarto capitolo che il Nefesh HaChaim non intende letteralmente che bisogna pensare che non esiste nulla possono sussistere le due intenzioni contemporaneamente: da una parte pensare che l'oggetto esiste ed il Signore agisce su questo oggetto e dall'altra pensare che la realtà dell'oggetto non è autonoma perche sussiste solo grazie alla vitalità che gli dà il Signore.

7. Ulteriore precisazione nelle parole dell'Iben Ezra *quando una parte conosce il Tutto*: Forse intende dire che non basta che l'uomo pensi alla Realtà Divina ma deve intendere *unirsi* a questa Realtà, legare le parti della sua anima, ossia *Nefesh, Ruach, Neshamà, Hayà, Iechidà* ad Essa e pensare di far venire l'*influenza spirituale* dal Signore su tutte queste parti. Grazie a questo pensiero riceve una forza potente; l'Iben Ezra ha quindi scelto l'espressione *parte* per indicare la dipendenza dell'anima dal Signore.

NONA PARTE
SEGUITO DELLE PAROLE DELL'IBEN EZRA SULLA *PARASHÀ* DI CHUKKAT 20,8 E SUA SPIEGAZIONE SUL FATTO DELLE "ACQUE DELLA CONTESA"

1. L'Iben Ezra sulla *Parashà* di Chukkat 20,8 spiega a lungo il peccato delle "acque della contesa". Riporta le spiegazioni di diversi commentatori ma le trova difficili ed alla fine scrive: "Svelerò con dei cenni quella che mi sembra la vera spiegazione: Sappi che quando una parte conosce il tutto si attaccherà al tutto e potrà eseguire prodigi in tutto. Il Signore disse a Mosè ed Aron di parlare alla roccia ma loro non gli parlarono per via del litigio del popolo con Mosè: La *parte* si staccò, picchiò la roccia e non ne uscì acqua finchè non la picchiò di nuovo; ecco che non santificarono il Nome, infransero il divieto, disubbidirono per errore etc." [Vedasi lì anche il seguito].

2. Intende dire che la capacità di Mosè di eseguire prodigi derivava dall'*attaccamento* al Signore ed in particolar modo l'*attaccamento* del pensiero [così scrive anche il Nefesh HaChaim quando dà spiegazione sulla forza che aveva Mosè di eseguire prodigi]. Allora, quando l'*attaccamento* di Mosè diminuì di un poco [sembra per via della discussione con i Figli d'`Israele] non poteva più eseguire il prodigio nella maniera ideale e diminuì così la santificazione del Nome [Quando l'`Iben Ezra scrive la *parte* si staccò sembra intendere che l'`attaccamentos si indebolì].

3. In che particolare il prodigio non è stato eseguito nel modo ideale? Possiamo dire che intende, come scrive Rashì, che avrebbe dovuto far uscire l'acqua parlando e non picchiando, ma c'è una differenza: Rashì spiega che la stessa roccia (che era quella giusta anche se Mosè non lo sapeva) avrebbe fatto scaturire acqua anche se Mosè le avesse parlato, mentre secondo l'Iben Ezra, una volta indebolitosi l'*attaccamento* di Mosè al Signore, non avrebbe ormai dato acqua attraverso la sola parola ma solo se picchiata, prodigio meno grande, per il quale bastava anche un minor livello di *attaccamento*.

4. Invece l'Or HaChaim spiega che secondo l'Iben Ezra una volta indebolitosi l'*attaccamento* la roccia non diede acqua al primo colpo ma solo al secondo e in questo la santificazione del Nome fu inferiore.

5. Secondo la spiegazione dell'Or HaChaim bisogna indagare se il fatto che al secondo colpo la roccia fece scaturire l'acqua è perchè Mosè ritornò al precedente livello di *attaccamento*, che gli dava la capacità di far scaturire acqua con un colpo alla roccia, o perchè far scaturire acque con due colpi invece che con uno è un prodigio minore, per il quale bastava un livello di *attaccamento* inferiore. Dalle parole dell'Or HaChaim sembra che la prima ipotesi è quella giusta.

6. Circa il peccato delle "acque della contesa" le spiegazioni sono molte; vedasi nel commento dell'Or HaChaim dove riporta ben dieci spiegazioni contestandole e poi scrive la sua.

7. Dal commento dell'Iben Ezra impariamo fino a che punto arriva la severità del giudizio! Infatti Mosè venne incolpato per non aver santificato di più il Signore facendo un prodigio maggiore, che in effetti non poteva eseguire secondo il livello nel quale si trovava in quel momento. Si pretendeva da lui di salire ad un livello più alto nel quale avrebbe potuto agire più miracolosamente, santificando il Signore ancora di più. Nonostante anche far scaturire acqua dalla roccia battendola, per milioni di persone ed il loro bestiame, fosse un enorme miracolo, tuttavia era accusato di non aver fatto un miracolo ancora più grande! [Vedasi nel commento di Rashì alla Torà dove spiega che se i figli di Israele avessero visto che alla roccia bastava le parlassero per ubbidire, avrebbero dedotto che a maggior ragione loro dovevano ubbidire quando il Signore gli parlava!].

AGGIUNTE A QUANTO SCRITTO NELLA PARTE PRECEDENTE
1. Le parole dell'Iben Ezra si riferiscono al livello di Mosè e quindi non riguardano certo qualsiasi persona! Infatti chi è al livello di eseguire prodigi come quelli di Mosè, siano pure prodigi *minori* come quello eseguito da Mosè con la roccia, sul quale è stato accusato di non aver fatto di più!
2. Infatti nella *parashà* di VeZot HaBerachà il verso testimonia:"Ma non sorse mai più profeta in Israele come Mosè, col quale il Signore aveva trattato faccia a facia etc.". Anche alla fine della *parashà* di BeAhalotechà troviamo versi circa il superior livello di Mosè rispetto agli altri profeti.
3. Tuttavia nel Nefesh HaChaim parte 3 spiega a lungo che i concetti basilari che troviamo nelle parole dell'Iben Ezra ci riguardano in ogni generazione, ognuno secondo il suo livello.
4. Scrive lì che l'*attaccamento* è un meraviglioso sistema per riuscire in azioni che portano la salvezza, sia nel cacciare via ciò che disturba sia nel portare cose buone. (Vedasi lì le sue lunghe spiegazioni).
5. Nel commento del Gaon al Sifra DeZeniuta, cap.5 foglio 34 colonna 1, scrive che tutto gli eventi scritti riguardo a Mosè possono riguardare ogni uomo in qualsiasi generazione; si intende i concetti insiti nei fatti ma non letteralmente gli stessi fatti poichè certo non tutti si trovano sulle sponde del MarRosso! Inoltre, possono riguardare sì ognuno ma solo proporzionalmente al suo

livello.

Undicesimo capitolo
Spiegazione delle parole del Gaon circa cose meravigliose nello studio della *Torà* durante questo ultimo esilio

1. Scrive il Gaon di Vilna nei Tikkunè HaZoar, tikkun 21 foglio 61 colonna.

1: Durante l'ultimo esilio avverrano nello studio della Torà miracoli rispettivi ai miracoli descritti dalla Torà: Si aprirà *il mare della Torà* e succederanno tutte le cose miracolose paragonabili a quelle successe in Egitto. Così pure, rispettivamente ai duri lavori dell'esilio egiziano descritti dalla Torà, in questo esilio ci saranno dure fatiche nello studio della Torà, come scrive anche il Maimonide etc. (vedasi lì il resto delle sue parole). [Il Gaon cita delle righe dal libro Tikkunè HaZoar foglio 52 ma nell'edizione del libro che comprende il commento del Gaon si trovano nel foglio 43].

2. Bisogna aggiungere che quando si arriva a successi miracolosi nello studio della Torà ci si collega alle forze che sono alla base dei miracoli e di conseguenza si riceve la capacità di fare prodigi anche in altri campi.

Dodicesimo capitolo
Sistemi per acquisire forze soprannaturali, dal libro Magghid Mesharim del Beth Josef In generale, circa le forze soprannaturali

PRIMA PARTE

1. Circa le forze soprannaturali acquisite dai grandi *zaddikim~giusti* dobbiamo dare prima una spiegazione generale. L'anima di ogni ebreo è un'eccelsa *luce* proveniente dal Signore che entra dentro un corpo umano. Le forze dell'anima sarebbero potentissime ma vengono limitate perchè questa si trova dentro il corpo materiale (che anche esso ha una sua spiritualità). Per arrivare a capacità soprannaturali bisogna quindi agire in due direzioni: Rinforzare al massimo le forze dell'anima, rendendola più forte di quanto fosse per natura, affinchè possa prevalere sul corpo; raffinare quanto più il corpo affinchè la restrizione che impone all'anima diminuisca.

2. L'osservanza delle *mizvot* e lo studio della *Torà* sono le cose che possono portare a questi due risultati. Il Signore, Colui che ha creato il mondo ed ha dato la Torà, ha predisposto il Creato in maniera tale che attraverso l'osservanza delle *mizvot* e lo studio della *Torà* arrivi una *luce* dal Signore che aggiunge all'anima forza e potenza e raffina il corpo. Anche questo intende il verso della *parashà* di VaEtchnnan che dice "e voi che siete attaccati al Signore vostro D-o siete tutti vivi oggi"; ossia attraverso il legame dell'anima al Signore si aggiunge vitalità all'anima.

3. In ogni istante di studio di *Torà*, di *tefillà*, di adempimento ad una *mizvà* o attenzione a non compiere una trasgressione, arriva una *luce* dal Signore e viene ad aggiungersi alla *luce* originale già presente nell'anima. Se queste *luci* aggiuntive sono numerosissime e rimangono fisse, allora l'uomo acquisisce forze soprannaturali. Affinchè queste *luci* arrivino in effetti numerosissime bisogna eseguire diverse cose, come specificato più avanti.

4. Trattando delle *luci* che portano a capacità soprannaturali e dei sistemi per ricevere queste *luci* bisogna sottolineare due punti: Il primo, che esistono diversi tipi di forze soprannaturali e non sempre l'uomo ha la possibilità di stabilire attraverso le numerose *luci* che riceve quale tipo di forze soprannaturali acquisirà. Secondo punto: Ci sono nelle forze soprannaturali diversi gradi di intensità e quale grado si acquisirà dipende dalla quantità e dalla qualità dei mezzzi adottati.

5. Diamo un esempio di come ci può essere differenza nell'intensità di forze soprannaturali. I Maestri dicono che quando il re David scappava dai suoi inseguitori arrivò da Shemuel e quella notte studiò una quantità enorme di *Torà*, tale che neanche un discepolo importantissimo riuscirebbe a studiarla in cento anni! In un anno ci soni più di trecentocinquanta giorni, quindi c'è un lasso di tempo che corrisponde a più di settecento notti; quindi in cento anni c'è un lasso di tempo che corrisppnde a più di settantamila notti. Ecco che la forza di Shemuel e David di studiare quella notte era soprannaturale, perchè secondo natura un uomo non riesce a studiare in un determinato lasso di tempo una quantità di materia per la quale ci vorrebbe un tempo settantamila volte più lungo! Questa era cero un'enorme forza soprannaturale. Eppure anche se un uomo riuscisse in una notte a studiare materia per la quale c i vorrebbero cinquecento notti sarebbe già una forte capacità soprannaturale, e seppure ci vorrebbero duecentocinquanta notti, o cento o cinquanta. Tuttavia c'è differenza tra i diversi gradi di queste forze soprannaturali.

SECONDA PARTE

1. La prima cosa dalla quale dipendono le foze soprannaturali sono tanto studio di *Torà*, tanta *tefillà*, molto adempimento a *mizvot* e molta attenzione alle trasgressioni.

2. La parte più grave nelle *mizvot* sono quelle che consistono in azioni o nella parola ed infatti troviamo nella *Torà* che le punizioni più gravi sono previste per queste, come la profanazione dello shabbat etc. Però ai fini dell'acquisizione delle forze soprannaturali è importante ed indispensabile il servizio divino che dipende dalla forza del pensiero. Questo si suddivide in due parti: La prima consiste nell'avere dei lassi di tempo per un potentissimo *attaccamento* del pensiero al Signore, con grande voglia.

3. La seconda che anche nel resto del tempo ci si sforzi comunque di essere quanto più legati al Signore con il pensiero.

4. Questo implica lo sforzo di non *legare* il proprio pensiero a cose materiali. Anche se l'uomo è obbligato ad occuparsi in questo mondo di moltissime cose materiali, tuttavia il suo pensiero deve concentrarsi quanto più nell'*attaccamento* al Signore e nella sacrosanta *Torà*.

TERZA PARTE

1. Questo fatto che le forze soprannaturali sono legate all'*attaccamento* del pensier al Signore è specificato in diversi scritti, tar i quali il libro Magghid Jesciarim del Bet Josef. [Rav Josef Caro, compositore dell'opera Beth Josef e dello Shulchan Aruch, aveva un angelo che gli insegnava la *Torà* e lo avvertiva di assumere dei determinati comportamenti di *chassidut*. Il libro Magghid

Jesharim è una raccolta di una parte di queste cose, dette a lui dall'angelo].

2. Nella parte del libro inerente alla *parashà* di Bereshit [pag.26 nella nuova edizione] scrive:" Devi solamente attaccarti a me, ma non saltuariamente come fai tu. Se tu sapessi quanti mondi costruisci e quanti ne disfai quando distacchi il pensiero, non lo distaccheresti neanche per un`ora! Quindi fatti forza per dedicare a me tutto i tuoi pensieri! Se ti comporterai così ti darò il seguente merito: Miracoli saranno fatti attraverso le tue mani, così come sono stati fatti dalle mani dei tannaiti, sicchè tutto il mondo saprà che c'è il Signore tra il popolo di Israele! Non farti sedurre dal *Samech Mem* e dal suo esercito che cercano di distoglierti dalla tua concentrazione etc."

3. Scrive ancora nella parte inerente alla *parashà* di VaJezzè, pag.82:" Attaccati soltanto a me perchè attraverso il mio timore e lo studio delle mishnaiot ti innalzerai e avrai il merito di eseguire miracoli, come ai tempi dei saggi del talmud e quindi, grazie a te, sarà santificato il Nome e sapranno che c'è il Signore tra il popolo d'Israele! Infatti il segreto dei miracoli che succedono ai saggi sta nel fatto che presso il popolo di Israele il pensiero rimane sempre *attaccato* perchè pensano ininterrottamente alla *Torà* ed al timor del Cielo. Quando ascendono al livello della *binà*, essendoci *attaccati*, quando essa sale, salgono con lei. Quindi l'anima di coloro che pensano sempre alla *binà* sale in alto fino al suo luogo e da lì può far scendere quel che vuole."

4. Poi ancora nella parte inerente alla *parashà* di Miketz, pag.113:" Se farai così, ossia attaccherai sempre i tuoi pensieri a me, senza minima interruzione, ti darò il merito di fare miracoli come nei tempi antichi. In questi tempi la gente non dà importanza agli studiosi della *Torà* perchè non vengono eseguiti da loro miracoli e prodigi, come succedeva nei tempi antichi. Il motivo che allora succedeva è perchè il loro pensiero era sempre, ininterrottamente, attaccato a Me, alla Mia *Torà* ed al Mio timore; grazie a ciò si innalzavano ed attaccavano alle virtù superiori etc... Così mi comporterò con te se sarai sempre attaccato a Me ed il tuo pensiero non si distaccherà da Me neanche per un istante."

5.Nella parte inerente alla *parashà* di Shemot, pag.139: "Il Signore è con te ma attaccati a Me, al Mio timore, al Mio amore, e non staccare il tuo pensiero neanche per un minuto etc. E saranno da te eseguiti miracoli, così come è successo ai saggi del talmud, affinchè sappiano i contemporanei che c'è D-o tra il popolo d'Israele. Come hai avuto il merito che Io parlo con te *bocca a bocca* così come ti sto parlando, cosa che non avresti lontanamente immaginato, ugualmente ti darà il merito di fare miracoli".

6. Vediamo in questi punti che il Magghid Mesharim parla dei miracoli e dei prodigi che avvenivano ai saggi della mishnà e del talmud. Se ne parla molto nel talmud e in diversi parti dei midrashim. Il punto dove l'argomento è più concentrato si trova nel talmud babilonese, trattato di Taanit, vedasi lì.Vedasi anche nel libro Chayè Olam del Keillot Yaacov dove ha raccolto una parte delle questioni dei prodigi descritti dal talmud.

7. Per quanto ci riguarda, è molto palesemente spiegato nel Magghid Mesciarim del Beth Josef che il fatto dei miracoli e dei prodigi soprannaturali dipende in gran parte dall'ininterrotto *attaccamento* del pensiero al Signore. Vedasi anche quanto scritto dal Nefesh HaChaim, parte 3, su questi argomenti, sul lavoro dell'*attaccamento* dei Padri e di Mosè, grazie al quale riuscirono ad eseguire miracoli per loro e per tutto il popolo d'Israele. Questo argomento dell'*attaccamento* del pensiero al Signore e dei sistemi per arrivarci, ad un livello e ad un'intensità che portino a forze soprannaturali, richiede molto studio profondo. Nei capitoli precedenti lo abbiamo ampliamente trattato sicchè chi li studia attentamente e si sforza di mettere in pratica i concetti potrà percepire come le sue forze spirituali si rafforzano enormemente.

QUARTA PARTE.
1. Negli scritti di Rabbì Chaim Vital troviamo un'altra condizione per l'acquisizione di forze soprannaturali: allontanarsi dalla collera, circa la quale il libro Shaar Ruach HaKodesh scrive cose terribili.
2. Scrive che chi usa incollerirsi è quasi impossibile che possa acquisire forze soprannaturali. Per acquisirle ci vuole molto studio

di *Torà*, molta *tefillà* e *tesciuvà* e molte *mizvot*, ma lo Zoar scrive che attraverso l'ira è possibile che,mai sia, l'anima venga sostituita da un'altra, e quindi la persona incollerita non ha più i meriti dello studio e delle *mizvot* di ieri perchè l'anima che ha studiato ed ha eseguito le *mizvot*, dopo la collera, non è più la stessa.

QUINTA PARTE

1. L'argomento essenziale di questo libro è "strade per ascendere a più alti livelli spirituali" ma in effetti contiene ancora una questione importantissima: la possibilità di acquisire forze soprannaturali, come risaputo circa molti giusti che riuscirono in questo. Molte chiavi si trovano nel libro, cose tramandate a voce discretamente da generazione in generazione. Esistono diversi sistemi ma quelli riportati in questo libro sono quelli che grandi rabbini delle precedenti generazioni, famosi per la loro forza soprannaturale, si sono sforzati di adottare. In questa strada sono andati ed il motivo per il quale le cose sono state mantenute segrete è perchè non tutti ne sono all'altezza.Ai nostri giorni, purtroppo, per via della ricerca1 dei sistemi per acquisire forze soprannaturali e non avendoli trovati, si è arrivati a strade sbagliate che hanno portato gravi danni al servizio divino. Inoltre, in questa generazione ci sono grandi tentazioni, che non vanno qui specificate, per resistere alle quali alcuni, come unico rimedio, devono occuparsi di aspetti molto elevati, in particolare chi per natura possiede un'anima molto elevata2. Per questo motivo, dopo grande dubbio per un lunghissimo periodo, è stato deciso di stampare il contenuto di questo libro. 1[Spesso la radice di questa ricerca è la santità dell'anima; su questo fenomeno scrive il profeta Amos:"Ecco che stanno per sopravvenire giorni, dice il Signore Iddio, nei quali manderò la fame nel paese, ma non fame di pane, nè sete d'acqua, ma di udire la parola del Signore". Commenta il talmud nel trattato di Shabbat 138 b che *sete di udire la la parola del Signore* significa sete di sentire parole di *alachà*, sete di profezia e sete della fin dei giorni]. 2[Spesso chi possiede un'anima elevata neanche se ne rende conto e non sa che questo è proprio il motivo per cui viene tentato, come scrive il talmud nel trattato di sukkà 52 fine b:" Chi è più grande degli altri, anche il suo istinto è più grande"].

2.Da un lato, le cose sono state scritte in modo chiarissimo affinchè ogni ebreo1 possa capire bene tutto o quasi tutto il contenuto di questo libro e così arrivare alle strade della verità, a potenza spirituale ed a elevatissime forze spirituali. 1[Anche chi ancora non si è avvicinato alla spiritualità, non ha studiato ed anche chi è ancora molto lontano dalla strada della *Torà*].

3.D`altro lato, per via dei molti dubbi circa la pubblicazione del libro, come sopr spiegato, in diversi punti abbiamo abbreviato molto, racchiudendo in poche righe molta materia. Quindi per capirle bene e trarne il vantaggio spirituale cercato, lo studente le dovrà leggere più volte con molta attenzione, sia per la comprensione che per abituarsi ai concetti, a volte molto nuovi per lui [anche chi è abituato da sempre allo studio e alle *mizvot* è possibile trovi cose molto nuove per lui, per abituarsi alle quali dovra rileggerle più di una volta].

4.In generale, riguardo a tutto il libro, è consigliabile a chi vuole veramente intensificare le sue forze spirituali di rileggerlo ogni tanto, per lo meno le parti che sente più vicine al suo animo.

5.Le parti più indispensabili per acquisire grandissime forze spirituali si trovano dal primo al quinto capitolo. Per questo motivo lì abbiamo fatto più attenzione a spiegare le cose bene affinchè chiunque possa comprenderle. Chi potrà studiare anche dal sesto capitolo alla fine potrà trarre anche da lì molto vantaggio per il rafforzamento delle sue forze spirituali.

6. Anche i capitoli sesto e settimo, dove è riportato il brano talmudico di Ketubot con relativi commentatori, sono importanti per acquisire forze soprannaturali. Questo secondo l'introduzione di Rabbì Chaiim Vital al libro Ez Hachaim che spiega l'importanza delle *elucubrazioni* nello studio della *Torà* per spezzare le forze negative che impediscono di vedere la *luce*. Quindi anche per raggiungere le forze soprannaturali è molto importante *elucubrare* nei brani talmudici riguardanti l'argomento. Tuttavia l'esssenziale si trova dal primo al quinto capitolo.

Tra i pregi della *keduscià*

SOMMARIO

Primo capitolo
Il grande vantaggio dell'attenzione nelle questioni della *keduscià*: Grazie a questa attenzione ci si sente vicini al Signore; il contrario avviene quando si sottovalutano queste cose. I vantaggi che si acquisiscono sia per questo mondo che per il mondo a venire quando si fa attenzione nelle questioni della *keduscià*; i danni recati in questo mondo e nel mondo future dalla sottovalutazione di queste questioni.

Secondo capitolo L'essenza dell'istinto cattivo e quanto sostengono alcuni che il loro istinto è più forte di quello degli altri.

Terzo capitolo L'importanza di non saperne nulla delle questioni *cattive*.

Quarto capitolo Qualche dubbio della gente su queste questioni.

Quinto capitolo Un racconto sconvolgente circa l'attenzione a non vedere cose vietate e la morale che ne deriva.

Sesto capitolo Circa il grande pregio della *keduscià* e del pudore. Quando ogni singolo si comporta con *keduscià* e pudore porta vantaggio al tutto il popolo d'Israele.

Primo capitolo
Il grande vantaggio dell'attenzione nelle questioni della *keduscià*: Grazie a questa attenzione ci si sente vicini al Signore; il contrario avviene quando si sottovalutano queste cose. I vantaggi che si acquisiscono sia per questo mondo che per il mondo a venire quando si fa attenzione nelle questioni della *keduscià*; i danni recati in questo mondo e nel mondo future dalla sottovalutazione di queste questioni.

PRIMA PARTE
1. Ogni ebreo vuole sentirsi legato al Signore, come scrive il re David nel Salmo 42:" La mia anima è assetata di D-o, del D-o

vivente. Quando potrò venire e mostrarmi davanti a D-o?" Questo legame è una grande *mizvà* ed è il più grande piacere che possa esistere. Tuttavia per acquisirlo non basta eseguire le cose che servono a questo ma bisogna fare anche attenzione alle cose che impediscono il raggiungimento della meta.

2. L'impedimento più grande che possa esistere ai fini di questa cosa è la mancanza di pudore e di *keduscià*. Nella *parashà* di Ki Tezzè 23,15 è scritto:"Poichè il Signore tuo D-o cammina in mezzo al tuo accampamento per salvarti e per consegnarti i tuoi nemici, il tuo campo dovrà essere come cosa sacra, Egli non dovrà vedere in te alcuna cosa sconcia perchè si ritrarebbe da te." Il verso ci insegna che per un ebreo la cosa dalla quale più dipende il legame col Signore è l'attenzione nelle questioni di *keduscià* e pudore, grazie alla quale arriva dentro l'anima umana *luce* divina ed *influenza* spirituale.

3. Nel trattato di Ketubot 46a e Avodà Zarà 20b impariamo che come attenzione a mancanza di pudore si intendono anche cose che non sembrano alla gente così gravi, come mancanza di attenzione a quello che vedono gli occhi e a ciò che si pensa. Vedasi lì il talmud, dove impariamo che queste cose sono garvissime e allonatanano dall'uomo la *luce* del Signore.

4. Quanto scritto sopra riguarda l'indebolimento del legame col Signore, causato dalla mancanza di *kedushà* e pudore. All'infuori di questo, è chiaramente scritto nel verso che c'è anche una perdita materiale: Se mai sia non si sta bene attenti in queste cose, viene a mancare la protezione ed il successo in guerra. Il Chafez Chaim nel commento alla *Torà* ha scritto che nonostante il verso parli di guerra, la stessa cosa è in tutti gli altri campi: La buona riuscita dell'uomo dipende dalla Presenza Divina su di lui e nelle sue azioni, ma Questa dipende dall'attenzione dell'uomo nelle questioni di *keduscià* e pudore. Di conseguenza ha scritto che la maggior parte delle disgrazie che capitano all'uomo in questo mondo dipende da mancanza di *keduscià* e pudore, vedasi lì. Chi è al corrente di questo capisce come sia grande l'obbligo dell'attenzione in queste cose. Anche nei casi nei quali gli sembra che stare attento gli sia difficilissimo, capirà che gli conviene molto di più fare attenzione che inciampare e che le conseguenze della sua azione riguardano non solo lui personalmente ma tutto il popolo d'Israele, come spiegato più avanti nel capitolo 6, vedasi lì.

5. Si potrebbe domandare: In realtà vediamo dei giusti che fanno molta attenzione a queste cose ma una parte hanno successo nella vita mentre altri soffrono! Così pure, ci sono malvagi che non fanno per nulla attenzione a queste cose ma una parte hanno successo nella vita ed altri soffrono! Come può il Chafez Chaim scrivere che questa è la causa delle disgrazie nella vita!? Ma non è affatto una domanda, come ha spiegato il Keillot Jaacov: Viene decretato per ogni uomo quando nasce quali dovrebbero essere le sue vicende; per alcuni viene decretato meglio, per altri meno bene; dipende da motivi a noi nascosti, in base alle radici delle anime ed a vite precedentemente vissute etc. Dopo questo decreto, il suo cambiamento dipende dal comportamento, vedasi talmud trattato di Berachot 61b. Il Chafez Chaiim intende dire che nulla più della mancanza di attenzione in questioni di *keduscià* e pudore cambia in male la situazione dell'uomo rispetto al decreto inziale .

6. Rispettivamente a come stanno le cose riguardo alla punizione, come sopra spiegato, succede il contrario riguardo la ricompensa: Nulla al mondo lega l'animo umano al Signore come la grande attenzione in questioni d *keduscià* e pudore, attraverso la quale si arriva ad un meraviglioso *attaccamento* al Signore. Anche riguardo alle cose di questo mondo: La più grande protezione da nemici e disgrazie è l'attenzione in questioni d *keduscià* e pudore.

7. Anche nel mondo a venire: La punizone per mancanza di attenzione in questioni d *keduscià* e pudore è gravissima, mentre la ricompensa per la molta attenzione in questo è grande e potentissima.

SECONDA PARTE

1. L'utilità dell'attenzione alla *keduscià* per la buona riuscita nello studio della *Torà* è poi indescrivibile ed è questa la grande radice per l'ascesa dell'uomo nello studio della *Torà*.

2. Nel brano della *Torà* inerente alla *mizvà* dello *zizzit* è scritto:"... non devierete seguendo i vostri occhi ed il vostro cuore; seguendoli voi diverreste infedeli"; subito dopo è scritto:"Affinchè vi ricordiate...". La vicinanza del verso che dice *non devierete seguendo i vostri occhi* al verso che dice *vi ricordiate* è riportata nei libri come un cenno al fatto che l'attenzione al non vedere le cose vietate è un aiuto trascendentale per ricordarsi la materia studiata.

3. Non intendiamo dire, mai sia, che colui che non riesce a fare attenzione in questioni di *keduscià* debba allontanarsi dalla fatica dello studio della *Torà*; anzi, proprio grazie a questa fatica, con il tempo riuscirà ad acquisire *keduscià*. Infatti troviamo nel trattato di Sukkà 52b e Kiddushin 30b che lo studio della *Torà è il grande distruttore* dell'istinto cattivo, come dice Tana DeBe Rabbì Ishmael:"Se questo farabutto ti ha incontrato, ossia l'istinto cattivo, trascinalo al *Beth HaMidrash*; se è ferro, scoppia, come è scritto *ecco le Mie parole sono come fuoco ha detto il Signore, come un martello che frantuma la roccia*; e se è pietra si scioglie, come è scritto *chiunque abbia sete vadi dove c'è acqua*".

4. Allora, quando acquisirà la *keduscià*, meriterà di ascendere nello studio della *Torà* ad un livello più alto di quello in cui si trovava prima di aver acquisito il pregio della *keduscià*.

5. Ugualmente, circa quanto scritto nella prima parte circa l'*attaccamento*, non si intende che colui che non riesce a fare attenzione in questioni di *keduscià* non debba sforzarsi nell'*attaccamento*; anzi, si forzi al massimo, in ogni caso, per l'*attaccamento* e questo l'aiuterà, col tempo, a rinforzarsi anche sulla questione della *keduscià*.

Secondo capitolo
L'essenza dell'istinto cattivo e quanto sostengono alcuni che il loro istinto è più forte di quello degli altri

1. Per riuscire meglio nella guerra contro l'istinto bisogna un poco spiegare circa l'essenza di questo. Nel peccato dell'albero della conoscenza del bene e del male il seduttore era il serpente, un fattore esterno all'uomo, mentre oggi l'istinto ci sembra provenga da dentro l'uomo. Invece nel libro Nefesh HaChaim scrive che in effetti anche oggi l'istinto cattivo non è parte dell'uomo ma una forza spirituale esterna che combatte contro l'uomo, solamente che, per via del peccato dell'albero della conoscenza, il bene si è mischiato con il male sicchè ci sembra che il male sia una parte di noi, ma è solamente immaginazione.

2. Questo fatto che l'istinto sembra essere parte dell'uomo reca un danno gravissimo perchè se l'uomo si rendesse conto della verità, che l'istinto cattivo è un fattore esterno che lo odia e lo vuole danneggiare, gli sarebbe molto più facile combatterci, avendo compreso che esso è contro di lui.

3. Questo è come nelle guerre di questo mondo, dove il pericolo maggiore si presenta quando il nemico riesce a mascherarsi come non appartenesse ai nemici, sicchè non sappiamo salvaguardarci da lui.

4. Per quale motivo le forze del male vogliono così tanto farci inciampare? Rav Haim Vital nel libro Sciaar haGhilgulim spiega a nome dell'Arì che in cielo è riservata per ogni uomo una certa quantita di *abbondanza spirituale*, dalla quale dipende il suo successo in questo mondo e nel mondo a venire. Le forze del male vogliono rubare quest'*abbondanza*; se riescono a far cadere l'uomo nel peccato allora possono riuscire a rubarla: per questo le lettere che compongono la parola פשע *pescia~* peccato sono, in altro ordine, le stesse che compongono la parola שפע *sciefa~*abbondanza, perchè lo scopo delle forze del male nel peccato è cambiare la destinazione dell'*abbondanza spirituale* per farla arrivare mai sia a loro invece che all'uomo.

5. Questo è anche uno dei motivi di quanto scritto nel trattato di sukkà 52 fine b: "Chi è più grande degli altri, anche il suo istinto è più grande". Avendo costui molta *abbondanza spirituale* le forze del male potrebbero voler rubargliela, così come in questo mondo i ladri cercano di rubare da chi è più ricco.

6. Quindi se un uomo si rende conto di avere un istinto cattivo più grande degli altri sappia che questo non è un motivo per cadere ed inciampare. Anzi capisca che dal Cielo gli è stato dato il compito di combattere più forte in guerra; grazie a questo arriverà a livelli più elevati. Così pure, se una persona vede che in un determinato periodo viene provato più frequentemente non cada bensì capisca che si tratta di un periodo nel quale può ricevere maggiori forze di

keduscià; combatta quindi aspramente per spezzare l'istinto ed allora ascenderà, con l'aiuto del Signore, ad altissimi livelli.

Il Keillot Jaacov, nel suo libro Kariana Delggarta, risponde ad un alunno il quale si lamentava che le cose che disturbavano lo studio presso di lui erano più grandi di quanto lo fossero presso gli amici che se questo era vero era una dimostrazione che sarebbe arrivato a livelli più alti.

7. Il grande principio è evitare le prove! L'istinto cattivo cerca sempre di condurre l'uomo in errore verso prove difficili affichè poi, mai sia, gli ubbidisca. Quindi bisogna sforzarsi al massimo di sfuggire alle prove. Infatti i Nostri Maestri hanno formulato per la mattina una preghiera che dice:"Non portarci alla prova". È scritto anche nel trattato di Shabbat 13a ed in molti altri punti del talmud:"Al *nazir* gli si dice *gira intorno, ma alla vigna non avvicinati!*" Al *nazir* è vietato mangiare uva e perciò quando deve andare da una città all'altra, se pure è la strada diretta che passa attraverso vigne, gli è vietato passare di lì. Deve invece allungare la strada ed aggirare la vigne, anche se ciò implica grande fatica. Nonostante la stessa *Torà* non ha vietato al *Nazir* se non di mangiare uva ma non di entrare in una vigna, tuttavia glielo si vieta per timore che venga tentato a mangiare uva. In molti punti del talmud [vedasi la lista nel trattato di Shabbat 13a nella Masoret HaScias] si deduce da qui anche circa tanti altri argomenti che l`uomo deve crearsi molte cose per allonatanarsi dal divieto. Anche nelle Massime dei Padri dei Padri cap.1 è scritto che bisogna fare una *siepe* alla *Torà*. Il Chazon Hish nel libro Emunà uBitachon scrive che anche nelle cose che il talmud non paragona al *Nazir* bisogna fare molta attenzione di non avvicinanrsi alla prova. Comunque se, D-o guardi, per qualche motivo è arrivato alla prova, non cada bensì combatta con tutta la sua forza un'aspra battaglia per non inciampare, e grazie a questo arriverà ad altissimi livelli.

Terzo capitolo
L'importanza di non saperne nulla delle questioni *cattive*

1. C'è chi pensa che anche se non vuole comportarsi in maniera considerate mancanza di *keduscià* e pudore, tuttavia deve deve

conoscere il male che esiste al mondo, cosa questa, secondo lui, permessa. Questo è veramente un grande, amaro errore perchè vediamo nel talmud, trattato di Ketubot 46a e Avodà Zarà 20b, che il solo pensare a cose di questo genere è un grave divieto.

2. Il concetto è meglio spiegato e riportato con estrema severità negli scritti del Gaon di Vilna sulla cabala, nel suo commento al Sifra DeZeniuta cap.5 foglio 34 colonna 1. Lì scrive che da un certo punto di vista ad ogni individuo succedono situazioni come quelle raccontate nei cinque libri della *Torà* su Adamo, i Padri, Mosè ed il popolo di Israele. Non intende dire che necessariamente ognuno debba cadere nei peccati lì descitti ma che può essere messo alla prova in cose simili.

3. Secondo le parole del Gaon abbiamo quindi un grande obbligo di capire l'essenza del peccato centrale descritto dalla Torà, quello dell'albero della conoscenza, affinchè possiamo sapere come salvarci noi da esso.

4. È spiegato nel commento del Gaon allo Zoar, *parashà* di Pikudè, una pagina prima delle Echalot: Adamo, avendo mangiato il frutto della conoscenza, avvicinò il suo pensiero al male e per questa cosa ricevette una punizione enorme, che cambiò tutta la realtà del mondo.

5. Se mettiamo insieme gli insegnamenti del Gaon riportati ai paragrafi 2 e 4 possiamo definire che per ogni ebreo ritorna la prova di Adamo che era opporsi alla volontà di far conoscere al pensiero il male. Come ad Adamo sembrava fosse giusto mangiare dall'albero del frutto della conoscenza, anche in futuro potrà sembrare cosa buona e permessa sapere le questioni del male; in realtà è la grande radice del crollo dell'individuo nella vita.

6. Perciò si deve fare il massimo per salvaguardare se stessi ed i propri pensieri da ogni nozione negativa. Bisogna invece sforzarsi di occupare il pensiero solo di cose inerenti alla *keduscià*, di sudio della *Torà* e di pensieri di *attaccamento* al Signore perchè queste sono le cose che portano l'uomo all'apice delle più grandi virtù.

Chi è già caduto in questa mancanza si sforzi d'ora in poi di aggiustare la cosa ed allontanarsi quanto più dalla conoscenza delle cose cattive che esistono al mondo.

Quarto capitolo
Qualche dubbio della gente su queste questioni

1. Molti hanno le idee confuse circa situazioni pratiche non sapendo se la cosa sia vietata per mancanza di *keduscià* e *zeniut* o no. Ad esempio quando un undividuo è invitato a un ricevimento di parenti i quali gli hanno detto che nella festa vengono rispettate le regole dell'*alachà* mentre lui ha i suoi dubbi se in effetti i parametri corrispondono lì all'*alachà*. Ci sono tanti altri casi di dubbio su questi argomenti.

2. Su questi argomenti bisogna sapere una grande regola Ci sono due tipi di trasgressioni: Il primo, cose vietate dai Nostri Maestri per mancanza di *keduscià*, come il divieto di vedere e sentire determinate cose. Il secondo, il divieto di pensare a determinate cose. Quindi, se c'è una situazione permessa del tutto a priori, ma l'individuo sa che presso di lui il trovarsi in questa situazioine lo porterà a pensieri cattivi, mettersi lì è una cosa severamente vietata; infatti se pure si chiude solo in una stanza e pensa pensieri cattivi questa è una grave trasgressione!

3. La decisione se andare o no dipende dai particolari di *alachà* solo se l'individuo sa che la situazione non gli recherà danno nel pensiero. Anche in questo caso faccia molta attenzione prima di fidarsi di quello che gli dicono perchè purtroppo molta gente crede che gravi divieti siano invece cose permese e dicono pure che questa è l'*alachà*, mentre questa dice il contrario!

4. Circa quanto scritto sopra che anche quando un cosa è permessa, se l'individuo sa che a lui lo porterà a pensieri non buoni, è vietata nei suoi confronti, a volte l'istinto cattivo gli dice:"Se tu fossi una persona così integra, che non andando in quel posto rimane pulita nei tuoi pensieri, non andare, ma intanto comunque non ti trovi ad alti livelli e cadi in divieti etc...Quindi ti è inutile assumere un comportamento da giusto!" Questa è una considerazione che proviene solamente appunto dall'istinto cattivo perchè se pure un uomo non riesce a salvaguardarsi completamente come avrebbe voluto, tuttavia ogni particolare al quale sta attento è importantissimo in cielo e per questo riceverà grande ricompensa ed aiuto divino.

5. Ancora di più: C'è una grande differenza tra una trasgressione nella quale una persona cade suo malgrado perchè voleva stare attento è non c'è riuscito, e un inciampo che ha causato con le sue mani, andando in un posto problematico.

Quinto capitolo
Un racconto sconvolgente circa l'attenzione a non vedere cose vietate e la morale che ne deriva

PRIMA PARTE

1. Nel Yalkut Shimonì sulla *parashà* di VaJechì 161, a fine del foglio 51 ed inizio foglio 52, riporta dal Midrash Abkir: Successe un episodio con Rabbì Matià Ben Charash che si occupava di *Torà* nel *Beth HaMidrash*. Lo splendore del suo volto assomigliava al sole e il suo viso assomigliava agli Angeli del Servizio perchè non aveva mai alzato gli occhi per vedere una donna. Un giorno il Satan, passando, ebbe invidia e pensò:" È possibile forse che un uomo come questo non abbia peccato!?" Disse al Signore:" Re del mondo, Rabbì Matià Ben Charash, come lo consideri?" Gli rispose:"È un giusto, completamente integro!" Ribadì:"Dammi il permesso di sedurlo!" Il Signore:"Non ce la farai!" Il Satan:"Nonostante quanto dici dammi il permesso!" Il Signore:"Vai!" Si presentò davanti a lui con l'aspetto di una bella donna etc. Avendolo visto girò la faccia dall'altra parte. Di nuovo si presentò alla sinistra di Rabbì Matià. Girò la faccia a destra. Gli si presentò girandogli attorno da tutte le parti. Pensò Rabbì Matià:"Temo che l'istinto cattivo vincerà e mi farà peccare!" Cosa fece quel giusto? Chiamò quel discepolo che lo serviva e gli disse:"Vai a prendermi fuoco e chiodi!" Gli portò dei chiodi e se li conficcò negli occhi! Avendo visto questo, il Satan rimase sconvolto e cadde indietro! Allora il Signore chiamò Refael e gli disse:"Vai a guarire Rabbì Matià Ben Charash!" Andò e si presentò davanti a lui. Gli disse:"Io sono Refael e sono stato mandato per guarire i tuoi occhi." Gli disse:"Lasciami stare, quel che è stato è stato!" Tornò dal Signore e riferì:"Padrone del mondo, Matià mi ha detto così e così!" Gli disse:"Vai e digli che Io sono responsabilile che l'istinto cattivo non avrà dominio su di lui". Subito lo guarì!

2. Questo episodio del Midrash Abkir e del Yalkut Shimonì sopra decritto è stato riportato nel libro Rescit Chochmà, Shar Hakeduscià, cap.8 par. 39, pag.221, nel libro Seder HaDorot, parte dei Tannaiti ed Amoraiti alla lettera *mem*, voce *Rabbì Matià Ben Charash*, foglio 139a, nel Ben Hish Chai primo anno *parashà di VaEtchannan* nel discorso stampato prima delle *alachot,* e nel Taarat HaKodesh cap.3 par.19. Vedasi le note al Reshit Chochmà nuova edizione, dove sono riportate le fonti delle parole dei Nostri Maestri su questo episodio.

3. Ho visto chi scrive che l'episodio è riportato anche nel commento del Rashbaz [uno dei *rishonim*, contemporaneo del Rivash] alle Massime dei Padri e nel Midrash Aseret HaDibrot nel nono comandamento stampato nel libro Beth HaMidrash prima parte foglio 79, ma questi libri non sono ora a mia portata di mano.

4. Mi sembra che il Midrash Abkir non sia stato stampato fin ad oggi. Nel libro intititolato Midrash Abkir l'editore stesso scrive che non gli è arrivato in mano il Midrash stesso ma ha solo raccolto dal Yalkut Shimonì le citazioni da questo Midrash e le ha riunite insieme.

SECONDA PARTE

1. Abbiamo dunque visto fino a che punto Rabbì Matià Ben Charash era pronto a dare se stesso per salvaguardare gli occhi da viste proibite. Da qui bisogna trarre una morale e certo non intendiamo, D-o ce ne guardi, insegnare che ci si debba accecare per salvaguardare gli occhi; quel specfico tannaita, nel suo altissimo livello, sapeva che per lui era quello che doveva fare. Tuttavia sicuramente abbiamo molto da imparare dall'episodio. C'è gente che per comprare più a buon mercato o per altri simili motivi manda all'inferno il suo livello spirituale già acquisito, senza capire che tutte le perdite di denaro per salvaguardare gli occhi sono nulla rispetto l'enorme perdita di aver sottovalutato la protezione degli occhi:é un errore! Oppure spesso si va a un ricevimento dove c'è mancanza di pudore solo per l'imbarazzo di dire di no a chi ha invitato o per altro motivo: anche questo è un grave errore perchè il danno causato dall'aver esposto gli occhi a cose vietate è miliardi di volte più grande del fatto dell'imbarazzo o degli altri motivi.

2. Il Ben Hish Chai, primo anno *parashà* di VaEtchannan, scrive che in questo mondol'uomo deve fare attenzione a non rovinarsi gli occhi con peccati più di quanto debba fare attenzione alle altre membra, perchè quando si pecca con una deetrminata parte del corpo si rovina la corrispondende parte spirituale; ora, l'essenziale nel mondo a venire è godere con gli *occhi spirituali* dello *splendore della Presenza Divina* ma chi ha intaccato l'integrità dei suoi *occhi spirituali* rende difettosa la sua capacità di ricevere suddetta ricompensa.

3. Grazie alla tanta attenzione agli occhi l'uomo acquisisce un grande pregio ed arriva ad un successo soprannaturale nello studio della *Torà*.

4. Questa attenzione è anche di molto aiuto per la memoria della materia studiata, come hanno dedotto nei libri dalla vicinanza del verso che dice *non devierete seguendo i vostri occhi* al verso che dice *vi ricordiate*.

5. È famosa la reazione del Sefat Emet quando gli raccontarono della fenomenale memoria di Rav Josef Ruzin, compositore del commento alla *Torà*, *Zofnat Paneach* [aveva una memoria meravigliosa, anche rispetto alle generazioni precedenti]: "Probabilmente non gli è mai passato per la mente niente di cattivo". Mi sembra che le parole del Sefat Emet siano state riportate nel libro del nipote Lev Simchà. [Le nozioni del Sefat Emet sui livelli degli altri rabbini era meravigliosa. Rabbì Eliahu Lopian nell'introduzione al libro Lev Eliahu racconta che il profeta Elia si era presentatto dal Sefat Emet. Rabbì Eliahu Lopian stesso era attentissimo agli occhi, come risaputo, e riproverava gli alunni con molta severità su questo.

Sesto capitolo

Circa il grande pregio della *keduscià* e del pudore. Quando ogni singolo si comporta con *keduscià* e pudore porta vantaggio al tutto il popolo d'Israele.

DIVRÈ JAAKOV - PAGINE DI PENSIERO EBRAICO

1. Nei libri di *alachà* e di morale vengono lungamente specificati i particolari delle regole inerenti alla *keduscià* ed al pudore. Si spiega che l'obbligo di fare attenzione ad ogni inciampo circa queste cose è grande, come grandi sono il merito e la ricompensa per chi ci bada, o il contario D-o ce ne scampi Vedasi nei precedenti capitoli quanto ampiamente spiegato. In questo capitolo spiegheremo circa il vantaggio per tutto il popolo d'Israele dall'attenzione di ogni singolo in queste cose.

2. Nei Salmi è scritto circa il Mar Rosso quando si aprì:"Il mare vide e fuggì...". Domanda il Midrash Rabbà sulla *parashà* di VaJescèv:"Cosa ha visto il mare che è scappato!? Ha visto la bara di Giuseppe." Questo si deduce dal fatto che circa il mare c'è l'espressione *e fuggì* ed anche su Giuseppe il verso scrive *e fuggì*, quando scappò via per non incorrere nel peccato. Si spiega quindi che il merito grazie al quale si aprì fu il rifuggere di Giuseppe dal peccato. La cosa è spiegata più chiaramente nei Tikkunè HaZoar dove scrive che se Giuseppe non avesse retto alla prova, il Popolo d'Israele sarebbe affogato nel Mar Rosso. [Cosa ne sarebbe stato allora della promessa ad Abramo è un argomento da chiarire; esistono comunque diverse risposte. Vedasi anche quanto ho scritto ni commenti alla *Torà, parashà* di VaJescèv].

3. Il merito di Giuseppe per non aver ceduto alla tentazione era enorme: Bisogna infatti considerare che era un ragazzo rapinato dalla casa dei genitori, senza conoscenti che lo potessero riscattare. Mi sembra che lei lo minacciò che se avesse rifiutato lo avrebbe imprigionato per tutta la vita; infatti successe che alla fine lo mise in prigione, dove rimase per dodici anni, che anche questi erano una grande sofferenza. Secondo natura non aveva speranza di uscire mai più; quindi, per non aver ceduto, sarebbe dovuto restare per tutta la vita solo ed isolato, e così morire in prigione, senza famiglia. Se invece avesse accettato, normalmente nessuno lo avrebbe mai saputo all'infuori di loro due, ed avrebbe continuato con successo la sua vita come funzionario principale, nella casa di un grande ministro, e poi fare carriera verso i migliori successi della vita. Invece, grazie all'essersi astenuto dal peccato per timore di D-o, tutto il Popolo d'Israele si salvò al Passaggio del Mar Rosso.

4. Alla fine anzi, miracolosamente, si meritò il regno e di tornare a vivere col padre etc. A queste cose arrivò proprio grazie all'astensione dal peccato. In prigione infatto incontrò il capo dei coppieri il quale, avendogli interpretato il sogno, riferì al Faraone su di lui. Ecco che l'astensione dal peccato lo portò ad un grande successo nonostante che al principio a occhio inesperto sembrava il contrario.

5. Qui vediamo che grazie all'astensione dal peccato di un singolo, tutto il popolo si è salvato. In questo caso si tratta di astensione da un peccato nel completo senso della parola, ma troviamo che anche una piccola attenzione su questioni di *keduscià* e pudore porta *berachà* a tutto il popolo d'Israele, come riportato più avanti nella seconda parte, circa l'episodio di Kimchit.

6. I Nostri Maestri hanno dedotto dai versi e ci hanno svelato che grazie Giuseppe si sono salvati tutti. Secondo questo concetto dovremmo dedurre che in tutte le generazioni le attenzioni di singoli ebrei in queste cose ha portato salvezza a masse ebraiche.

7. Vedasi quanto spiegato nella terza parte circa il fatto che la forza di portare benedizioni e salvezze per tutto il popolo d'Israele è insita proprio nelle questioni della *keduscià* e del pudore.

SECONDA PARTE

1. I Nostri maestri riportano lo stesso concetto con l'episodio di Kimchit, dal quale vediamo che grazie all'attenzione di una sola donna in questioni di pudore venne il bene su tutto il Popolo d'Israele. È scritto nel trattato di Yomà 47a:" Kimchit aveva sette figli e tutti furono sommi sacerdoti. Gli domandarono i Maestri: Cosa hai fatto per meritarti questo? Gli rispose: Le travi del soffitto della mia casa non hanno mai visto le trecce dei miei capelli. Reagirono: Molti hanno agito così ma la cosa non ha aiutato. Comunque la sua asserzione che a lei quello che aveva aiutato era stata questa cosa fu accettata dai Nostri Maestri.

2. Infatti nel Talmud di Gerusalemme in diversi punti, Yomà cap.1 *alachà* 1 [foglio 5a], Meghillà cap.1 alachà 10 ed Orayot cap.3 *alachà* 2 è scritto, non come nel Talmud Babilonese, che i Maestri accettarono la sua asserzione che era grazie alla sua attenzione che si meritò i figli Sommi Sacerdoti e portarono anche un verso come conferma, vedasi lì.

3. È possibile che anche il Talmud Babilonese non sia in discussione con quello di Gerusalemme. Anche i Maestri del Babilonese avevano accettato che il merito prevalente fosse quello, ma intendevano solo dire che non sarebbe bastato quel merito e di sicuro aveva un altro merito personale o meriti degli avi. Sarebbe preferibile spiegare così per evitare l'ipotesi di una discussione su un dato di fatto tra il Talmud Babilonese e quello di Gerusalemme. [Nel commento al talmud del Rasciash riporta altri casi dove è stato detto *molti hanno agito così ma la cosa non ha aiutato*; in tutti quei casi il talmud intende solo dire che quel determinato merito di sicuro ha aiutato ma non bastava]. Anche se vogliamo asserire che la discussione c'è, la maniera nella quale il Babilonese ha esposto il dialogo sembra dimostarare che c'è una logica nella tesi di Kimchit. Comunque secondo il Talmud di Gerusalemme sicuramente le parole di Kimchit sono state accetatte.

4. Bisogna capire cosa c'è di speciale nel fatto che non andava a capelli scoperti neanche dentro casa. Se si intende quando c'erano degli uomini in casa, questa è una *alachà* che era osservata da tutti e non sarebbe quindi un particolare merito di Kimchit. Si intende invece che non scopriva mai i capelli anche quando non c'era nessuno, cosa questa se pur in genere possibile ma difficilissima da eseguire sempre. Per questo disse che fu grazie a questo sacrificio che ricevette una ricompensa. È quasi palese dalle parole del *talmud* che la questione era il suo rimanere con i capelli coperti anche quando non c'era nessuno in casa; infatti l'espressione precisa nel talmud è:" Il soffitto della mia casa non ha mai visto le trecce dei miei capelli."

5. La grandezza del merito d'aver un figlio Sommo Sacerdote è indescrivibile, a maggior ragione sette: Infatti questi ha il particolar compito di portare l'espiazione a tutto il popolo nel giorno di *kippur*; è l'unico che ha il permesso ed il dovere d'entrare nel luogo più santo e nel giorno più santo per agire a favore di tutti. Mi sembra che secondo la cabala anche durante il resto dell'anno le sue azioni abbiano un'influenza particolare per tutto il popolo. Quindi Kimchit grazie al suo merito ebbe una ricompensa benefica per tutta la società ebraica.

6. Il *talmud* parla di un certo comportamento inerente la pudicizia, riguardo ai capelli, ma possiamo dedurne in generale l'importanza della pudicizia e della *kedushà*, per uomini e per donne.[Il *talmud* di Gerusalemme riporta ancora un altro esempio di comportamento inerente la pudicizia ed anche dal verso lì riportato vediamo che l'importanza di questa è generale e non limitata a particolari specifici].

7. Nel caso di Kimchit era visibile che il suo comportamento portò merito per tutto il popolo d'Israele, perchè vedettero come i suoi figli diventarono sommi sacerdoti; i Maestri spiegano anche il nesso tra questa ricompensa e l'attenzione in argomento di pudicizia. Noi dobbiamo dedurre che molte altre attenzioni di altre donne in questi argomenti durante le generazioni hanno portato salvezza al popolo d'Israele.

TERZA PARTE

1. Nella prima e seconda parte abbiamo spiegato che attenzioni di singoli in argomenti inerenti *kedushà* e pucidizia hanno il potere di portare bene a tutto il popolo. Bisogna capire il motivo per cui proprio questi argomenti hanno questa forza; nonostante abbiamo spiegato, soprattutto nel quarto capitolo, che ogni *mizvà* ed ogni astensione dalla trasgressione salva il popolo perchè incrementa l'emanazione Divina dai mondi celesti, tuttavia sembra che questi argomenti abbiano un'influenza particolare.

2. Va spiegato secondo i segreti della cabala sui quali è difficile dilungarsi. Qui daremo una delle spiegazioni, basata appunto su un concetto cabalistico, riprendendo più che altro quanto scritto dal Ramchal nel libro Adir BaMarom, capitolo initolato Ichud haGan, perchè la sua lingua è più comprensibile. [In una lettera dell'Agrash di Amzislaw (grande *chacham* le cui parole sono a volte riportate nella Mishnà Berurà), discepolo dell'Agrach di Vologin, scrive a nome dell'Agrach che testimoniò a nome del Gaon di Vilna circa la grandezza del Ramchal nella cabala. Nella stessa lettera l'Agrash di

Amzislaw racconta di avere riferito all'Agrach che il libro Adir BaMarom del Ramchal è pieno di grandi segreti circa quel che succede nei mondi celesti ed in particolare l'articolo Ichud HaGan; il Grach confermò la cosa. Noi dunque riporteremo la spiegazione dell'Ichud HaGan.]

3. Il concetto, come già scritto, è che attraverso le buone azioni degli ebrei vengono *aggiustati i mondi celesti* ed allora perviene da essi un'emanazione di bene, spirituale e materiale, su tutto il popolo. Qui subentra un problema: Bisogna proteggersi affinchè quest'emanazione, o una parte d'essa, prima d'arrivare a noi, non venga presa da *forze superiori impure*. Il Ramchal spiega che questo è un gran problema per via del quale solo una parte di quest'emanazione scende su questo mondo, mentre l'altra viene conservata nei mondi celesti, per il popolo d'Israele nel Mondo Futuro; se scendesse ora andrebbe perduta. Aggiunge che con certi sistemi si più salvuaguardare quest'emanazione affinchè non se ne impossessino *le forze impure*; adottando questi sistemi si acquisisce un gran merito perchè si permette al popolo ebraico di ricevere un'abbondante emanazione di bene, spirituale e materiale già in questo mondo.[Questo non a scapito di quella del mondo Futuro; al contrario quest'emanazione sarà motivo d'acquisire ancora altri meriti in questo mondo.Vedasi lì a fondo le parole del Ramchal.]

4. Rimane da indagare qual'è il sistema per salvuardare quest'emanazione e permetterne l'arrivo al popolo. Cercando bene nella cabala si arriva ad una chiara risposta:facendo attenzione alle *alachot* inerenti la *kedushà* e la pucidizia, sia ciò che è inerente ai maschi che ciò che è inerente alle femmine.Ogni tipo d'attenzione salvaguarda potentemente l'emanazione sopra nominata. È difficile entrare qui nei particolari del perchè proprio questi tipi di *mizvot* abbiano questa potenza, essendo una questione lunga e complessa. Spiegheremo qui brevemente sperando che intenditori di cabala capiscano. Ci sono le cosidette *sfere celesti* una parte delle quali in particolar modo vanno protette da ogni legame con la *forza* chiamata nella cabala *la forza del* *serpente antico*. Per proteggersi da questa forza bisogna badare in particolar modo a questioni inerenti la pucidizia.

5. Ora è comprensibile perchè ci sia bisogno di attenzione in queste cose affinchè il bene arrivi al popolo d'Israele, nonostante già ci siano i meriti di tanto studio della *Torà* e delle *mizvot* positive e negative inerenti ai rapporti tra uomo e D-o ed a quelli intersociali; così pure ci sono i meriti delle *tefillà* e di tutte le altre cose inerenti al servizio del Signore. La spiegazione è che sia pur *risvegliando* tutto ciò l'emanazione Divina, questa viene però in parte fermata affinchè non se ne impossessino le *forze impure* e conservata per il mondo futuro. Ma grazie al rigore in questioni inerenti a *kedushà* e pucidizia si protegge quell'emanazione che già esisteva grazie alla altre *mizvot* e le si permette di scendere; questo è facile perchè non bisogna *produrla* ma solamente darle la possibilà d'arrivare, proteggendola.

6. Per meritarsi il Passaggio del Mar Rosso ed una buona riuscita nel servizio dei Sommi Sacerdoti c'era bisogno di questo tipo di meriti proprio perchè, essendo cose inerenti a tutto il popolo, ci volevano diritti per le *mizvot* di tutto il popolo, ma questi andavano salvaguardati affinchè il bene non finisse in mano delle *forze impure*. Per proteggerli c'era bisogno di meriti inerenti la pucidizia.

QUARTA PARTE

1. Tutto questo deve stimolarci a fare molta attenzione a questioni di *kedushà* e pucidizia sia per l'importanza della *mizvà* che per la gravità delle trasgressioni inerenti a queste cose.[Ogni *mizvà* compiuta o trasgredita infuisce in bene o in male sul tutto il popolo come spiegato al cap.4].

2. Più particolareggiatamente, lo stimolo può derivare da diversi ragionamenti: il fatto che questi argomenti abbiano così tanta influenza di bene per tutto il popolo ebraico, che facendoci caso si *soddisfa* la volontà di D-o, il Quale vuole che aiutiamo il Suo popolo, che si sviluppa così in noi la misericordia verso così tanti ebrei bisognosi di salvezza.

3. Spiega Rashì, se non erro, nel trattato di *Avodà Zarà*, che riguardo all'attenzione a non fare trasgressioni esistono due tipi di accortezze: il primo, quando si presenta una situazione nella quale dobbiamo far attenzione a non incorrere nel peccato e il secondo, programmarsi la vita in modo dal dover incontrare il meno possibile situazioni che potrebbero indurre al peccato. Se questo discorso è generico per tutte le *mizvot*, a maggior ragione è valido in argomenti inerenti alla *kedushà* ed alla pucidizia. Infatti è dimostrato che non basta l'attenzione nel momento della prova bensì bisogna programmare come non arrivare a situazioni nelle quali è difficili rimanere integri del tutto, quindi cercare di non arrivare in luoghi dove potremmo inciampare.È difficile dare indicazioni specifiche ma in linea di massima possiamo dire che si deve cercare di trovarsi il più possibile nei templi e nei *battè midrashot*, essendo questi i posti più sicuri e lì occuparsi di *Torà* la quale è la maggior forza che possa salvaguardarci.

4. In particolare quando non si tratta di dover decidere solamente dove trovarsi in certe ore, bensì di stabilire cosa si fa nella vita e quale carriera intraprendere, allora sicuramente deve essere rilevante nella decisione la possibilità di fare attenzione a questioni inerenti *kedushà* e pucidizia; più si lascia spazio a tempi di studio nel *beth midrash* e meglio è.

5. In certi posti chi vuol badare ad un comportamento conforme a tutti i particolari dell'*alachà* viene preso in giro; ma non bisogna farci caso e non bisogna vergognarsi, come scrive lo *Shulchan Aruch* all'inizio di *Orach Haiim*. Pensi invece che la verità è con lui e che non abbiamo se non l'opinione della nostra santa *Torà* e che in futuro coloro che lo scherniscono ammetteranno che aveva ragione e lo ringrazieranno perchè con le sue accortezze nell'osservanza ha portato bene a tutto il popolo.

6. A volte se nel luogo dove si vive e lavora o nell'ambiente che si frequenta si viene presi in giro per via dell'osservanza, la cosa migliore è cambiare società per non incorrere in tentazioni e per altri vari motivi. Certo non si può generalizzare perchè in certi casi un cambiamento non è positivo, a condizione che lo scherno non induca ad arrendersi scendendo dal prorio livello di pudicizia e *kedushà*.

DIVRÈ JAAKOV - PAGINE DI PENSIERO EBRAICO

PER DIVERSI MOTIVI HO AVUTO MOLTI DUBBI SE STAMPARE QUESTA LETTERA.
POI, DELLE PERSONE CHE HANNO SOFFERTO DI QUESTI PROBLEMI MI HANNO RIFERITO CHE QUESTO CONTENUTO LI HA AIUTATI A SUPERARLI ED ALLORA HO DECISO DI STAMPARLA QUI

PRIMA PARTE

Egr.Sig ..., Innanzitutto premetto che mi è difficile scrivere poichè ho molti peccati in generale ed in particolari in questioni inerenti alla *keduscià*. Magari avrò il merito di fare *tesciuvà*!

1. Lei mi chiede di spiegarLe le parole del talmud babilonese nel trattato di Niddà 13 a b e dello Shulchan Aruch Even HaEzer 23 dove ci sono scritte cose terribili sulla gravità del causare una fuoriuscita di sperma invano. Più precisamente Lei vuole sapere il motivo di questa gravità.

2.Vuole inoltre capire perchè i Nostri Maestri hanno definito questo peccato *assassinio*, rimanendoLe difficile comprendere il paragone.

3. Dalla Sua lettera si capisce che Lei domanda sinceramente e crede nelle parole dei Nostri Maestri, anche quando non le comprende. Lei vuole cercare di capire meglio, ed inoltre spera che capendo meglio Le sarà più facile far attenzione. Con l'aiuto del Signore, in seguito porteremo la spiegazione ma devo premettere che è parziale, perchè ci sono ancora motivi che non è il caso di riportare qui.

4.Troviamo una spiegazione nella cabala, nel libro Shaar HaCavanot, nei discorsi sulla lettura dello *shemà* prima di coricarsi, discorso 7 [foglio 56 colonna 2 nell'edizione comune]. È un libro che riporta gli insegnamenti dell'Arì, scritto dal suo discepolo Rabbì Chaim Vitàl. Riporterò le cose aggiungendo spiegazioni. Il Signore ha creato il mondo in maniera tale che ogni azione commessa qui dall'uomo ha la sua conseguenza nei mondi superiori [come ampiamente spiegato in diversi scritti dei Nostri Maestri e nel libro Nefesh HaChaim (primi capitoli del Shaar 1)]. Una delle conseguenze nei mondi superiori della fuoriuscita di sperma dal corpo umano è l'uscita di un'anima dal *deposito delle anime*. Se la furiuscita avviene per conseguenza di un giusto rapporto che porta alla formazione di un corpo, allora quell'anima entra in questo corpo che si è creato e ne viene un essere umano, vivo. [Non è questo il luogo per spiegare cosa avviene quando il giusto rapporto non porta alla procreazione]. Quando la fuoriuscita di sperma avviene peccaminosamente, esce sempre un'anima dal *deposito delle anime*, ma quest'anima, invece di essere immessa in un corpo umano, va a mettersi presso le *klippot*, dove una forza spirituale dannosa diventa il suo *corpo*. La cosa è considerata un assassinio perchè per l'anima la disgrazia di essere immessa nel *corpo di uno spirito dannoso* è paragonabile ad un omicidio, e in un certo senso lo è, perchè l'anima viene trasferita dal posto dove stava e messa in una situazione diversa. Questa è per quell'anima una cosa indescrivibilmente difficile ed amara. Fin qui le parole del Shaar HaCavanot con qualche spiegazione aggiuntiva.

5.Bisogna inoltre sapere quanto spiegato nei *sefarim ha-kedoshim*: Il successo dell'uomo in questo mondo, sia nelle cose materiali che in quelle spirituali, dipende dall'*influenza spirituale* che si riversa si di lui dal cielo. In ogni momento, per ogni persona è stabilita una certa quantità di questa *influenza*, quantità che dipende da diversi fattori. Molto spesso, se si causa una fuoriuscita di sperma peccaminosamente e non si fa *tesciuvà*, vengono quegli spiriti dannosi la cui anima proviene dall'azione di questa persona, e si prendono per loro stessi quest'*influenza spirituale*, privandone la persona. Moltissima sofferenza viene quindi causata attraverso questo, che D-o ce ne scampi e liberi!

6.Circa la gravità di questo divieto vedasi ancora nello Zoar, *parashà* di VaJescèv, foglio 188a e *parashà* di Vajechì, foglio 219b. Questo è anche riportato dal Beth Josef, Even HaEzer par.25 nel Bedek HaBait foglio 46a, pag. 224 nella nuova edizione[nelle note del Tur HaChadash, a pag.221 par. 6, sono state copiate le parole dello Zoar sopra citato, vedasi lì].

SECONDA PARTE

1.Ora ci troviamo nel periodo dei Sciovavìm, nel quale, secondo la tradizione che abbiamo ricevuto dai Nostri Maestri, bisogna rafforzare l'attenzione a due divieti: uno, questo del quale stiamo trattando, e l'altro, il divieto della *niddà*. È quindi il caso di scrivere qualche parola sul divieto della *niddà*. Riguarda sia rapporti con donne sposate che ragazze; queste ultime sono tutte *niddot*. Il Chafez Chaim scrive nel suo articolo sul divieto della *niddà*:"Tutti sanno che I divieto della *niddà* non è solamente una *mizvà negativa*, come il divieto di mangiare il maiale e simili, bensì è passibile di *karet~recisione*: vuol dire che ambedue non arriveranno all'età alla quale sarebbero dovuti arrivare ed anche se, grazie ad altri meriti, vivranno a lungo, la loro anima sarà recisa, ossia perderà l'immortalità. Su questo è scritto *sarà recisa del tutto quella persona dinanzi a Me*; ossia, poichè il Signore si trova ovunque, non ci sarà più posto per quell'anima [A meno non faccia *tesciuvà*]. Questa punizione è mille volte più terribile anche della morte, perchè mentre la morte riguarda solo la vita in questo mondo mentre il *karet* recide la vita eterna. Questo dopo che l'anima ha ricevuto la punizione del terribile *gheinnom* dove soffre amare sofferenze pe ogni volta che ha trasgredito." Scrive lì inoltre circa il pericolo che si presenta per i figli di quei genitori che hanno trasgredito e menziona altri cose gravi.

2.Il Chafez Haim scrive ancora che tutti devono sapere quanto ogni studioso di *Torà* sa, ossia che il divieto della *niddà* fa parte dei divieti sui rapporti proibiti, categoria sulla quale vige la regola di *si farà uccidere e non trasgredirà*. La gravità è tale che ogni ebreo deve sacrificarsi, a costo di farsi uccidere a fil di spada o sul rogo, per non tragredire questo divieto. Poi spiega un grande concetto di base: Il fatto che la regola su questo è *si farà uccidere e non trasgredirà* non ci insegna solamente una regola ma ci fa capire che il difetto causato da questo pecccato è così grave che conviene morire piuttosto che trasgredirlo!

3.Per rendere chiara idea facciamo un esempio: Due uomini sono andati in un'automobile verso un'altra città. Durante il viaggio è successo un incidente che ha causato la morte dell'uno mentre l'altro ne è uscito incolume. Arrivato alla città di destinazione, ha trasgredito il divieto di *niddà*. Ecco, questo secondo è danneggiato ed ha perso molto più di quanto abbia perso colui che ha perso la vita nell'incidente.

4.Bisogna sottolineare un punto circa il quale molti sbagliano: È vero che la punizione di *karet* è solamente per il rapporto con la *niddà*, ma invece il divieto che non va trasgredito anche se minacciano di ucciderci riguarda anche solamente l'abbraccio o il bacio con una *niddà*, come scrive il Chafez Chaim nel libro Gader Olam, nell'articolo finale. Ripetiamo qui lo stesso esempio di prima: Due uomini in viaggio hanno avuto un incidente; uno è morto e l'altro, arrivato in città, è incorso nel divieto di bacio e di abbraccio di una *niddà*. Anche in questo caso quest'ultimo è rimasto danneggiato ed ha perso più di quanto abbia perso il primo che ha lasciato la vita nell'incidente.

5. È evidente che la donna è considerata *niddà* non solo durante le mestruazioni ma tutto il tempo finchè, dopo terminate le mestruazioni, non si immergerà nel *mikwè* secondo le regole. La gravità è la medesima che durante le mestruazioni. Quindi la persona intelligente deve fare attenzione ad allonatnarsi dalle strade che conducono alla morte e scegliere invece le strade della vita. [Circa quanto scrive il Chafez Chaim che sul divieto della *niddà* vige la regola di *si farà uccidere e non trasgredirà*, vedasi nel libro Torat Halchud cap.1 nota 2, da pag.10 a pag.13, dove si dilunga portando dimostrazioni a questo, da moltissimi *poskim*, dei tempi passati e più recenti]. Chiunque sia incorso in una delle cose sopra citate si affretti a fare *tesciuvà* sulle sue azioni e sarà scusato.

TERZA PARTE

1. Dopo aver ampiamente spiegato la gravità del divieto di causare fuoriuscita di sperma invano è giusto rispondere alla domanda come si fa *tesciuvà* su questa cosa. La domanda è frequente perchè i *poskim* hanno riportato lo Zoar dove è scritto che è difficile fare *tesciuvà* su questo peccato. Innanzitutto bisogna riportare il Rescit Chochmà nel Sciaar HaKeduscià dove scrive che mai sia pensare che non sia affatto possibile far *tesciuvà* su questo! Sicuramente è possibile ma, per diversi motivi, c'è bisogno di una *tesciuvà* più intensa.

2. Le componenti principali della *tesciuvà* sono conosciute dai libri

di *alachà*: Il pentimento, il *vidui* (dire al Signore i peccati che abbiamo commesso) e l'attenzione in futuro. Bisogna sapere quanto scrive Rabbenù Yonà nel Sciaarè Tesciuvà che è vero che dopo ogni *tesciuvà* la scusa del Signore arriva, ma nella scusa ci sono diversi livelli che dipendono dall'intensità della *tesciuvà*. Ci può essere pentimento accompagnato da un po' di dispiacere ma ce ne può essere accompaganto da enorme dispiacere, si possono elencare i propri peccati senza troppa emozione ma si può farlo dal profondo del cuore. Così pure possiamo impegnarci a non ricadere nel peccato in futuro senza troppa concentrazione oppure possiamo deciderlo fermamente. Rabbenu Nissim Gaon spiega che la *tesciuvà* è d'aiuto anche se dopo si è ricaduti nel peccato. [Bisognerebbe in altra occasione dilungarsi a spiegare quanto scrive il Maimonide nelle Hilchot Tesciuvà che *tesciuvà* è stata effettuata *quando Colui che sa le cose nascoste potrà testimoniare che l'individuo non ricadrà nel peccato*. Comunque noi accettiamo quanto scritto da Rabbenu Yonà che per ogni *tesciuvà* ci sarà *selichà*, la cui intensità dipende dal grado di *tesciuvà*. Non necessariamente questo è in contraddizione con quanto scritto dal Maimonide].

3. Sappiamo anche dai nostri maestri, ed è ampiamente dimostrato, che il rafforzamento del nostro studio della *Torà* è la più grande riparazione di questo peccato. Questo per diversi motivi. Innanzitutto, come sopra spiegato, fare attenzione in futuro è parte della *tesciuvà* sul passato, e lo studio della *Torà* è di molta utilità per non ricadere: Infatti quando ci si occupa di *Torà* ci si *attacca* al Signore e di conseguennza ci si allontana dalle cose negative. Inoltre, grazie alla *Torà* l'anima riceve una potente *luce spirituale*. Poi ancora, questo peccato è grave perchè conseguenza di una situazione nella quale la persona ed il suo pensiero sprofondano in argomenti peccaminosi, ma invece studiando *Torà* il pensiero sprofonda nella purezza, ripulendosi da pensieri che sono il contrario della purezza. La *luce* della *Torà* ha poi il potere di pulire anche l'anima dai difetti accumolatisi come conseguenza di questo peccato, ed anche di riparare alla rovina causata perfino nei mondi superiori.

4. Nel libro Sciaar HaCavanot [sopra menzionato] scrive che la lettura dello *scemà* prima di coricarsi è un'altra grande riparazione: Ha la potenza di uccidere i *corpi* dannosi creatisi attraverso questo peccato, liberando le anime che erano in essi imprigionate, permettendogli di tornare al *deposito delle anime*. Più lo *scemà* viene letto con entusiasmo più è di utilità nella riparazione.

5. Altro comportamento riparatore: Quando ci si sforza affinchè lo studio, le *mizvot* e tutto l'inerente al servizio divino viene esguito quanto più dal profondo del cuore, con vitalità e se possbile, con entusiasmo. L'anima è composta da diversi strati ed in ogni azione si possono coninvolgere più o meno strati. Questo peccato e le cose che lo causano vengono spesso eseguiti coinvolgendo molti strati dell'anima; per questa ragione il servizio divino quando è eseguito dal profondo dell'anima è di molta utilità per la riparazione di questo peccato.Ancora di più la *tesciuvà* su questo peccato eseguita dal profondo del cuore e con entusismo è utile per la riparazione.

6. Un'altra grandissima riparazione è la salvaguardia degli occhi, ossia fare la massima attenzione a quel che si vede; questo comportamento quindi non solo è importante in se stesso ma anche di utilità per chi vuole riparare i danni causati dai suoi peccati. Appositamente abbiamo portato questo alla fine, perchè in realtà è il comportamento più basilare per mantenere la nostra *keduscià*: Il fatto stesso che facciamo attenzione già porta una *potentissima keduscià* all'anima; inoltre, grazie a questo non si incorre in situazioni che possono indurci al peccato. Ci sono due parti in questa attenzione:

a. Fare il massimo per non andare affatto nei luoghi pericolosi.

b. Se, D-o ce ne scampi, è capitato di arrivare in tali luoghi, stare attenti al massimo a non guardare. Così pure l'attenzione ad ogni legame con donne e ragazze è suddividibile in due parti.

QUARTA PARTE

1. Vogliamo qui ampliare il discorso sullo studio della *Torà*, menzionato già sopra come riparazione a questo peccato. Lo studio della *Torà* è il grande pilastro sul quale poggia il Popolo d'Israele. Riportiamo su questo concetto delle parole dei Nostri Maestri e dei commentatori.

2. Vedasi nel libro Scem Olam, *Sciaar Achzakat Torà*, cap.9, dove il Chafez Chaim scrive circa le seguenti parole: "È risaputo che lo studio della *Torà* è una delle *mizvot positive* della *Torà*,come è scritto *e le studierete e le osserverete per metterle in pratica*. La creazione dell'uomo è avvenuta essenzialmente solo affinchè si affaticasse nello studio della *Torà*: Infatti nel trattato di Sanedrin 99, nel capitolo intitolato *chelek*, il talmud spiega che quanto scritto *l'uomo è nato per la fatica* significa *per la fatica dello studio della Torà*, come dice il verso *non si allontani questo libro dalla tua bocca*."

3.Nel libro del Gaon Shenot Eliahu [un commento alle *mishnaiot*, stampato in qualche edizione alla fine del libro], nel commento al trattatto di Peà, cap.1 mishnà 1, scrive:"L'uomo deve nutrire molto amore per la *Torà* perchè ogni sillaba che si studia è una *mizvà* a se stante etc. Quindi studiando ad esempio un foglio si eseguono centinaia di *mizvot*". Le sue parole sono state riporatte anche dal Chefez Chaim nel libro Scem Olam, Sciaar Achzakat Torà, cap.9.

4. In seguito scrive il Chafez Chaim che da ogni parola di studio si crea un angelo che interviene presso Kadosh BarucU a favore di chi sta studiando.

5.Nel libro Nefesh HaChaim, nel *sciaar* 4, dal capitolo 11 fino al 34, scrive molto ampiamente circa la grandezza delle virtù che l'uomo acquisisce con lo studio della *Torà*. Vedasi lì quanto scrive circa le conseguenze dello studio per l'individuo: Si *riparano molti mondi superiori*, arrivano all'anima dello studioso *eccelse luci*, acquisisce il potere di portare salvezze per tutto il popolo d'Israele, la sua anima si rafforza con l'aggiunta di nuove forze di *keduscià* che aumentano enormemente le sue potenze e capacità spirituali, viene accompagnato da un enorme aiuto divino in tutte le sue cose.

QUINTA PARTE

1. Bisogna sapere che per merito dell'attenzione al divieto di *niddà* e nel non causare fuoriuscite inutilmente, l'uomo merita *potentissime luci* per la sua anima e fa pervenire tanta abbondanza per tutto il popolo d'Israele.

2. I Nostri Maestri scrivono che il miracolo del Passaggio del Mar Rosso è avvenuto per merito di Josef che resistè alla tentazione di un rapporto proibito. Vediamo quindi che grazie a Josef tutto il popolo d'Israele si salvò dalla morte.

3. Così pure vediamo nel Talmud Babilonese,trattato di Yomà, 47a, che una donna di nome Kimchit, grazie alla sua pudicizia ebbe il merito di vedere arrivare tutti i suoi sette figli alla carica di Sommo Sacerdote [la cosa è meglio descritta nel Talmud di Gerusalemme, Yomà 5a *perek alef, alachà alef*, Meghillà *perek alef, alachà yod*, ed Orayot *perek ghimel, alachà beth*; non è ora il luogo per dilungarsi a spiegare il Talmud Babilonese affinchè non sia in contraddizione con quello di Gerusalemme]. Le funzioni del Sommo Sacerdoto sono di grande utilità per tutto il popolo e vediamo quindi che l'attenzione di singoli in questioni di pudore e *keduscià* portano enorme bene a tutto Israele.

4. Ogni argomento nello studio della *Torà* ed ogni adempimento a *mizvà* è di grande utilità per tutto il popolo d'Israele, come spiegato dai Nostri Maestri e nel libro Nefesh HaChaim; tuttavia possiamo dire, sulla base di quanto abbiamo già precedentemente detto, che ogni particolare nell'attenzione a questioni di *keduscià* e pudore è di particolare beneficio per il Popolo di Israele. Abbiamo ampliamente spiegato la cosa, secondo la cabala, nel primo capitolo.

5.Nel libro Sciaar Maamerè Rashbì [scritto da Rabbì Chaim Vital, contenente gli Insegnamenti dell'Arì], nella vecchia edizione foglio 20 colonna 2, scrive che ognuno, a qualsiasi livello, qualsiasi attenzione ponga a questioni di *keduscià* e pudore, porterà così enorme e buona *influenza spirituale* a tutto Israele. È palese, aggiunge, che l'intensità di questa influenza dipende da quanta è l'attenzione; se si riesce a porre attenzione solo dopo sforzi evidentemente la ricompensa della buona influenza divina cresce.

Come portare la luce allo spirito

[Alcuni capitoli sono stati scritti essenzialmente per avvicinare persone lontane]

SOMMARIO
Primo capitolo L'esssenza dell'anima
Secondo capitolo L'anima ha bisogno di una luce spirituale
Terzo capitolo I sistemi per portare la luce allo spirito
Quarto capitolo Il sistema per vedere la luce che illumina l'anima
Quinto capitolo Il secondo sistema per vedere la luce che illumina l'anima
Sesto capitolo La *mizvà* dello shabbat
Settimo capitolo La santità della vita

PRIMO CAPITOLO
L'ESSENZA DELL'ANIMA

1. Lo scopo di questa pubblicazione è rendere chiaro ad ognuno di quanto l'anima sia profonda. Nonostante ognuno percepisca, ed a volte anche comprenda, che la propria anima sia qualcosa di molto più complesso di quanto si usa immaginare, non sa però come spiegarlo. Di conseguenza, non capendone la profondità, non sa come svilupparla ed invece di goderne viene preso da un'evitabile sensazione di vuoto ed impotenza.

2. L'unico sistema per salvarsi da questa sensazione è capire di più circa la grandezza dell'anima e cercare di identificarsi con essa: Allora l'anima riuscirà ad influire secondo la sua vera potenza sull'individuo che ritroverà così se stesso. Il contenuto di questa pubblicazione è basato sui più fondamentali libri di cabala: Lo Zohar, gli scritti dell'Arì (Rabbì Izchak Luria), del Rashash, dell'Agrà (Ha-Gaon di Vilna) e del Ramchal (Rabbì Moshè Haiim Luzzatto). Le cose che abbiamo scelto per il nostro libro sono quelle più essenziali per la comprensione dell'essenza dell'anima e del modo come si possa illuminarla potentemente in questo mondo.

3. L'uomo è composto d'anima e corpo. Cosa sia il corpo ognuno lo vede e lo capisce, ma cosa sia l'anima è un grande enigma. Per comprendere dobbiamo portare l'esempio dei raggi solari la cui fonte è il sole: Quando poniamo un'asse di legno tra i raggi ed il sole, non li vedremo più al di là dell'asse perchè tutta la loro essenza dipende dal sole e lo abbiamo ora coperto.

4. Spiega il Ramchal nell'opera Adir BaMarom che anche tutta l'essenza dell'anima è un'irradiazione spirituale proveniente dal Signore e non c'è niente in essa al di fuori di questo; l'anima è quindi un qualcosa di totalmente spirituale senza minimo aspetto materiale.

5. Bisogna domandare come è possibile che ci siano nell'anima anche delle tendenze negative; se essa è una diretta emanazione dal Signore dovrebbe essere completamente buona!? La risposta è che in effetti le tendenze cattive dell'uomo non derivano dall'anima, ma da certe forze spirituali che le si accompagnano e possono sedurla in direzione negativa, me in se stessa l'anima non ha nessun aspetto negativo, neanche minimo.

SECONDO CAPITOLO
L'ANIMA HA BISOGNO DI UNA LUCE SPIRITUALE

1. Ci sono al mondo due tipi di cose: le cose che non hanno bisogno di alimento, come i metalli o le pietre, e quelle che non ne hanno bisogno, come i vegetali e gli animali: se lasciamo una pecora a lungo senza cibo morirà, perchè lo spirito vitale la lascerà e dopo, anche la maggior parte del corpo marcirà.

2. L'uomo, come evidente, appartiene al secondo gruppo, ma non solo il suo corpo ha bisogno di alimento, bensì anche la sua anima. L'alimento dell'anima non è materiale bensì spirituale e in mancanza d'esso l'anima prova una sensazione di fame che a lungo andare si trasforma in angoscia.

3.L'individuo può nascondere il suo senso di vuoto ma ne è ben conscio, sicchè quasi ognuno ha due "compiti": il primo, nel quale a volte riesce, è cercare di convincere la gente che il suo animo è contento e sereno; il secondo, nel quale quasi sempre non ci riesce, è convincere se stesso.

4.L'unico sistema per risolvere veramente il problema è dare all'anima il suo alimento, ma allora bisogna prima chiarire quale sia l'alimento per l'anima.

5.La risposta la troviamo nel salmo di David numero 42:"Come il cervo anela ai corsi d'acqua, così la mia anima anela a Te, o D-o. La mia anima ha sete di D-o, del D-o vivente. Quando potrò venire e mostrarmi davanti a D-o?". Qui spiega il re David che l'alimento di cui ha bisogno l'anima e di cui ha *sete* è il ricevere un'illuminazione spirituale dal Signore; finchè non la raggiunge l'anima si sente come un cervo che vaga nel deserto cercando una sorgente d'acqua pura per dissetarsi.

TERZO CAPITOLO
I SISTEMI PER PORTARE LA LUCE ALLO SPIRITO

1. Il punto centrale è quindi come veramente raggiungere quest'illuminazione dal Signore, che è appunto l'alimento per l'anima. La risposta si suddivide in due parti che completano l'una l'altra.

2. La prima riguarda il legame col Signore, che si esprime parlandoCi, ad esempio leggendo i Salmi, dove il re David ha scritto in svariati modi richieste e ringraziamenti al Signore che esprimono l'anelito dell'anima a Lui.

3. La seconda riguarda il legame alla *Torà*, consegnata dal Signore ad Israele. Trattando di questo legame bisogna considerare che la *Torà* non è solo un libro pieno di sapienza, bensì contiene una luce spirituale proveniente dal Signore che si si riceve legandosi alla *Torà*.

4. Anche   in questo ultimo legame   ci sono due parti che completano l'una l'altra: lo studio della *Torà* e l'adempimento alle sue *mizvot*. In ogni momento nel quale si compie una *mizvà*, sia riguardante il rapporto col Signore che quello col prossimo, positiva, come i *tefillin* e aiutare il prossimo, o negativa, come l'astenersi dal mangiare il maiale o dall'offendere il prossimo, si attira verso la propria anima una luce spirituale proveniente dal Signore.

QUARTO CAPITOLO
IL SISTEMA PER VEDERE LE *LUCI* CHE ILLUMINANO L'ANIMA

1. Se è così ci si potrebbe domandare perchè molte persone sostengono di non aver *percepito* l'esistenza di questa *luce*, pur avendo studiato o eseguito qualche *mizvà*; in altre parole, qual'è il sistema di studiare ed osservare la *Torà* che assicuri la percezione di questa *luce* spirituale.

2. Per capire la risposta bisogna prima comprendere che nonostante questa *luce* illumini l'anima, in questo mondo essa si trova in un corpo che funge da schermo, impedendo parzialmente la *percezione* di questa *luce*.

3. Quando un chirurgo domanda ad un paziente operato, ancora sotto l'effetto dell'anestesia locale, se è disposto che tagli ancora qualche centimetro di più di quanto ci sia bisogno, se questi è stupido acconsentirà, altrimenti rifiuterà, perchè se pure ora non sente niente ma svegliatosi ne risentirà ed il dolore sarà maggiore per ogni centimetro in più tagliato.

4. Così l'anima in questo mondo, trovandosi nel corpo, è come addormentata e non *percepisce* con completezza la *luce*, fino dopo la morte, quando si separa dal corpo. Allora ci si renderà ben conto di come ogni *mizvà* compiuta in vita abbia creato una luce spirituale nell'anima, mentre ogni trasgressione l'abbia ferita.

5. La nostra domanda era se esiste un sistema in questo mondo per *percepire* l'esistenza della *luce* creata attraverso lo studio, le *mizvot*, la preghiera ed il pensare al Signore. La risposta è positiva perchè, anche se il corpo oscura questa *luce*, ne rimangono tuttavia alcune parti *percepibili* anche in questo mondo. Ci sono due sistemi per ingrandire queste parti di *luce* e *percepirle* intensamente.

6. Un sistema è studiare assiduamente e compiere *mizvot* in gran quantità: allora, pur percependosi in questo mondo solo una piccola parte della *luce* proveniente da ogni studio o *mizvà*, tuttavia, accumolandosi tante luci, anche le parti rimanenti saranno sufficenti per essere *percepite* intensamente.

QUINTO CAPITOLO
IL SECONDO SISTEMA PER VEDERE LE *LUCI* CHE ILLUMINANO L'ANIMA

1. Il secondo sistema per percepire intensamente la luce spirituale è molto più breve ma richiede molta attenzione e va capito bene. Innanzitutto bisogna rendersi conto che così come nel mondo della materia le azioni hanno un'influenza (ad esempio spezzando un'asse di legno si ricavano due assi, o unendo due assi con chiodi e martello se ne forma una), la stessa cosa avviene riguardo alle *luci* spirituali provenienti dal Signore: con la forza del pensiero, soprattutto se concentrato, l'uomo può agire su queste luci permettendone la *percezione*.

2. Questo, concentrando il pensiero mentre si studia la *Torà* o si compie una *mizvà*, innanzitutto sulla grandezza del Signore che ha creato e mantiene l'Universo; poi, pensando che lo studio o la *mizvà* che si sta eseguendo fungono da collegamento spirituale dell'anima col Signore, attraverso il quale passeranno l'emanazione e la *luce* Divina. Senz'altro la forza del pensiero ha il potere d'agire in questo senso sicchè l'uomo in un breve lasso di tempo durante il quale studia o esegue una *mizvà*, può realmente *percepire* questa sublime *luce*. Dilungarsi di più, in un piccolo libro come questo, non è possibile, ma già quanto scritto dà grandi possibilità per arrivare alla vera *luce* ed al piacere che deriva dal legame dell'anima con il Signore. Se adotteremo ambedue i sistemi riportati, abbondare nello studio e nelle *mizvot* ed inoltre concentere il pensiero come sopre descritto, la sensazione spirituale che ne deriverà sarà ancora più intensa.

SESTO CAPITOLO
LA MIZVA' DELLO *SHABBAT*

1. Una delle *mizvot* più basilari della *Torà* è quello dello *shabbat*. Ci sono diversi motivi per ogni *mizvà*, alcuni secondo la cabala. Ci limiteremo qui a spiegarne uno, secondo la cabala: rispettivamente ad ognuno dei giorni della settimana ci sono delle *luci* nei *mondi superiori*; ogni giorno il compito dell'uomo è *migliorare* (*letakken*) la *luce* rispettiva a quel giorno ed allora questa ne illuminerà

l'anima.

2. Ognuno dei sei giorni ha il suo specifico tipo di *luce* che viene *migliorato* dall'uomo in quel giorno ma l'insieme dei sei è un'unità composta da sei aspetti diversi, sicchè dopo sei giorni l'uomo ha migliorato anche quest'unità.

3. Rispettivamente allo *shabbat* ci sono due tipi di *luci*. Il primo comprende i sei aspetti delle *luci* dei sei giorni, allo stesso livello di intensità.

4. Le *luci* del secondo tipo invece sono di un livello molto più alto ed illuminano con maggiore intensità. A questo secondo livello dello *shabbat* esisteno sei tipi di *luce* rispettivi ai sei giorni più un settimo che comprende insieme i sei diversi aspetti. Tutto questo viene *migliorato* dall'uomo nel giorno dello *shabbat*.

5. Di conseguenza, i sei giorni conseguenti lo *shabbat* ricevono benedizione da esso poichè, come spiegato, di *shabbat* ci sono delle *luci*, a due livelli, che comprendono tutte le sei luci corrispondenti ai giorni feriali.

6. Però, essendo le *luci* dello *shabbat* più elevate e complete rispetto a quelle dei giorni feriali, anche le azioni umane di *shabbat* per *migliorare* queste *luci* devono essere di diversa specie. Parte di questo *miglioramento(tikkun)* avviene astenendosi dalle azioni proibite di *shabbat*. Quest'astensione dà all'anima la forza di *unirsi* a queste *luci* e migliorarle; di conseguenza l'anima riceve indietro un enorme rafforzamento da queste *luci*.

7. Lo *shabbat* è composto da due parti, la sera, che è l'inizio, ed il giorno; astenendosi dal compiere *melachà* durante ambedue i tempi si porta la completezza alle *luci* dello *shabbat*. Quindi la base per ricevere indietro l'influenza da queste *luci* è l'astensione dalla *melachà*, ma inoltre di *shabbat* bisogna agire per aumentare la spiritualità avvicinandosi al Signore: questo attraverso le *mizvot* sabbatiche positive, come il *kiddush* e la *tefillà*; nonostante ogni giorno ci sia la *mizvà* della *tefillà*, ma quella sabbatica ha una forza notevolmente maggiore perchè di *shabbat* l'anima ascende in un luogo più alto, dal quale ha possibilità d'agire con più potenza.

DIVRÈ JAAKOV - PAGINE DI PENSIERO EBRAICO

SETTIMO CAPITOLO
LA SANTITA' DELLA VITA

1. Un altro argomento tra i più centrali nella *Torà* riguarda le *mizvot* inerenti alla vita matrimoniale. Non è possibile qui specificare tutte queste *mizvot*, le quali vanno studiate particolareggiatamente, ma in linea generale possiamo dire che la cosa più basilare è la *purezza familiare*: ossia, nel periodo delle mestruazioni il rapporto sessuale è vietato per circa dodici giorni, gli ultimi sette dei quali la donna deve controllare se è effetivamente *pura* dal sangue. Alla fine di questi giorni deve immergersi nell'acqua del *mikwè*. Rapporti sessuali prima che la donna si sia *purificata* sono tra i più gravi divieti, anche se non nell'ambito del matrimonio.

2. Ovviamente il rapporto sessuale non nell'ambito del matrimonio è del tutto vietato, ma diventa molto più grave quando manca la *purezza*.

3. È superfluo aggiungere che il legame con una donna sposata con un altro uomo è un divieto gravissimo.

4. Con questi divieti non si intendere disprezzare la donna. Alla loro base c'è il concetto che il rapporto sessuale è una questione molto spirituale di legame tra due anime; questo può essere di gran vantaggio per queste anime o viceversa distruttivo per loro. Il Signore, Colui che ha creato le anime e gli dà la vitalità, ci ha insegnato nella *Torà* che quei rapporti proibiti causano un grave danno all'anima e che invece i rapporti in maniera permessa sono una cosa santa.

5. Anche riguardo al modo di comportarsi e di vestirsi la *Torà* ci ha insegnato che tutto deve essere con pudicizia e santità. Questo per evitare pensieri ed azioni proibite; fare attenzione alle cose deleterie è infatti molto importante.

6. Nella cabala troviamo un altro motivo. Ogni individuo, in corrispondenza alla sua anima in questo mondo, possiede la radice nei *mondi superior,i* che la influisce; al contrario, anche la situazione dell'anima in questo mondo influisce sulla radice nei *mondi superiori*. Come in questo mondo ci sono persone più o meno buone, anche nei *mondi superiori* ci sono angeli *buoni*, il cui compito è portare bene alle radici delle anime, e angeli *cattivi*,

forze del male, chiamati *angeli dannosi*; bisogna fare attenzione affinchè la radice dell'anima non venga colpita da loro perchè allora il danno per l'uomo, anche in questo mondo, è molto grave. Comportamento o modo di vestirsi impudico e mancanza di *keduscià* rendono la radice dell'anima nei *mondi superiori* vulnerabile di fronte alle forze del male ed è quindi molto pericoloso per l'uomo, anche in questo mondo.

CONCLUSIONE

1. Infine vogliamo riportare un episodio raccontato nel Midrash Rabbà legato a quanto trattato nei primi capitoli circa l'essenza dell'anima ed il suo compito.

2. Nel Midrash Rabbà, alla fine della *parashà* di Toledot, i Maestri raccontano che quando i nemici distrussero il Santuario volevano (probabilmente per umiliare il popolo ebraico) che il primo a rubare fosse un ebreo. Un ebreo di nome Josef Meshita si prese quest'incarico, entrò in Santuario e rubò una *menorà*; allora gli chiesero di rientare per rubare qualcos'altro ma non acconsentì dicendo:" Non mi basta che ho fatto inquietare il mio Creatore una volta! Dovrei forse farLo inquietare ancora una volta!" Cercarono di sedurlo con molto denaro e con la promessa di una carica importante, minacciarano di torturarlo ed ucciderlo, ma assolutamente non acconsentì. Infine lo uccisero in una maniera terribile, segandogli il corpo con una sega da legno; mentre segavano urlava, ma non per il dolore, bensì diceva:"Ohimè che ho fatto inquietare il mio Creatore!"

3. C'è da domandarsi da dove prende un ebreo in un istante la forza per un simile cambiamento! Consideriamo che un minuto prima acconsente ad entrare in Santuario e rubare, tradimento particolarmente deplorevole in quel difficile tempo per il popolo ebraico, mentre il Santuario veniva distrutto, molti morivano e gli altri venivano presi in prigionia, feriti o comunque soffrivano la fame ed altre disgrazie! Un minuto dopo avviene presso di lui un capovolgimento, grazie al quale ascende al più alto livello, morire per santificare il Nome, non solo, ma mentre muore non grida per la sua sofferenza ma per aver fatto inquietare il suo Creatore!

4. La risposta è che in ogni ebreo c'è un' anima santa la cui unica volontà è eseguire quella del Signore, impegnando tutte le forze. Ci sono però diversi strati nell'anima, una parte dei quali hanno altra volontà e talvolta sono essi ad influire sulle azioni dell'uomo, specialmente quando si trova in un ambiente dove non usa *servire il Signore*. Per questo, anche quell'ebreo che "inciampa", entrando in Santuario e rubando, può, ciò nonostante, eseguire immediatamente un tale cambiamento, grazie alla vera parte della sua anima, nella quale c'è una sacrosanta essenza la cui volontà è servire il Signore a tutti i costi.

5. Compito dell'ebreo è agire su se stesso affinchè sia la parte "santa" della sua anima a dirigere le sue azioni e tutti i suoi comportamenti sì che vada sempre nella strada del Signore.

6. Ci sono diversi sistemi per riuscire in questo: uno dei principali è la nozione stessa di quanto grande sia la parte buona in noi, quanto potente la forza d'arrivare ad alti livelli nel servizio del Signore e poi ancora sapere come sono grandi le influenze d'ogni nostra azione, parola, intenzione, pensiero o volontà positiva.

7. Ogni ebreo deve sapere che se si rendesse conto fin alla fine di queste sue grandi forze interiori è indubbiamente chiaro che questa sola conoscenza gli darebbe la forza di superare tutte le prove, di servire il suo Creatore con tutta la sua energia, di giorno e di notte! Forse così non esisterebbe più ostacolo in questo mondo, ma in genere non abbiamo la possibilità di conoscere queste forze fino in fondo. Tuttavia più l'uomo conosce queste forze e la loro potenza più aumenterà in lui la volontà e la capacità di servire il Signore.

Una lettera riguardo le fede nel Signore e nella *Torà*

UNA LETTERA RIGUARDO LA FEDE NEL SIGNORE E NELLA *TORA'*

Nonostante la fede nel Signore sia una cosa chiara e io so che anche a te, lettore, è chiarissima, tuttavia, conformemente all'accordo, scrivo qualcosa che può essere utile per qualche tuo amico che ha bisogno di rafforzamento. Come comprensibile, le spiegazioni in questo scritto sono notevolmente parziali perchè ho voluto essere breve il più possibile, mentre spiegazioni esaurienti sarebbero veramente troppo lunghe per questa lettera.

PRIMO CAPITOLO

1. Le dimostrazioni dei concetti nei quali crediamo sono suddivisibili in due parti: la dimostrazione dell'esistenza di un Creatore e la dimostrazione che la *Torà* è stata consegnata da Lui.
2. Mentre dimostrazioni sull'esistenza del Signore non dimostrano la provenienza divina della *Torà*, invece la dimostrazione circa l'origine Divina della *Torà* può fungere anche come prova dell'esistenza del Creatore.

SECONDO CAPITOLO

1. La semplice dimostrazione dell'esistenza del Creatore è che la realtà dell'Universo non è possibile, tanto più così meraviglioso, senza un Creatore. Se una persona trova un portafoglio pieno di banconote ed altri oggetti preziosi e se ne impossessa, quando la polizia gli domanderà perchè non ha cercato di restituirli, non sostenerà che pensava che il portafoglio fosse qualcosa creatasi da sola facendosi trovare sul marciapiede; questo perchè il suo ragionamento non sarà accetttato in tribunale. A maggior ragione non è possibile che un mondo così complesso si sia creato da solo.
2. Il Creato, nella sua sua infinita complessità, desta stupore. Ad esempio, l'acqua in un bicchiere: si tratta di miliardi di molecole

d'acqua, ognuna delle quali composta da atomi, nei quali neutroni, protoni ed elettroni; una parte di queste materie sono stabili e le altre girano velocissimamente; il tutto è scomponibile in atre parti e forze le quali sarebbe ora superflo specificare. In un bicchiere d'acqua si trova quindi l'industria più complessa che si possa immaginare.

3. A maggior ragione il discorso è valido riguardo alle cose più complesse di un bicchiere d'acqua, come il cervello umano. Chi conosce il cervello ed anche di computer se ne intende, conosce bene la differenza tra il computer più sofisticato ed il cervello dell'uomo più primitivo: non è assolutamente paragonabile alla differenza tra il motore della peggiore automobile e quello di un aereoplano Concord. Se riguardo al più semplice computer non si accetta l'ipotesi che si sia costruito da solo, come sarebbe sostenibile questo circa il cervello umano!?

4. Questa dimostrazione è talmente palese che è difficile comprendere come ci sia tanta gente che non ci pensa affatto oppure la respinge con ragionamenti distorti. Il fenomeno è spiegato nella *parashà* di Shofetim, dove un verso dice:"Non accettare dono corruttivo poichè questo accieca la vista dei saggi e falsa le parole degli *zaddikim*". Perchè la ripetizione *accieca la vista dei saggi* e poi *falsa le parole* degli *zaddikim*? Spiega mi pare il Gaon di Vilna che i giudici in tribunale per riuscire a stabilire un giudizio veritiero devono:1-Capire con precisione cosa è successo. 2- Capire qual'è l'*alachà* in quel caso specifico. Il dono corruttivo impedisce ambedue le cose perchè offusca la visione della realtà ed impedisce una comprensione obbiettiva dell'*alachà*. *Accieca la vista dei saggi* si riferisce alla mancanza di visione precisa della realtà [quindi è adatta l'espresione *accieca* e l'espressione *saggi* (che non significa necessariamente "saggi nella *Torà*")]. *Falsa le parole degli zaddikim* invece si riferisce a parole non obbiettive in nome dell'*alachà*; qui è scritto *zaddikim* perchè la comprensione dell'*alachà* appartiene a loro. La stessa cosa, quando si parla di fede, gli interessi *acciecano la vista*: le persone tendono a non credere perchè sanno che se vedessero la verità dovrebbero cambiare delle cose nella loro vita, cosa talvolta difficile. Il consiglio

in questo caso è cercare di pensare accettando l'esistenza del Creatore, senza pensare alle conseguenze implicite, cioè il cambiamento di strada. Allora l'individuo riuscirà ad arrivare alla vera conclusione.

5. Una volta, parlando con una persona d'argomenti di fede, questi si mise a discutere con me. Gli dissi:"Sii sincero con te stesso! Se la *Torà* ti avesse richiesto solamente due cosi facili; la prima, pregare per cinque minuti ogni sabato mattina, e la seconda, ogni sabato a mezzogiorno non accendere fuoco per cinque minuti, allora cosa avresti detto circa tutte le dimostrazioni di cui abbiamo parlato?" Mi scrutò per qualche minuto e disse:"Hai ragione!"

TERZO CAPITOLO

1. Chi ritiene negli ultimi anni che la teoria del beag bang possa risolvere questa questione, dimostra una mancanza totale di comprensione della teoria del beag bang [Non intendiamo trattare la problematica circa la giustezza della teoria, bensì sottolineare che se anche l'accettassimo, questo non indebolirebbe la dimostrazione circa l'esistenza del Creatore].

2. Dobbiamo quindi riportare qualcosa circa la teoria del beag bang [qualcosa di molto parziale per mancanza di spazio]. Nel mondo c'è la forza dell'energia e la massa. La teoria del beag bang suppone che una gran quantità d'energia possa trasformarsi in massa e quindi che un'enorme esplosione d'energia abbia formato la massa di tutto l'Universo.

3. Questo non solo non sminuisce la dimostrazione dell'esistenza del Creatore ma la ingrandisce. Spiegamolo con un esempio: Ad un concorso a premi per chi avesse costruito il computer più sofisticato del mondo rimasero in fine due scenziati che presentarono due computer quasi uguali, ma sostanzialmente differenti. Il primo costruì un computer con grande arte, ma il secondo portò un masso e colpendolo con un martello causò una catena di movimenti che in fine portarono alla creazione del sofisticato computer. Sicuramente il secondo scenziato era più geniale, perchè non è possibile che da un masso esca un computer, se non è stato creato un masso con particolari caratteristiche,

come energie elettriche ad esempio, grazie alle quali è in grado, con una martellata, di causare milioni di movimenti fino alla formazione di un sofisticato computer.

4. Così riguardo alla Creazione: come già spiegato, la realtà dell'Universo e ancora di più le sue straordinarie caratteristiche, comportano l'esistenza di un Creatore. Se diciamo che l'Universo non è stato creato direttamente bensì attraverso un'enorme esplosione d'energia, dobbiamo semplicemente domandarci: Come si sono create miliardi di creature così complesse, un enorme numero di speci vegetali e di pesci e così via, considerando che ogni specie ha caretteristiche meravigliose!? Si penserebbe che da una simile esplosione d'energia non si potrebbe formare se non un'unica semplice cosa, come terra ad esempio! La risposta sarebbe che simile esplosione implicava miliardi di tipi diversi d'energia sistemati genialmente sì da causare un'esplosione che forma materia in grado a sua volta di suddividersi in miliardi di particolari!

QUARTO CAPITOLO

1. Dobbiamo qui riportare la domanda scritta in diversi libri circa la fede, tra i quali Emunà U-Bitachon del Chazon Hish, alla quale scrive anche la risposta (che non troviamo nell'edizione più diffusa bensì in quella stampata nella sua opera di commenti sul talmud, alla fine del volume sull'ordine di *taharot*, nell'ultima edizione nel primo capitolo par.9 e nella precedente nella seconda colonna di pag.300).

2. Queste sono le sue parole: C'è chi obbietta: "Che guadagnamo accettando che l'Universo deve avere un Creatore eterno, ritornando la domanda come è possibile la Sua esistenza senza un creatore che lo abbia creato!?" Ma il paragone è sbagliato perchè solo riguardo a creature che hanno misura e limite, lunghezza e superficie, sappiamo che debbano aver avuto un inizio prima del quale non esistevano e quindi un Creatore. Invece le cose senza misura e superficie, come i concetti astratti, ad esempio che due per due fa quattro o che la diagonale di un quadrato è più lunga dei lati, non hanno inizio o fine ed è l'anima che li percepisce. Così

riguardo alla realtà del Creatore, del Quale non è possibile comprendere l'essenza; Lui è l'Onnipotente, con l'arbitrio di decidere, conosce tutte le creature, le loro azioni ed i loro bisogni; tutto ciò che avviene nell'Universo succede per Sua volontà e nessuna azione può esistere senza la Sua volontà.

3. Bisogna spiegare un particolare delle sue parole, affinchè non venga frainteso. Non intende paragonare i concetti astratti al Creatore, come scrive alla fine che il Signore è una *realtà*. L'esempio dei concetti astratti era solo per spiegare che il Signore non deve avere un creatore che Lo ha preceduto.

4. Nelle sue parole non troviamo solamente risposta alla domanda riportata, ma anche importanti concetti circa il rapporto del signore con il Creato, che saranno compresi da chi leggerà con attenzione le sue parole.

QUINTO CAPITOLO

1. Scriviamo ora riguardo la dimostrazione della vericidità della Rivelazione sul Monte Sinai. Nella *Torà* è scritto che questa Rivelazione ed i fenomeni soprannaturali che l'accompagnarono [così pure tutti gli eposodi soprannaturali ai tempi dell'uscita dall'Egitto e nel deserto, come il Passaggio del Mar Rosso, la manna, il pozzo d'acqua che accompagnava il popolo nel deserto e tanti altri], avvennero agli occhi di milioni di persone: seicentomila uomini al di sopra dei vent'anni, insieme alle donne, erano circa un milione e duecentomila; aggiungendo i giovani ad di sotto dei venti anni ed il miscuglio di popoli che uscì dall'Egitto insieme con gli ebrei, otteniamo più di due milioni di persone.

2. Non è possibile scrivere un racconto inventato dicendo che è avvenuto davanti a milioni di persone, perchè ognuno obbietterebbe come mai lui non ne ha saputo niente. A maggior ragione considerando che accettare il racconto non è una cosa da nulla ma significa rendersi obbligati ad osservare la *Torà*: quindi una persona non lo accetterebbe se il racconto presentasse delle contraddizioni che ne mettessero in dubbio la vericidità. La *Torà* e l'episodio della sua Rivelazione si trovano invece presso il Popolo d'Israele già da un tempo molto vicino al momento

dell'episodiosicchè non è possibile sia stato inventato.

3. Presso le altre religioni invece i racconti miracolosi parlano di cose accadute davanti a poche persone o è la persona stessa che racconta cosa le è accaduto, sicchè è possibile inventare simili racconti.

4. Questo sembra il motivo per cui due delle famose religioni oggi conosciute hanno basato le loro radici sulla stessa del popolo ebraico, la Rivelazione sul monte Sinai, e solo il resto hanno falsificato. Questo appunto affinchè la prima fase poggi su forti fondamenta, mentre il resto si basa su cose veramente ridicole. Il motivo per cui quelle religioni sono piene d'odio verso il popolo ebraico e ne hanno versato sangue in abbondanza è proprio perchè questo gli ha dato la base, ma essendo anche il resto dell'ebraismo vero e logico, svela la loro falsità.

5. Anche alla dimostrazione qui riportata bisogna pensare con lealtà, senza farsi accecare dall'interesse, come spiegato alla fine del secondo capitolo. Chi farà così arriverà alla convinzione della sua vericidità. Dovremmo dilungarci ancora molto ma siamo costretti ad abbreviare avendo già esposto negli altri capitoli molti concetti inerenti a questo. Spero di potere essere più esauriente in altra occasione; vedasi comunque anche nel quinto capitolo del libro Avvicinarsi al Signore. Infine voglio citare le parole del Chazon Hish nel libro Emunà U-Bitachon, cap.1 par.9, circa le sensazioni dell'uomo quando riesce ad arrivare ad una completa fede: "Quando un individuo è riuscito a vedere la vericidità delle realtà Divina, si riempie subito d'infinità allegria e gioia ed è piacevole per il suo animo godere del Signore, mentre i piaceri materiali non gli interessano più. La sua anima delicata si avvolge di santità ed è come avesse abbandonato il torbido corpo, vagando nei cieli. Elevatosi l'uomo verso questi santi valori scopre un mondo nuovo, che è possibile qui sulla terra essere per qualche minuto come un angelo e godere di un sacro splendore, mentre tutti i piaceri di questo mondo gli sembrano nulla rispetto alla vicinananza al suo Creatore."Sia Divina volontà che noi tutti possiamo trovare sempre la vera luce della fede e la luce spirituale della *Torà* illumini la nostra anima, che riceverà così il suo pieno vigore, così come vuole

il Signore. Quando l'individuo arriva a questo infatti, la sua anima si attacca al Signore, non solo nel mondo futuro ma anche qui; questo è il più grande piacere che possa trovarsi al mondo, come scrive il re David nel Salmo 42: "Come il cervo anela ai corsi d'acqua, così la mia anima anela a Te, o D-o. La mia anima ha sete di D-o, del D-o vivente. Quando potrò venire e mostrarmi davanti a D-o?". Ti consiglio di leggere giornalmente questo salmo perchè esso risveglia l'anelito dell'anima al Signore.

Consigli per persone in crisi che credono esser cadute in rovina

Le seguenti parole sono state scritte come risposta ad un gruppo di persone contro le quali hanno combattuto degli individui, finchè sono stati mandati via dalla lora carica nel campo della *Torà*. Anche la loro situazione economica è diventata terribile. Loro raccontano che questa situazione gli causa un difficile avvilimento e di conseguenza difficoltà nel servizio divino. Chiedone parole d'incoraggiamo dagli scritti dei Nostri Maestri con relative spiegazioni. Considero importante riportare qui la risposta perchè è adatta a diversi tipi di problemi [Non ho qui omesso le cose che sono state già scritte in altri punti di questo libro].

RISPOSTA

Ho incontrato di persona alcuni che soffrono di quanto tu racconti ed inoltre già altre persone mi hanno raccontato delle enormi difficoltà nelle quali ti trovi, tu ed i tuoi amici. Devo premettere che nonostante intendo rispondere a quanto mi domandi, capisco che dopo tutto la situazione è effettivamente da molti punti di vista molto dispiacevole. Tuttavia rispondere è indispensabile, affinchè nella situazione attuale tu possa tirarti su ed eseguire i tuoi compiti in questo difficile momento. Poichè il mio discorso è lungo lo ho suddiviso in capitoli. Ti chiedo di fare il massimo per leggere attentamente le mie parole. Allora ti renderai conto che comprendono concetti molto basilari circa il servizio divino e lo scopo dell'uomo in questo mondo. Quindi ogni cosa ti potrà aiutare non solo negli argomenti di cui mi parli ma in tatti casi della vita.

PRIMO CAPITOLO

1. Ogni ebreo deve sapere che siamo tutti inviati in questo mondo per lo scopo di unire le nostre anime al Signore e portare a loro una *luce spirituale* da Lui proveniente. La Messilat Yesciarim definisce così:" Solo l'attaccamento al Signore è il bene e all'infuori di questo, tutto ciò che gli uomini possano pensare che sia bene, non è altro che illusione e vanità". Quindi "l'uomo deve.correre dietro a tutto ciò che constata lo leghi al Signore e fuggire come dal fuoco da tutto ciò che lo allontana da Lui".

2. Questo riguarda sia l'uomo nei confronti di se stesso che il suo compito nei confronti del prossimo. È infatti suo compito *collegare* al Signore anche le anime di tutto Israele e portare a loro la Sua luce. Anche chi non è assolutamente capace di influenzare sugli altri ha il dovere di pregare con la formula composta dai Nostri Maestri, chiedendo così queste cose per tutto il Popolo d'Israele.

3. Le cose che ci legano al Creatore e fanno pervenire a noi la Sua *Luce* sono tutte le cose inerenti al servizio divino, lo studio della *Torà*, l'adempimento alle *mizvot*, la *tefillà*, l'attenzione a trasgressioni, l'aiuto al prossimo.

4. Nell'ambito di queste cose, che sono lo scopo della vita, ognuno ha il suo compito particolare predestinatogli dal Cielo, e non tutti i compiti sono uguali. Ad esempio, nell'ambito dello studio stesso, c'è chi è più attratto da uno studio quantitativo e chi da uno studio qualitativo, c'è chi ama le elucubrazioni talmudiche e chi lo studio dell'alachà, e così via.

SECONDO CAPITOLO

1. Delle volte una persona è convinta che una certa cosa sia il suo compito predestinatogli dal Cielo, ma invece il Signore conduce gli eventi in altra direzione, perchè Lui sa che il compito di questa persona è un altro. Sicuramente anche questo compito non previsto dalla persona ha per fine il legame dell'anima al Signore e l'arrivo a questa della Sua luce.

2. È anche possibile che in effetti il compito originale di una persona era uno ma poi il Signore ha deciso di cambarglielo. Con questo non le si sta cambiando lo scopo finale, che in ogni caso è il legame dell'anima al Signore e l'arrivo a questa della Sua luce. Quindi ciò che è cambiato è solamente il modo di arrivare a questo scopo. Certamente in Cielo non si intende neanche sottovalutare il compito da lei eseguito fin ora, che sicuramente era

importantissimo, ma per motivi da noi sconosciuti bisogna adesso cambiare dei particolari nel suo compito.

3. È scritto nei libri dei cabalisti che in ogni luogo, in diaspora in generale ed in particolare in Erez Israel, ci sono delle *luci spirituali* che hanno bisogno di essere *riparate*. Abitando in quel luogo degli ebrei che lavorano il Signore benedetto queste *luci* vengono *riparate*; nel linguaggio cabalistico queste persone *mevarerim* i *birurim~raffinano* quanto c'è da raffinare in quel luogo specifico.

4. Ci sono dei *birurim~opere di raffinazione* delle quali bisogna occuparsi in quel luogo in un determinato momento ed altri dei quali bisogna occuparsi sempre in quel luogo ma in un altro momento.

TERZO CAPITOLO

1. Tu e di tuoi amici avete abitato per anni in determinati luoghi dove avete fatto del vostro meglio per lavorare il Signore. Sicuramente avete *riparato* molte *luci* riguardanti quei luoghi e via aspetta in cielo una ricompensa immensa per questo.

2. Ora che dal Cielo gli eventi vi hanno portato ad abbandonare quei luoghi, ci deve essere assolutamente una volontà del Signore di farvi *raffinare* altre *luci* di un altro luogo, forse di un tipo diverso, attraverso un compito differente.

3. Ma se una persona decide di cambiare luogo e lavoro per suoi motivi personali non necessariamente significa che veramente il Signore vuole questo cambiamento ed è forse è una decisione sbagliata.

4. Al contrario nel vostro caso. Voi vi siete molto sforzati di non arrivare a questo cambiamento al quale siete state obbligati dal Cielo: Di sicuro significa che che il Signore ha scelto per voi un altro compito!

QUARTO CAPITOLO

1. Nononostante sembri che il cambiamento è avvenuto per via di persone che non hanno voluto prendervi in considerazione, dobbiamo credere che veramente tutto viene dal Signore e che quanto lui decide vien per bene. Anche quando siamo obbligati a fare del nostro meglio per evitare un cambiamento, se non abbiamo ottenuto il risultato dobbiamo credere che questa è la volontà divina per il nostro bene, è quanto ci serve per aggiustare le specifiche luci della nostra anima.

2. Nel trattato di Berachot 60b è scritto: "Ha detto Rav a nome di Rabbì Meir, e così pure dice il tannaita a nome di Rabbì Akivà: Dica sempre l'uomo *tutto quel che fa il Signore vien per bene* ".

3. Il talmud in Berachot riporta lì un episodio su Rabbì Akivà ed i suoi discepoli: Rabbì Akivà viaggiava con i suoi discepoli; si fece buio e dovevano trovare da dormire. Andarono in un paese, chiesero ospitalità ma ricevetterò risposta negativa. Disse Rabbì Akiva:" Tutto quel che fa il Signore vien per bene". Andarono a dormire nel deserto equipaggiati di un gallo per svegliarsi di mattina, di un asino e di una candela per farsi luce. Venne il vento e spense la candela, un gatto che mangiò il gallo ed un leone che mangiò l'asino. Anche in questa situazione Rabbì Akivà disse: " Tutto quel che fa il Signore vien per bene!". La fine fu che in quella notte vennero dei briganti in quel paese e presero tutti in prigionia per venderli come schiavi. Disse Rabbì Akivà:Vedete che quanto ci è successo sembrava negativo ma in effetti veniva per bene! Infatti se avessero pernottato in paese sarebbero stati presi in prigionia, se il gallo avesse cantato, la candela fatto luce o l'asino ragliato i briganti li avrebbe individuati e catturati.

4. Questo è stato stabilito dall'*alachà* dal Rif e dal Rosh sul trattato di Berachot e dal Tur e Shulchan Aruch Orach Chaim 230: L'uomo deve dire su ogni cosa che succede, *quel che il Signore fa vien per bene*.

5. Certo, nonostante ciò, quando capita una cosa che sembra brutta c'è l'obbligo di pregare il Signore di migliorare la situazione. Se poi, dopo avere pregato, nulla è cambiato, dobbiamo sapere che la situazione così com'è vien per bene, anche se per ora non comprendiamo che bene ci sia in questo.

QUINTO CAPITOLO

1. Bisogna sottolineare ancora un punto. Tu mi scrivi che durante gli anni che hai abitato lì hai dovuto impegnare forze d'animo enormi per risolvere I problemi che mettevano in difficoltà il proseguimento della residenza nel luogo.Questo dimostra che tu hai forze d'animo fortissime.

2. Ora che il Signore ti ha voluto dare un compito nuovo, e non entro in merito quale sia, in ogni caso in generale questo è per legare quanto più la tua anima al Signore e far pervenire su di essa la Sua *luce*. Questo è anche, in generale, lo stesso compito che avevi prima del cambiamento, che ora devi svolgere differentemente, sempre usufruendo al massima delle tue forze particolari.

3. Nel trattato di Baba Mezzià 84a vediamo ancora di più: Il talmud racconta su Rabbì Jochanan e Resh Lakish che mentre Rabbì Jochanan era dall'inizio un saggio del talmud, Resh Lakish era una volta un brigante. Rabbì Jochanan riconosceva presso Resh Lakish potenti forze interiori e gli disse che erano un dono celeste datogli affinchè studiasse la *Torà* con tutte le forze. Resh Lakish accettò queste parole e si dedicò allo studio finchè non diventò uno dei più grandi rabbini dell'epoca.

4. Vediamo che presso l'ebreo anche una forza che abbiamo visto usare per cose profane, in effetti gli è stata data dal Signore per il Suo servizio. Talvolta succede che questa forza si trova imprigionata dalle forze del male e viene usufruita per cose negative o invane. L'uomo ha la possibilità di cambiare direzione e usufruirne solo per cose inerenti alle *keduscià*.

3. A maggior ragione quando le forze erano precedentemente usate per un certo tipo di *servizio divino*, se ora il Signore vuole far cambiare compito, si potrà usufruire di tutte quelle forze per il nuovo compito.

SESTO CAPITOLO

1. Tu mi racconti che c'è inoltre un grosso problema: la situazione economica è gravissima e questo disturba molto anche nelle cose inerenti il servizio divino.

2. Certamente è così: quando la situazione materiale è difficile questo per natura è un gran disturbo nelle questioni del servizio divino.

3. Tuttavia l'uomo, sforzandosi, può imparare ad agire nonostante questo disturbo. La cosa che più lo può aiutare in questo è una nozione circa la radice dei disturbi.

4. Il trattato di Sukkà 52, fine pag. *a*, riporta che un anziano disse ad Abayè una grande regola: Chì è più grande dell'altro, anche il suo istinto è più grande! [Secondo alcuni commentatori l'anziano era il profeta Elia]. Questo significa che un'anima elevata ha un istinto cattivo più grande e quindi deve fare più attenzione; questo è il contrario di quanto si tende a pensare che chi ha un'anima più santa ha meno bisogno di far attenzione a non incorrere in divieti!

5. Il sistema più semplice di spiegare per quale motivo chi è più grande ha un istinto più grande è che nell'ambito del libero arbitrio i piatti della bilancia devono essere uguali. Quindi per una persona di anima molto elevata con un piccolo istinto cattivo non ci sarebbe battaglia! Secondo la cabala c'è un'altra spiegazione: L'istinto cattivo esssenzialmente non proviene dall'anima ma è una forza spirituale esterna che vuole sedurre l'anima. L'anima di ogni ebreo è completamente santa, senza elementi negativi. L'istinto la vuole sedurre per rubarle l'influenza divina che la *riempie* e le porta il successo in questo mondo e in quello a venire. Quindi certo le forze del male tentatano con maggior forza ad attaccare le anime grandi dove le *luci divine* sono più numerose, così come in questo mondo i ladri cercano essenzialmente di rubare i ricchi.

6. Il Gaon scrive nel suo commento ai Tikkunè HaZoar che così come chi è più grande dell'altro ha l'istinto più grande, anche presso la stessa persona, nel periodo nel quale riceve *luci spirituali* più grandi allora l'istinto cattivo cerca di disturbarlo in particolar maniera.

7. Ne consegue che se un individuo passa un periodo difficile, pieno di prove, è perchè propio in quel periodo, per motivi a noi scounosciuti, il Signore gli dà maggiori forze spirituali, le quali l'istinto vuole sconfiggere, portando prove e disturbi che possono distogliere dal servizio divino!

8. Tornando a noi, se in questo periodo tu ed i tuoi amici siete provati da dure situazioni, questo dimostra che ora avete ricevuto e potete ancora ricevere *luci spirituali* particolari. Per questo le forze del male vi ostacolano e ci vi disturbano nel servizio divino. Ma se vi sforzerete proprio ora di migliorare ancora di più il vostro servizio divino, avrete ancora più successo di quanto avreste potuto avere in periodi normali!

SETTIMO CAPITOLO

1. Dopo tutto quanto detto sopra, la domanda centrale è cosa vogliono in Cielo che tu faccia veramente ora. Purtroppo su questo non posso assolutamente rispondere perchè non ti conosco personalmente, nè il tuo carattere e le tue capacità. Non so neanche quale siano le tue esigenze economiche nè conosco particolareggiatamente il tuo modo di vita. Su questo dovrai decidere da solo o consigliarti con un rabbino che ti conosce personalmente o perlomeno ti possa incontrare per sentire in prima persona i particolari della tua situazione.

2. Pur non potendo, come scritto sopra, rispondere particolareggiatamente, sicuramente si può dire che tu devi cercare di avvicinarti quanto più al Signore.

3. Ossia, cercare di studiare *Torà* quanto più ti sia possibile, dire tutte le *tefillot* come si deve dal profondo del cuore, fare molto caso a tutte le *mizvot* pratiche, fare molta attenzione a tutti i divieti e sforzarsi di aiutare il prossimo quanto più possibile, sia nelle cose materiali che nel servizio divino. E più di tutto, farsi molta forza in tutte le questioni inerenti alla *keduscià* ed al pudore, e a tutto ciò che è inerente alla purezza famigliare, perchè queste sono le radici centrali dell'avvicinamento al Signore. Inoltre, fare la massima attenzione a tutto ciò che è inerente all'educazione dei figli, in particolar modo in questo periodo. Infatti per natura quando la situazione non è chiara e ci sono dei cambiamenti, può esserci un indebolimento nell'educazione in vari argomenti. È importante sapere che ogni momento di studio della *Torà* dei bambini è un enorme merito che bisogna fare attenzione a non perdere. Ogni attenzione alla situazione spirituale dei bambini, ed in particolar modo a questioni di *keduscià* e pudore, è un enorme merito che bisogna fare del tutto per salvaguardarlo.

4. Chi ha la capacità d'influenzare anche sugli altri circa gli argomenti sopra elencati, sicuramente quest'azione gli sarà di gran merito.

OTTAVO CAPITOLO

1. Nei precedenti capitoli abbiamo ripetutamente scritto che il nostro compito è intensificare il legame della nostra anima col Signore e portare su di essa *luce* spirituale da Lui proveniente. È il caso dunque di aggiungere spiegazioni. Il Ramchal nel libro Adir baMarom, il Nefesh HaChaim nel Sciaar 4 cap.11, ed ancora molti libri citano la frase dello Zoar che dice:"Il Signore, la *Torà* ed Israele è tutto uno." [C'è chi ha già fatto notare che nello Zoar non si trova questa frase precisa, ma probailmente si intende spiegare così una frase simile dello Zoar].

2. C'è veramente bisogno di spiegare questo concetto, perchè come è possibile dire che il Signore, il Quale non ha corpo nè somiglianza ad esso, la Cui essenza riempie ed affascia i Mondi, sia "tutt'uno" con il Libro della Torà ed il popolo ebraico che è composto invece da uomini in carne ed ossa!

3. Per spiegarlo dobbiamo ricordare che l'uomo è composto d' anima e corpo. Del corpo ce ne rendiamo conto bene e lo conosciamo; riguardo all' anima, invece, nonostante ne conosciamo l' esistenza e la percepiamo bene essendo chiara la differenza tra un vivo ed un morto, tuttavia è difficilissimo definirne l'essenza con precisione. Il poco che ne possiamo capire è che la cosa è paragonabile ai raggi solari la cui fonte è il sole; così come se poniamo un'asse di legno tra i raggi ed il sole, non li vedremo più al di là dell' asse, anche l' anima ebraica, di cui tutta l' essenza è irradiata dal Signore, non sarà evidenziata se poniamo ostacoli tra essa ed il Signore.(Certamente l'esempio è impreciso poichè la distanza tra l'anima ed il Creatore è assolutamente imparagonabile alla distanza tra i raggi ed il sole; inoltre, non solo l'anima ma tutto quel che c'è nell' Universo proviene dal Signore. Il concetto è comunque evidente.)

4. Tornando alla massima dello Zohar riguardo all'essere "il Signore, la *Torà* ed il popolo ebraico tutt'uno", il senso è che le anime di Israele sono un'emanazione di luce spirituale, proveniente dal Signore che ne è appunto la radice; quindi "il Signore ed il popolo ebraico sono tutt'uno" perchè Lui è la radice di questa emanazione ed il popolo è l'emanazione stessa.(Nel linguaggio cabalistico un'emanazione spirituale positiva è chiamata *illuminazione* o *luce*: uno dei motivi è perchè nella realtà materiale la cosa più spirituale è la luce ed essa è una cosa positiva, ma mi sembra ci siano ancora dei motivi più profondi per via dei quali viene usata quest'espressione).

5. Per comprendere che anche la *Torà* è tutt'uno con il Creatore ed il popolo ebraico, bisogna prima citare un gran concetto spiegato in diversi libri dai nostri Maestri, tra i quali il trattato di Sanedrin(99); dice il verso *chi fatica, essa fatica per lui* ed i Maestri lo interpretano così: *chi fatica per la Torà, essa chiede al Signore per lui che lo aiuti a comprenderla.* Da questo apprendiamo che la *Torà* non è solamente un libro che abbiamo in questo mondo, bensì anche una realtà spirituale esistente nei mondi celesti la quale è in grado di chiedere delle cose al Creatore (così come, ad esempio, è risaputo che esiste la realtà spirituale degli angeli).

6. Secondo quanto sopra spiegato è comprensibile la massima che anche la *Torà* è tutt'uno con il Creatore ed il popolo ebraico. Il Signore ha stabilito che l'influenza spirituale sulle anime di Israele, da Lui proveniente, passi attraverso la realtà spirituale della *Torà*, la quale è anch'essa un tipo d'influenza spirituale proveniente dal Creatore.(Così viene spiegato nel libro Adir Ba-Marom del Ramchal ed anche se forse non sono stato preciso in qualche particolare ma il senso è più o meno questo).

7. Il più grande anelito dell'animo umano è legarsi di più alla sua radice e riceverne influenza e rafforzamento. Secondo quanto sopra spiegato il modo di raggiungere questo è attraverso un aumento nello studio della *Torà* e nella sua messa in pratica, perchè attraverso queste *luci* si risveglia e passa l'influenza Divina [la messa in pratica comprende tutte le cose inerenti al servizio del Signore spiegate nella *Torà*, cioè l'esecuzione delle *mizvot* positive e l'attenzione a non trasgredire quelle negative, sia quelle inerenti al rapporto col Signore che quelle inerenti ai rapporti umani, e così pure la preghiera: tutto ciò è definito *Torà* per quanto riguarda il risveglio della suddetta influenza].

8. Quando una persona riflette su tutte queste cose, si deve risvegliare nel suo cuore un gran desiderio di studiare la *Torà* e per tutte le cose inerenti all'esecuzione della volontà Divina. Allora comprende che attraverso ciò l'anima si lega alla sua radice e le si aggiunge una *luce* simile ad essa stessa. Questo è veramente l'ardente desiderio dell'anima, più forte di tutti gli altri desideri per le cose di questo mondo, come dice la Messilat Yesharim nel primo capitolo: "Poichè l'anima proviene dai Mondi Celesti, il suo vero piacere è solo quando si trova alla *luce* del Signore benedetto".

NONO CAPITOLO

1. Ogni *mizvà* eseguita, in qualsiasi modo venga eseguita, porta a queste due conseguenza sopra citate: Si rafforza il legame dell'anima al Signore e perviene da Lui una *luce spirituale* che entra nell'anima.

2. Scrivono il Bach, Orach Chaim 47 e il libro Sciaar Ruach HaKodesh 11a, che se poi l'uomo si abitua mentre studia, compie una *mizvà*, fa attenzione ad un'*averà* o fa qualsiasi cosa inerente il servizio divino, a pensare espressamente a queste due cose, ossia che vuole, attraverso questo studio e questa *mizvà*, legare la sua anima al Signore [si intende rafforzare il legame] e portare a lei *luce* divina, allora questa luce sarà molto più intensa.

3. Quando questa *luce* è intensa, a parte i vantaggi che ne derivano, si merita anche una chiara percezione di questa *luce* e di conseguenza viene una gran voglia di studiare la *Torà* ed adempiere alle *mizvot*! [Alcuni arrivano a questa percezione dopo ogni volta che hanno aggiunto questo pensiero allo studio etc., altri solo qualche volta ed altri ancora solamente dopo aver pensato a lungo o per molte volte].

4. Abituarsi a pensare a queste due cose non è poi cosa così difficile; se pure non si riesce a pensarci sempre, tuttavia ci si riuscirà ogni tanto o una volta al giorno o addirittura due volte al giorno.

5. Chi vedrà bene le parole dell'Arì nel libro Mevò Scearim e del Gaon nel commento allo Zoar, *parashà* di Pikudè foglio 16, capirà che la questione di questi due pensieri appartiene alle radici di tutta la *torà* della cabala, ed alla base del gran successo nel servizio del Signore.

DECIMO CAPITOLO

1. C'è chi crede che siano cose giuste, ma solo per uomini di alto livello, con un'anima particolare, ma non certo per persone semplici, alle quali così elevate non riguardano! È decisamente uno sbaglio, perchè l'anima di ogni ebreo è elevatissima ed il suo desiderio d'avvicinarsi al Signore è ardente. Chi lo sente spesso e chi raramente, ma la radice di questo desiderio esiste presso ogni ebreo.

2. Nel Midrash Rabbà, alla fine della *parashà* di Toledot, i Maestri raccontano che quando i nemici distrussero il Santuario volevano (probabilmente per umiliare il popolo ebraico) che il primo a rubare fosse un ebreo. Un ebreo di nome Josef Meshita si prese quest'incarico, entrò in Santuario e rubò una *menorà*; allora gli chiesero di rientare per rubare qualcos'altro ma non acconsentì dicendo:"Non mi basta che ho fatto inquietare il mio Creatore una volta! Dovrei forse farLo inquietare ancora una volta!?" Cercarono di sedurlo con molto denaro e con la promessa di una carica importante, minacciarano di torturarlo ed ucciderlo, ma non acconsentì assolutamente. Infine lo uccisero in una maniera terribile, segandogli il corpo con una sega da legno; mentre segavano urlava ma non per il dolore, bensì diceva:"Ohimè che ho fatto inquietare il mio Creatore!"

3. C' è da domandarsi da dove prende un ebreo in un istante la forza per un simile cambiamento! Consideriamo che un minuto prima acconsente ad entrare in Santuario e rubare, tradimento particolarmente deplorevole in quei difficili tempi per il popolo ebraico, mentre il Santuario veniva distrutto, molti morivano e gli altri venivano presi in prigionia, feriti o comunque soffrivano la fame ed altre disgrazie! Un minuto dopo avviene presso di lui un capovolgimento, grazie al quale ascende al più alto livello, morire per santificare il Nome, non solo, ma mentre muore non grida per la sua sofferenza bensì per aver fatto inquietare il suo Creatore!

4. La risposta è che in ogni ebreo c'è un' anima santa la cui unica volontà è eseguire quella del Signore, impegnando tutte le forze. Ci sono però diversi strati nell' anima, una parte dei quali hanno altra volontà e talvolta sono essi ad influire sulle azioni dell' uomo, specialmente quando si trova in un ambiente dove non usa *servire il Signore*. Per questo, anche quell' ebreo che "inciampa", entrando in Santuario e rubando, può, ciò nonostante, eseguire immediatamente un tale cambiamento, grazie appunto alla vera parte della sua anima, nella quale c' è una sacrosanta essenza la cui volontà è servire il Signore a tutti i costi.

5. Compito dell' ebreo è agire su se stesso affinchè sia la parte "santa" della sua anima a dirigere le sue azioni e tutti i suoi comportamenti sì che vada sempre nella strada del Signore.

6. Ci sono diversi sistemi per riuscire in questo: uno dei principali è la nozione stessa di quanto grande sia la parte buona in noi, quanto potente la forza d'arrivare ad alti livelli nel servizio del Signore e poi ancora sapere come sono grandi le influenze d'ogni nostra azione, parola, intenzione, pensiero o volontà positiva.

7. Ogni ebreo deve sapere che se si rendesse conto fin alla fine di queste sue grandi forze interiori è indubbiamente chiaro che questa sola conoscenza gli darebbe la forza di superare tutte le prove, di servire il suo Creatore con tutta la sua energia, di giorno e di notte! Forse così non esisterebbe più ostacolo in questo mondo, ma in genere non abbiamo la possibilità di conoscere queste forze fino in fondo. Tuttavia più l'uomo conosce queste forze e la loro potenza più aumenterà in lui la volontà e la capacità di servire il Signore.

UNDICESIMO CAPITOLO

1. Poi mi domandi circa tutte quelle persone che pregarono a lungo affinchè non gli succedesse una cosa simile ed alla fine successe ugualmente, dove sono andate a finire tutte quelle *tefillot*?

2. Una grande regola dice che non c'è *tefillà* che vada perduta ma solo il Signore sa in che maniera è meglio che agisca per il bene dell'uomo. La *tefillà* in ogni caso aiuterà l'individuo, in questo mondo ed in quello futuro.

3. Nella *parashà* di VaEtchannan si racconta circa le *tefillot* di Mosè per entrare in Erez Israel che non sono state esudite. I Maestri hanno spiegato che recitò preghiere in una quantità corrispondente al valore numerico della parola *VaEtchannan*, ossia cinquecentoquindici sicchè a maggior ragione ci sarebbe da domandare a che sono servite le sue *tefillot*. La risposta è quanto scritto sopra.

4. Veramente il talmud nel trattato di Berachot 32b impara proprio da lì l'imporatnza della *tefillà*: Mosè, con tutti i suoi enormi meriti, aveva bisogno della preghiera, e grazie ad essa ricevette il merito di quanto dettogli dal Signore:" Sali in cima all'altura e volgi i tuoi occhi a occidente, a settentrione, a mezzogioro ed a oriente; guarda il paese con i tuoi occhi..." [VaEtchannan 3,27].

5. Tuttavia bisogna capire che merito importante fosse salire sull'altura per vedere la Terra!? Il fatto è che la forza essenziale della *mizvà* di risiedere in Erez Israel sta nel fatto che così si unisce la *luce spirituale* dell'animo ebraico con la *luce* spirituale di Erez Israel. Infatti l'anima dell'ebreo è una *luce* spirituale proveniente dal Signore, come spiegato sopra nel cap.8 circa il detto *il Signore, la Torà ed il popolo ebraico tutt'uno*, ed anche in Erez Israel c'è una *luce spirituale* particolare; anche questo intende il verso che dice:" Una terra della quale il Signore si prende cura, sulla quale continuamente si posano gli occhi del Signore..." [Ekev 11, 12]. Quando un ebreo risiede in Erez Israel per *mizvà* queste due *luci* si uniscono e si rafforzano. Il signore diede a Mosè potenza spirituale così forte che per lui bastava guardare la Terra per portare a questa unione spirituale e raffozare la luce spirituale di Mosè e della Terra.

6. Il fatto che Mosè potesse osservare dall'alto tutta Erez Israel era un fatto spirituale miracoloso: Infatti secondo natura è impossibile vedere tutta Erez Israel dalla cima di una montagna ad est del Giordano. Ancora di più, Rashì sulla *parashà* di VaEtchannan scrive che quanto scritto *sali in cima all'altura e volgi i tuoi occhi a occidente* coincide a quanto scritto alla fine della *parashà* di Devarim, cap.34:"Mosè quindi salì dalle pianure di Moav sul monte Nevò in cima alla Pisgà di fronte a Gerico ed il Signore gli mostrò tutto il paese, il territorio di Ghil'ad fino a Dan; tutto il territorio di

Naftalì, il territorio di Efraim e di Manasse, tutto il paese di Giuda fino al Mediterraneo, il Neghev, la valle del Giordano, la collina di Gerico, città delle palme, fino a Tso'ar." Tutto questo è certo impossibile da vedersi secondo natura, da una montagna ad est del Giordano! Ciò avveniva piuttosto attraverso forze spirituali sopannaturali!

7. Tanto più che Rashì sulla *Torà*, lì alla fine della *parashà* di Devarim, spiega che allora il Signore fece vedere a Mosè non solo tutti i luoghi di Erez Israel ma anche tutto ciò che sarebbe lì successo in futuro, e tutti gli eventi che sarebbero successi al Popolo d'Israele fino alla resurrezione dei morti. Questa sicuramente è una vista spirituale soprannaturale!

8. Il motivo per il quale il Signore vece vedere tutto questo a Mosè era perchè, avendo lui potenze spirituale enormi, quando vedeva quelle cose si univano le sue luci spirituali alle luci di quelle, e di conseguenza le cose si elevarono e rafforzarono; questo al punto che fino ad oggi noi ricaviamo vantaggi da quella visione di Erez Israel e della storia ebraica che ebbe Mosè.

7. Infatti è scritto alla fine del libro di Devarim, 34, 9:"Giosuè figlio di Nun era pieno di spirito di sapienza perchè Mosè aveva imposto le sue mani su di lui." Quando la *Torà* scrive che Giosuè era *pieno di spirito di sapienza* sicuramente intende potenze spirituali di intensità per noi incomprensibile e la *Torà* testimonia che le ha ricevute *perchè Mosè aveva imposto le sue mani su di lui*. [Nella *parashà* di Pinchas è scritto che il Signore gli comandò di impostare le mani sulla testa di Giosuè e così fece; Rashì spiega che Mosè si comportò con generosità perchè mentre il Signore gli disse di impostarre la sua mano, lui impostò due mani]. Da qui vediamo le potenze spirituali di Mosè che avendo posto le sue mani su Giusuè, secondo il comandamento divino, riuscì a trasmettere a Giusuè tutto quello spirito di sapienza così elevato.

8. Mosè è arrivato a tutte queste grandi cose vedendo Erez Israel e la storia del Popolo Ebraico, grazie alle sue preghiere per entrare in Terra d'Israele. Vediamo quindi che nonostante le sue preghiere non sono state esaudite nel semplice senso della parola, ossia Mosè non ha ottenuto quel che chiedeva precisamente, tuttavia grazie ad esse Mosè ed il popolo, anche nelle generazione future, hanno avuto enormi vantaggi. Inoltre Rashì spiega sul verso che dice *hai (già) molto* (*parashà* di VaEtchannan), nella seconda spiegazione, che il Signore intende rispondere alla sua richiesta di entrare in Erez Israel:"Ti ho conservato cose più importanti"; è possibile che il merito per queste cose derivava in gran parte dalle preghiere di Mosè. Certi argomenti trattati nei precedenti capitoli dovrebbo essere trattati più ampliamente ma non ho voluto dilungarmi di più. Nel libro *Avvicinarsi al Signore* una parte di quei argomenti sono trattati più ampliamente.

9. Avendo parlato di preghiera, è importantissimo sottolineare che ora, nella vostra situazione, difficile in molti aspetti, è importantissimo che preghiate per il successo sia per le cose economiche, come casa e lavoro etc. che per quelle spirituali. Alcuni credono che essenzialmente bisogna pregare solo per cose spirituali, mentre per quelle materiali sarà quel che sarà, ma è importantissimo sottolineare che è un grave sbaglio, perchè l'uomo deve pregare per ogni cosa di cui sente aver bisogno. I Nostri Maestri hanno formulato anche nell'ambito dell'*amidà*, che è una *tefillà* molto importante, richieste per cose materiali. Tutto, sia le cose riguardanti la società che quelle riguardanti l'individuo, dipende dal Signore, che ascolta le *tefillot*. Bisogna quindi pregare su tutto, e più la *tefillà* proviene dal profondo del cuore ed è recitata implorando, più viene accettata. Secondo quanto ho sentito, nella vostra situazione ci sono problemi legati all'educazione dei figli, sicchè anche su questo dovete implorare il Signore dal profondo del cuore che faccia progredire i vostri figli nella *Torà* e nelle *mizvot*, durante tutti i periodi.

DODICESIMO CAPITOLO

1. Tu ti lamenti che la tua precedente carica riguardava il popolo d'Israele, mentre in altri campi riguarda un particolare, e sembra quindi che ti preoccupi solo di te stesso.

2. La risposta a questo è che in effetti in ogni cosa inerente al servizio divino che si fa, si aiuta tutto Israele. Spiega infatti il Nefesh HaChaim che il Signore ha creato insieme a questo mondo dei *mondi superiori*. Quando un ebreo esegue la volontà del Signore in questo mondo porta molta luce nei *mondi superiori* e di conseguenza benedizione e successo a tutto il popolo d'Israele, oppure avviene, D.ce ne scampi, che se un ebreo commette un peccatto intacca i mondi superiori e di conseguenza causa granda perdita a tutto il popolo.

3. In due cose in particolar modo l'azione del singolo porta bene a tutto il popolo: Nello studio della *Torà*, come spiega il Nefesh HaChaim nel *shaar* 4 dal cap.11 in poi, che il Signore ha predisposto la Creazione in modo tale che la buona influenza e la luce essenziali che pervengono al Popolo d'Israele dipendano molto dallo studio di *Torà* abbondante di ogni singolo. È molto consigliabile leggere le parole del Nefesh HaChaim direttamente sul libro. [Contiene molte citazioni dallo Zoar forse linguisticamente difficili, ma nella maggior parte delle edizioni c'è oggi la traduzione dello Zoar accessibile a tutti].

4. La seconda cosa che ha un potere particolare di portare benedizione a tutto il Popolo d'Israele è la grande attenzione a questioni di pudore e *kedushà*. Infatti il Midrash Rabbà sulla *parashà* di VaJeshev spiega che il merito per l'Apertura del Mar Rosso derivava dall'attenzione che aveva fatto Giuseppe a non cadere nel peccato. Il Gaon cita i Tikkunè HaZoar dove leggiamo che se Giuseppe non fosse stato capace di non peccare, tutto il Popolo d'Israele sarebbe affogato in mare. Questo è un esempio di come l'attenzione di un singolo abbia salvato il popolo intero. I Nostri Maestri, in particolar modo nel Talmud di Gerusalemme, raccontano circa una donna di nome Kimchit la quale grazie alla sua attenzione a questioni di pudore ebbe il merito di avere sette figli tutti Sommi Sacerdoti! Uno dei compiti del Sommo Sacerdote è portare salvezza al tutto il Popolo d'Israele nel giorno di *kippur*. Quindi abbiamo un altro esempio di come l'attenzione di una singola donna in questioni di pudore abbia portato buona influenza a tutta la generazione. È molto imporatante sapere che l'attenzione comprende stare molto attenti alle alachot della purezza familiare. Circa il motivo per il quale l'attenzione di singoli proprio in queste cose porta buone influenza a tutto il popolo, vedasi nel libro Avvicinarsi al Signore, cap. 17.

5. Ne consegue che se tu farai del tuo massimo per migliorare ancora di più nelle questione inerenti al servizio divino, ed in particolar modo in queste due cose, lo studio della *Torà* e l'attenzione a questioni di *kedushà* e pudore, porterai influenza di benedizione e successo in ogni cosa per tutto il Popolo d'Israele; a maggior ragione se tu sei un uomo capace d'influire sulla gente, insegnargli la *Torà* ed a raffozzarsi in questioni inerenti al servizio divino, tanto più su questi argomenti.

TREDICESIMO CAPITOLO

1. Bisogna sapere che tutte le cose inerenti al servizio divino, non solo portano bene a tutto il Popolo d'Israele e portano enorme ricompensa a chi le fa nel mondo a venire, ma sono anche il vero nutrimento dell'anima anche in questo mondo e indispensabili per essa.

2. È scritto nei Salmi, cap.42: "Come il cervo anela ai corsi d'acqua, così la mia anima anela a Te, o Dio. La mia anima ha sete di Dio, del Dio vivente. Quando potrò venire e prostrarmi davanti a Dio?" Il Signore ha creato cose come il ferro e le pietre che non hanno bisogno di mangiare e bere, ed animali e vegetali per i quali invece il cibo è indispensabile. Anche l'uomo ha bisogno di cibo. Il re David intende dire che essendo l'uomo composto di corpo ed anima, non solo il primo deve essere nutrito ma anche l'anima ha bisogno del suo "cibo". Il "cibo" dell'anima è una *luce spirituale* proveniente dal Signore che entra nell'uomo. Il verso intende dire: Così come il cervo nel deserto cerca una fonte d'acqua perchè questa è la sua natura, l'anima è assetata del Signore perchè questa è la sua natura.

3. Se l'anima non ha legame col Signore, anche se l'uomo ha tutte le cose buone di questo mondo che lui desidera, l'anima percepisce un senso di "fame" e soffre indescrivibilmente.

4. Solo se l'uomo si avvicina veramente al Signore, giungerà la *luce spirituale* proveniente dal Signore ed allora l'anima sarà soddisfatta ed arriverà alla sua potenza. Queste *luci* pervengono all'uomo attraverso lo studio della *Torà*, la *tefillà* al Signore, le azioni di *mizvà* e l'attenzione alle *averot*. Allora l'uomo arriverà al vero scopo per il quale è stato creato in questo mondo

QUATTORDICESIMO CAPITOLO

1. Per conclusione porterò le parole dei Nostri Maestri nel Yalkut Scimonì sulla Meghillà di Echà, par.897. "Quando fu distrutto il Santuario ed i Figli d'Israele andavano in esilio in Babilonia, il Signore disse a Geremia di riferirlo a Mosè, che è sepolto sul monte Nevò. Geremia andò lì e Mosè gli disse che voleva andare a visitare gli esuli ma Geremia gli rispose che non poteva andare perchè la strada era piena di salme. Mosè volle andare comunque; si misero in cammino finchè non incontrarono gli esuli sulle sponde dell'Eufrate. Gli ebrei riconobbero che colui che andava con Geremia era Mosè [ed è un fatto miracoloso che che tutti gli esuli videro Mosè da svegli]. Furono contenti perchè pensarono che venisse per redimerli, così come aveva redento i Figli d'Israele dall'Egitto. Uscì una voce dal cielo e disse che allora era ancora impossibile abolire l'esilio. Mosè allora gli disse che tornare proprio subito era impossibile perchè era stato già emesso il decreto, ma comunque li benediva che il Signore li facesse tornare presto. Sentendo questo, scoppiarono tutti in un gran pianto finchè questo salì in cielo. Su questo è scritto nel Salmo 137:" Presso i fiumi di Babele, là noi siedevamo e piangevamo al ricordo di Zion".

2. Ci sarebbe da dilungarsi molto sulla spiegazione di questo midrash, e non è questo il luogo, ma quel che voglio dire è che il fatto che abbiano visto Mosè da svegli era un grande cosa che indubbiamente lasciò una potensimma traccia spirituale nelle loro anime e bisogna capire per quale loro merito ricevettero questo premio.

3. La risposta è che rispettivamente al fatto che il Signore lì portò nella difficilissima situazione della distruzione del Santuario e dell'esilio, gli diede anche forze d'animo potentissime.

4. Il fatto che subito dopo aver sentito Mosè piansero così forte che il loro pianto salì in cielo fu perchè, grazie all'incontro con lui ed alla sua benedizione, ricevettero la forza per pregare così intensamente. Mosè era infatti il *pilastro della preghiera*, come vediamo in molti casi, come quando pregò per Israele per quaranta giorni e quaranta notti consecucutivi, che sono novecentosessanta ore. La capacità delle sue preghiare era enorme, tanto che grazie ad esse il popolo d'Israele si salvò dalla distruzione. Da lui gli esuli ricevettero la forza per una *tefillà* efficace che salisse in cielo.

5. Riguardo al vostro caso, certamente nulla è paragonabile alla distruzione del Santuario e all'esilio generale del popolo ebraico, ma il Gaon, nel commento al Sifra DeZeniuta, cap.5 foglio 34, colonna 1, scrive che ad un singolo, in ogni generazione, possono capitare eventi da un certo punto di vista paragonabili agli eventi del popolo ebraico descritti nel Pentateuco. Da ciò possiamo imparare che tutto ciò che capita ad un ebreo nella vita è un qualcosa di profondo i cui motivi appartengono ad un elevato disegno divino. Dobbiamo quindi sapere, circa il problema privato di un singolo o di un gruppo che ha perso il luogo dove abitare ed il suo posto di lavoro, che nel momento che il Signore li ha portati a questo, gli ha dato anche delle forze spirituali che prima non aveva. Lo stesso concetto lo troviamo nel detto talmudico [trattato di Shabbat 12b]:" La presenza divina si trova vicino al guanciale del malato". Questo è riportato anche nello Shulchan Aruch, Jorè Deà cap.335, par.5 (vedasi lì nel commento dello Sciach e del Taz). A volte può capitare che l'individuo non si sia accorto di aver ricevuto tali sante forze e faccia caso solamente al male successogli. Bisogna invece interiorizzare che insieme al malanno sicuramente il Signore aggiunge rispettivamente nuove potenze spirituali delle quali bisogna ufruire al massimo per avvicinarsi al Signore e se possibile, avvicinare anche gli altri a Lui, sicchè il periodo di malanni funga da ascesa spirituale e non il contrario.

L'insegnamento della *Torà*

SOMMARIO

Primo capitolo L'enorme importanza dell'insegnamento ai bambini ed il bisogno di dedicarsi molto a questo.

Secondo capitolo Il motivo per il quale nella *Torà* gli alunni sono chiamati "figli". Da questo bisogna dedurre fino a che punto un insegnante deve dedicarsi all'alunno.

Terzo capitolo Ogni alunno può arrivare a grandi risultati, anche se in apparenza non sembra sia così, per via di un pessimo comportamento o mancanza di capacità. Sapendo che invece c'è sì la possibilità che arrivi a grandissimi risultati, bisogna impegnare molte forze per farlo arrivare.

Quarto capitolo Il grande sforzo che gli insegnanti devono fare per la riuscita degli alunni che, grazie alle loro capacità, dono celeste, possono arrivare ad ottimi risultati.

Quinto capitolo Per diversi motivi l'insegnante deve fare molta attenzione a non offendere l'allievo.

Sesto capitolo Le parole del *talmud* nel trattato di Eruvin su Rav Freda circa l'importanza della grande pazienza per rispiegare ripetutamente agli alunni che non hanno capito.

Settimo capitolo L'immane responsabilità dell'insegnante circa il futuro spirituale degli alunni.

INTRODUZIONE

1. Certo, il modo d'insegnare varia se si tratta di bambini, di ragazzi, di giovani o di adulti. Il contenuto di questo scritto in parte riguarda tutte le categorie ed in parte solamente alcune, come è evidente dal contenuto. Quasi tutto poi riguarda non solo gli insegnanti ma anche i genitori, circa l'educazioni che devono dare ai figli.

2. Il contenuto è tutto basato sulle parole dei Nostri Maestri e dei commentator senza nulla che provenga da altra fonte.

DIVRÈ JAAKOV - PAGINE DI PENSIERO EBRAICO

Primo capitolo
L'enorme importanza dell'insegnamento ai bambini ed il bisogno di dedicarsi molto a questo

PRIMA PARTE
LE PAROLE DEL TALMUD, TRATTATO DI BABÀ BATRÀ 8, SU UN VERSO DI DANIELE CAP.12

1. È scritto nel libro di Daniele:"E i saggi rifulgeranno come lo splendore del firmamento e coloro che avranno attratti molti alla *zedek* saranno come stelle in eterno."

2. Nel trattato di Babà Batrà scrive che "coloro che avranno attratti molti alla *zedek*" si riferisce agli insegnanti dei bambini piccoli.

3. Spiega poi il paragone: Le stelle che, dal cielo, illuminano il globo terrestre, sembrano piccolissime dalla terra, pur essendo invece grandissime. Solo per via della distanza ci sembrano così piccole.

4. La stessa cosa avviene con l'insegnante: Quando insegna ad un livello adatto per i bambini piccoli, in effetti opera cose grandissime, influenzando sulle loro anime per tutta la vita. Questo per due motivi: Il primo, per natura l'educazione ricevuta in infanzia rimane bene impressa per tutta la vita. Il secondo, nello studio in infanzia c'e una particolare forza spirituale che può aiutare lo scolaro per tutta la vita ad ascendere ad alti livelli, che saranno evidenti anche nelle sue azioni.

5. Ci sembra che lo studio con i bambini non sia così importante. L'errore deriva dalla distanza di anni dal momento nel quale si è appreso un concetto al momento nel quale basiamo in effetti la nostra vita sulla base di questo concetto. Il verso di Daniele ci insegna a non cadere in questo errore, come spiega ancora meglio il talmud sopra citato che lo studio con i bambini è in effetti una cosa molto importante.

6. Non sono le stelle sono molto più grandi di quanto sembrano, ma la grandezza di alcune è al di là dell'immaginazione, molto più grande del globo terrestre. Paragonando la stella all'insegnamento di un maestro ad un bambino, possiamo dire che a volte l'influenza di questo insegnamento è al di là di quanto noi possiamo immaginare: talvolta vediamo una grande personalità rabbinica e pensiamo sia arrivata a questi livelli grazie ai suoi sforzi nello studio e nel servizio divino, mentre a volte il fattore determinannte è stato l'insegnamento ricevuto da bambino, per il quale anche l'insegnante riceverà uno stipendio divino enorme.

SECONDA PARTE
LE PAROLE DEL TALMUD NEL TRATTATO DI BABÀ BATRÀ SULL'ENORME DEDIZIONE DI RAV SHEMUEL BAR SCILAT AI SUOI ALUNNI

1. Il trattato di Babà Batrà, dopo la spiegazione che *coloro che avranno attratti molti alla zedek saranno come stelle in eterno* si riferisce agli insegnanti dei bambini piccoli, porta l'esempio di un insegnante esemplare, al quale è adatta la definizione del verso. Si tratta di Rav Shemuel Bar Scilat, sul quale si racconta che una volta Rav, che era il suo insegnante, lo vide nel giardino della sua casa (di Rav Shemuel Bar Scilat) e gli disse:"Che è successo, hai lasciato il tuo mestiere!? Mi ricordo che ti ho sempre visto insegnare i bambini, senza interruzione, e come ora hai tempo di stare in giardino!?" Rav Shemuel Bar Scilat gli rispose che erano tredici anni che non vedeva il giardino, ed anche ora stava andando dagli alunni e pensava a loro. Vediamo qui la grande dedizione di un insegnante agli alunni, per via della quale non aveva avuto per così tanti anni un minuto libero per stare in giardino!

2. Molto spesso è difficile per l'insegnante dedicarsi completamente ai bambini perchè non conosce abbastanza l'enorme valore di questa azione, tanto più che spesso è difficilissimo insegnare ai bambini, perchè non vogliono ascoltare e disturbano. Dopo aver trattato dell'importanza di questo insegnameto, il talmud racconta di Rav Shemuel Bar Scilat, per insegnarci che lui riusciva a dedicarsi in quella maniera perchè si rendeva conto del valore di quel cha stava facendo, valore precedentemente descritto dal talmud.

TERZA PARTE
Il TALMUD NEL TRATTATO DI SHABBAT 119 SCRIVE CHE IL MONDO SI REGGE PER MERITO DELLO STUDIO DI TORÀ DEI BAMBINI

PICCOLI

1. Circa l'importanza dello studio di *Torà* dei bambini piccoli dobbiamo riportare il talmud, trattato di Shabbat 119b:"Ha detto Resh Lakkish a nome di Rabbì Jeudà Nessià: Il mondo non si regge se non sull'alito dei bambini piccoli quando studiano la *Torà*. Disse Rav Pappa a Abayè: Perchè, il nostro studio, noi che siamo i saggi del talmud, non vale ugualmente!? Gli rispose Abayè: L'alito di chi ha peccato non è simile a l'alito di chi non ha peccato!" [È evidente che quando si dice *peccato* parlando di *amoraim* ci si riferisce a mancanze sottilissime che a noi non riguardano; tuttavia è più forte uno studio completamente pulito, anche rispetto allo studio, sia pure profondissimo, di chi ha fatto un peccato!]

2. Il Talmud lì scrive ancora:" Ha detto Resh Lakkish a nome di Rabbì Jeudà Nessià: Non si distolgono i bambini piccoli dallo studio della *Torà* neanche per la costruzione del Santuario!.

QUARTA PARTE

ANCORA SUL MOTIVO PER IL QUALE LO STUDIO DI TORÀ DEI BAMBINI PICCOLI È COSÌ IMPORTANTE

1. Ci sono due motivi per i quali lo studio di *Torà* dei bambini piccoli è enormemente importante. Il primo, quello sopra riportato dal trattato di Shabbat. Spieghiamo meglio: I Nostri Maestri scrivono in diversi posti che il mondo sussiste grazie allo studio della *Torà* del Popolo d'Israele, vedasi trattato di Shabbat 88a e nel libro nefesh HaChaim shaar 4. Su questo il talmud scrive che la parte più forte in questo studio è quella dei bambini piccoli perchè la loro anima è completamente pulita da peccati.

2. Il secondo motivo è spiegato dal Ramchal: L'anima umana è una *luce* spirituale proveniente dal Signore il Quale la fa seguire da due accompagnatori spirituali, l'istinto buono e l'istinto cattivo [ambedue non sono parte dell'anima stessa ma solo appunto degli accompagnatori, come spiega il libro Ez HaChaim *shaar* 26]. In ogni momento di studio della *Torà* l'uomo porta ancora *luce* spirituale all'anima, aiutandola così a farzi forza nel servizio divino e a salvarsi dall'istinto cattivo. Il Signore ha fatto sì che gli istinti cattivi più difficili e pericolosi subentrano più tardi e in tenera età non ci sono ancora; per questo la *luce* che perviene ai bambini quando studiano, avendo preceduto gli istinti più forti, ha una forza particolare di salvarli dall'istinto cattivo per tutta la vita.

3. Molti pensano, erroneamente, che l'importanza dello studio del bambino piccolo sia essenzialmente per abituarlo a studiare quando crescerà, mentre lo studio importante è quello dell'adulto, il quale comprende meglio. Questo è del tutto sbagliato perchè anche da piccoli ogni momento che si studia si esegue una grande *mizvà*, che porterà *luce* all'anima per tutta la vita.

4. Secondo quanto spiegato dal Ramchal non è solo un fatto di più *luce*, ma la cosa è cruciale, perchè la forza spirituale dell'adulto, grazie alla quale riesce a vincere l'istinto cattivo, agisce con molta più facilità presso chi ha studiato da bambino, avendo acquisito da allora delle *luci* molto forti e durature. [Vedasi nel commento del Gaon allo Zoar, parashà di Lech Lechà 79a (nel libro foglio 26 colonna 3) dove scrive anche circa le buone azioni compiute prima di tredici anni che con il loro aiuto si vince l'istinto ed *aggiusta* il corpo dopo l'età di tredici anni].

5. Tuttavia non si disperi chi non ha studiato *Torà* da bambino! Sicuramente il Signore aiuta tutti. Il talmud, trattato di Berachot 34b, scrive che neanche I giusti completi possono arrivare al livello di coloro che hanno fatto *tesciuvà*. Rabbenu Jonà scrive all'inizio del suo libro Shaarè Tesciuvà che il Signore dà un aiuto soprannaturale per vincere l'istinto a coloro che hanno fatto *tesciuvà*. Però certo quando abbiamo la possibilità d'insegnare *Torà* a un bambino dobbiamo conoscere l'importanza enorme dello studio con lui, grazie al quale perverrà una *luce* che lo accompagnerà per tutta la vita.

QUINTA PARTE
L'OBBLIGO D'INSEGNARE LA TORÀ AI BAMBINI INCLUDE IL DOVERE DI FARGLI ACQUISIRE AMORE PER LO STUDIO DELLA *TORÀ* E CONSAPEVOLEZZA DELL'IMPORTANZA DI QUESTO STUDIO E DELL'ADEMPIMENTO ALLE *MIZVOT*

1. L'obbligo dell'insegnamento ai bambini non consiste esclusivamente nello studio della *Torà* ma anche nel fargli acquisire un enorme amore per essa e per l'adempimento alle *mizvot*. Ci vuole una particolare attenzione per riuscire in questo!

2. Così pure bisogna fargli interiorizzare la grande importanza dello studio della *Torà* e dell'adempimento alle *mizvot*. Deve essere ben radicato nel loro cuore che questo è l'essenziale nella vita, come scrive il Messilat Yesharim:" Solo l'attaccamento al Signore è il bene e all'infuori di questo, tutto ciò che gli uomini possano pensare che sia bene, non è altro che illusione e vanità". Quindi "l'uomo deve.correre dietro a tutto ciò che constata lo leghi al Signore e fuggire come dal fuoco da tutto ciò che lo allontana da Lui".

Secondo capitolo
Il motivo per il quale nella *Torà* gli alunni sono chiamati "figli". Da questo bisogna dedurre fino a che punto un insegnante deve dedicarsi all'alunno.

PRIMA PARTE

1. È scritto nella *Torà*, nella *parashà* di VaEtchannan, nel brano dello *shemà*:" Li insegnerai ai tuoi figli". Così pure è scritto nella *parashà* di Ekev, nel brano di *ve-aià im shamoa*:" Li insegnerete ai vostri figli." Da qui hanno imparatto che è obbligo per il padre insegnare la *Torà* a suo figlio.

2. Il Sifrì su Devarim par.34, il Maimonide nelle Hilchot Talmud Torà cap.1, il Tur in Yorè Deà capitolo 245 e lo Sciulchan Aruch nello stesso capitolo, scrivono che la *mizvà* non si limita all'insegnamento dei figli, bensì ogni saggio ha la mizvà di insegnare agli alunni, chiamati anche loro *figli*. Solamente che i figli hanno la precedenza.

3. Vediamo che la *Torà* scrive "li insegnerete ai vostri figli" e non ha usato quindi l'espressione *allievi* bensì *figli* anche quando intende anche *allievi*. Perchè questo?

4. I commentatori spiegano che in effetti per formare degli allievi come si deve, affinchè diventino veri studiosi di Torà e siano dimorosi di D-o ci vuole molta dedizione da parte dell'insegnante. Ci riuscirà solo se vorrà vedere il successo dei suoi allievi così come vuole quello dei propri figli!

5. Si sa come la gente in genere si preoccupa e si sforza affinchè i figli riescano bene nello studio della *Torà* e nel servizio divino. Nella stessa maniera dobbiamo preoccuparci per i nostri allievi. L'insegnante deve impiegare tutta la sua forza e usare tutti i mezzi per far progredire gli allievi nello studio e nel timore di D-o.

6. Sappiamo su Rav Natan Zvi Finkel, così detto "Il Sabba di Slabotka", che ebbe il merito di formare molti allievi che diventarono grandissimi rabbini. Lui, quando vedeva un allievo che non riusciva tanto nello studio, digiunava ripetutamente per risvegliare su di lui la misericordia divina affinchè riuscisse. Certo non ogni insegnante è in grado di arrivare a questo livello e neanche gli sarebbe permesso per motivi di salute, tuttavia dobbiamo imparare dal suo comportamente quanta dedizione ci vuole per il successo degli alunni! Se non attraverso digiuni, con altri sistemi che implicano tanti sforzi, affinchè gli allievi siano perseveranti e comprendino la *Torà*. Bisogna anche pregare affinchè riescano nello studio della *Torà* e siano timorosi di D-o.

SECONDA PARTE

1. Abbiamo scritto sopra che la *Torà* ha chiamato gli allievi *figli* ed abbiamo dato a questo una semplice spiegazione. Aggiunge il Gaon nel commento al Sefer HaYezzirà e al Tikkunè HaZoar che quando un maestro insegna la *Torà*, non solo trasmette delle nozioni, ma insieme ad esse gli fa arrivare dal Cielo delle nuove parti di anima che prima non avevano.

2. Per questo la *Torà* considera gli allievi come figli dell'insegnante: Come il padre ha portato al mondo l'anima del figlio, così l'insegnante porta all'allievo nuove parti di anima.

3. Il significato pratico di questo concetto è enorme: Se l'insegnante porta all'allievo nuovi parti d'anima, certo può portargli diversi tipi di anima! Più insegna con timore di D-o e la sua intenzione è santa e pura, più saranno buone le parti di anima che aggiungerà agli allievi, per una loro migliore riuscita nello studio e nel servizio divino, per tutta la vita!

4. Non solo, anche il comportamento dell'insegnante quando non si trova con gli allievi è determinante: Più è attivo nel servizio divino e si trova nella *keduscià*, più aumenta la sua capacità di portare agli allievi parti di anima eccelse e sante.

5. Nel libro di Malachì, cap.2, è scritto:" Le labbra del *cohen* debbono costudire la conoscenza di D-o, e dalla sua bocca si deve ricercare l'insegnamento, perchè egli è un angelo del Signore Tsevaoth". Nel talmud, trattato di Chaghigà 15b, troviamo l'interpretazione di Rabba bar Bar Channà secondo la quale il verso ci insegna che se il rabbino assomiglia ad un angelo allora si studia *Torà* da lui, altrimenti no. La semplice spiegazione è che se il rabbino non è abbastanza *zaddik* l'allievo potrebbe imparare da lui comportamenti negativi; inoltre, per mancanza di timor di Di-o, il rabbino potrebbe essere impreciso nello studio. Me secondo il Gaon, il quale ha spiegato che l'insegnante attraverso lo studio della *Torà* far pervenire delle parte aggiuntive all'anime degli allievi, possiamo dire che bisogna andare a studiare presso lo *zaddik* anche perchè se lui è l'insegnante potrà far pervenire parti di anima più eccelse e sante.

6. Il talmud si rivolge all'allievo affinchè vada a studiare presso un rabbino *zaddik*, ma da qui anche il rabbino, sapendo che se sarà più *zaddik* potrà influire moltro meglio, imparerà a sforzarsi quanto più per acquisire timor di Di-o, anche non in presenza degli allievi. Questo è obbligo per ogni uomo ma a maggior ragione per un insegnante che ha la responsabilità del bene dei suoi
allievi.

Terzo capitolo
Ogni alunno può arrivare a grandi risultati, anche se in apparenza non sembra sia così, per via di un pessimo comportamento o mancanza di capacità. Sapendo che invece c'è sì la possibilità che arrivi a grandissimi risultati, bisogna impegnare molte forze per farlo arrivare

PRIMA PARTE

1. Il talmud nel trattato di Babba Mezzià 85a racconta che Rabbì Elazar, figlio di Rabbì Scimon Bar Jochai, quando morì, lasciò un figlio che andò in una strada cattiva, e questo lo sapevano gli abitanti del luogo.

2. Capitò in quel paese, dove una volta abitava, ancora prima che arrivasse Rabbì Elazar, Rabbi [ossia Rabbì Jeudà HaNassì, compositore della Mishnà, soprannominato Rabbenu HaKadosh] e si informò se Rabbì Elazar avesse lasciato un figlio. Gli dissero di si, ma aggiunsero che andava nella cattiva strada.

3. Rabbi chiamò quel figlio, lo avvicinò molto, gli fece molto onore e gli diede una buona posizione, pur essendo lui ancora nella cattiva strada. Lo rese importante e gli assegnò come insegnante Rabbì Shimon ben Issi ben Lakunia. Ma ciò non aiutava perchè l'allievo voleva sempre tornare nella sua cattiva strada.

4. Allora gli disse [non è chiaro se fu Rabbi o Rabbì Shimon ben Issi ben Lakunia a dirglielo] di notare quale onore gli avevano fatto e quale posizione importante gli avevano dato e che quindi non poteva tornare nella cattiva strada. Allora si pentì e si impegnò a non tornare indietro.

4. Il talmud racconta che quel figlio divenne un grande giusto ed uno degli importanti *tannaim*. Si chiamava Rabbì Jossè ben Rabbì Elazar ben Rabbì Shimon. Divenne così grande che alla sua morte lo volevano seppellire nella stessa grotta dove giacevano suo padre Rabbì Elazar bar Rabbì Shimon e suo nonno Rabbì Shimon bar Jochai. Venne un serpente e circondò la grotto per impedire l'entrata e gli dissero di non disturbare affinchè potessero seppellire il figlio vicino al padre. Il serpente non se ne andò e la gente pensava che fosse perchè Rabbì Jossè non era arrivato al livello del padre Rabbì Elazar. Allora uscì una voce dal cielo e disse che il motivo per il quale non gli permettevano in cielo d'entrare nella grotta non era perchè Rabbì Eliezer fosse più grande di Rabbì Jossè; il motivo era che solo Rabbì Eliezer si meritava di essere in quella grotta perchè lì si era trovato anche in vita, con grandi sofferenze. Il talmud nel trattato di Shabbat 33b racconta infatti che studiò per molti anni in quella grotta in terribili condizioni. Invece Rabbì Jossè non aveva avuto questa sofferenza.

DIVRÈ JAAKOV - PAGINE DI PENSIERO EBRAICO

SECONDA PARTE

1. Alla base di questo racconto talmudico c'è un grande concetto, tra i più importanti nell'opera educativa: La buona riuscita dell'allievo nello studio della *Torà* e nel buon comportamento dipende in gran parte dall'incoraggiamento che gli diamo affinchè creda di potere veramente arrivare ad altissimi risultati nella *Torà* e nella perfezione morale.

2. Questo funziona perchè ogni ebreo, nel profondo del cuore, vuole essere in effetti grande nella *Torà* e quanto più un gran *zaddik*, perchè comprende il valore di queste cose rispetto al contrario. Tuttavia, ognuno viene messo alla prova attreverso cose che lo bloccano nel raggiungimento di queste mete. Per superare questi ostacoli c'è bisogno spesso di svariati, difficili sforzi.

3. Una chiara consapevolezza che con un grande e vero sforzo si può arrivare a grandi livelli è tra le cose che più possono dare la forza di superare prove. Allora l'uomo sarà disposto ad impiegare in effetti questi sforzi per raggiungere lo scopo.

4. Se viceversa l'uomo pensa che anche sforzandosi le sue probabilità di arrivare a grandi risultati sono scarse, allora indebolisce notevolmente la propria volontà di sforzarsi e superare le prove.

5. Spesso il solo dubbio se si possa arrivare a gran risultati indebolisce la forza necessaria per superare prove. In tal caso quindi sola la sicurezza di poter arrivare a un buon successo dopo adeguato sforzo ci può dare la forza d'animo di fare tanti sforzi per arrrivare allo scopo.

6. Nell'episodio talmudico riportato sopra Rabbi sapeva che l'unico modo che aveva Rabbì Jossè ben Rabbì Elazar per superare le sue prove sarebbe stato riconoscere il grande valore di se stesso. Essendogli chiaro che con grandi sforzi sarebbe potuto diventare uno dei grandi *chahamim* avrebbe acquisito la capacità di sforzarsi ed arrivare veramente ai più alti livelli.

TERZA PARTE

1. Nello studio della *Torà* ogni allievo, dopo sforzi, potrà arrivare a grandi risultati, non come nelle materie secolari dove i limiti sono chiari: Lì chi non è dodato ha ristrette possibilità di buon successo. Nella *Torà* non è così perchè comunque il successo nel suo studio è una questione soprannaturale.

2. I motivi per i quali tutti possono avere successo nello studio della *Torà* sono diversi. Uno, è quanto scritto nel talmud, trattato di Sanedrin 99 e nel commento di Rashì lì sul verso che dice:"L'anima di chi fatica, fatica per lui". Il talmud spiega che la ripetizione del verbo *faticare* nel verso ci insegna che quando una persona fatica nello studio della *Torà* in questo mondo, le *luci* spirituali della *Torà*, nei *mondi superiori*, chiedono al Signore e lo implorano di far riuscire questa persona nello studio della *Torà*, di fargli capire bene e sapere la materia. Grazie a queste richieste e a queste implorazioni l'uomo potrà arrivare a cose che sono molto al di sopra delle sue capacità naturali.

3. Un altro motivo è quanto spiegato nel libro Shaar HaGhilgulim e nel commento del Gaon allo Zoar, *parashà* di Pikudè, che attraverso lo sforzo nello studio della *Torà* e nel servizio divino, si aggiungono all'anima nuove parti, molto più elevate dell'anima già da prima esistente.

4. Quanto ci si merita attraverso lo studio della *Torà* e il servizio divino dipende molto dal tipo di anima che si possiede, alla quale si aggiungono altre parti dopo lo studio ed il servizio divino, grazie alle quali la capacità per queste cose cresce molto.

5. Il Chazon Hishh disse che ogni allievo che si sforza nella *Torà* può diventare uno dei più famosi rabbini, senza eccezioni.

6. È risaputo che molti dei famosi grandi d'Israele da giovani erano scarsamente dotati di capacità intelletuali ma nonostante ciò, grazie ai molto sforzi impegnati nella *Torà*, arrivarano ad alti livelli.

QUARTA PARTE

1. La conseguenza di quanto detto nelle precedenti parti deve essere che ogni insegnante è obbligato ad impiegare tutte le sue forze affinchè ogni allievo creda nelle proprie capacità di arrivare a grandi risultati nello studio della *Torà* e nel servizio divino. Grazie a questa fiducia nelle proprie forze la propria capacità in effetti aumenterà notevolmente.

2. È obbligo dell'insegnante dire queste cose chiaramente agli allievi e ripeterle molte volte perchè altrimenti, da dove potranno apprenderlo?

3. Al contrario, molti allievi hanno diversi motivi per pensare di non aver Speranza di riuscire nella *Torà* e nel servizio divino, chi per colpa di scarso intelletto, chi perchè ha difficoltà di perseveranza o altri impedimenti. Solo se gli spiegheremo ripetutamente che hanno la capacità d'arrivare a grandi risultati c'è speranza che si conviceranno.

4. A volte l'insegnante, a parte il discorso rivolto in generale a tutti gli allievi, ha l'obbligo di dirlo privatamente a quei specifici alunni che hanno dei motivi di pensare il contrario.

Quarto capitolo
Il grande sforzo che gli insegnanti devono fare per la riuscita degli alunni che, grazie alle loro capacità, dono celeste, possono arrivare ad ottimi risultati

PRIMA PARTE
1. Abbiamo spiegato nel capitolo precedente che ogni allievo, anche se dotato di scarso intelletto, può arrivare a buoni risultati nello studio della *Torà* e nel servizio divino. Tuttavia sappiamo che i dotati di buonissimo intelletto possono arrivare a risultati fantastici. Una persona dotata di buonissimo intelletto, fidata, mi ha riferito che quando era giovane il Kehillot Jaakov gli disse:"Sappi che essenzialmente tutto dipende dallo sforzo ma chi si sforza ed inoltre ha buon intelletto diventa un genio." So che il rav Shlomò Zalman Oirbach da un lato si sforzava molto di far progredire anche gli allievi deboli, sostenendo che potevano arrivare a buoni risultati, e si dispiaceva per quegli insegnanti che li trascuravano, ma d'altro lato quando indivuduava un allievo dotato di intelleto veramente particolare e raro impegnava per lui forze enormi, capendo che i risultati ai quali costui poteva arrivare nella *Torà* erano grandissimi.

2. Purtroppo moltissimi insegnanti sottovalutano del tutto questo concetto. Si affaticano ad inculcare che nulla dipende dal talento ma solo dallo sforzo. C'è chi addirittura prova a dire che il talento può essere una mancanza e che coloro non dotati di talento possono riuscire meglio perchè si sforzano di più etc. Queste idee, che sono purtroppo penetrate ultimamente in molti istituti, contraddicono la *Torà* e quanto insegnatoci da generazione in generazione, ed indeboliscono coloro che sono dotati di talento impedendogli di dedicare tutti se stessi alla *Torà*. [Chi si intende delle biografie dei nostri grandi rabbini sa che pur sia vero che molti di loro in gioventù avevano scarsissimo talento, tuttavia la maggior parte dei grrndi rabbini di ogni generazioni già da giovani avevano un talento formidabile. Vedasi anche quanto ho scritto sull'argomento nelle Spiegazioni ai Racconti Talmudici, trattato di Nedarim 8].

3. Su questo argomento il Hafez Chaim nel libro Shem Olam, seconda parte cap.6, ha scritto cose impressionanti. Ci insegna che una persona dotata di talento ha un'anima più elevata e perciò il suo compito in questo mondo è arrivare a grandi risultati nel servizio divino; se arriverà invece a risultati che solo presso gli altri sono considerati "grandi" avrà molto dispiacere nel mondo a venire. Secondo le sue parole è evidente che anche un insegnante che avrebbe potuto portare un allievo pieno di talento a grandi risultati ma ha sottovalutato la cosa portandolo sia pure a buoni risultati, pari a quelli degli altri, perderà molto del suo stipendio divino nel mondo a venire. Chi sa se allora non sarà severamente giudicato per questo?

4. È quindi dovere degli insegnanti fare caso alle attitudini particolari del bambino e far sì che ne ufruisca per arrivare a risulatti particolarmente grandi. Se D-o guardi terascureranno la cosa, la colpa sarà loro. A volte la perdita non sarà solo per l'allievo, ma per tutta la società che avrebbe potuto avere un grande sapiente di *Torà* che insegni, ed ora l'ha perso!

5.Quegli insegnanti che ripetono agli allievi che il loro talento non è un vantaggio, ed anzi può essere un difetto, devono sapere che peccano gravemente. Così affievoliscono la volontà di studiare del bambino e se in effetti il bambino studia di meno per via di questo, certo che la colpa degli insegnanti è grave. Molto spesso parlano così non per colpa intenzionale: Se l'insegnante stesso non ha molta attitudine o perlomeno non è un genio, la sua capacità di comprendere l'importanza ed il valore del talento e della genialità è limitata; questo gli fa pensare che in effetti non siano cose così importanti. Deve invece smetterla di pensarla così ed accettare l'opinione delle nostre grandi figure rabbiniche, riportate solo parzialmente nei precedenti paragrafi. Dovranno poi educare l'allievo ad arrivare ai risultati adatti alla sua vera capacità.

6. Gli scritti che riportano espressioni di grandi rabbini che sembrano contraddire quanto detto sopra non vanno fraintesi. Intendono solo dire che anche chi non è dotato di particolare attitudine può riuscere enormemente nella *Torà*, dopo fatiche, ma del resto anche chi è dotato di talento deve faticare. Dopo aver detto questo dobbiamo sottolineare che certamente bisogna fare attenzione che i meno dotati di talento non si offendano, ma non per questo imposteremo discorsi per via dei quali l'attitudine di chi è dotato andrà perduta.

7. In particolar modo bisogna considerare che in certi casi se coloro che hanno grandi attitudini si limiteranno ad arrivare agli stessi risultati di coloro che hanno meno talento, non reggeranno e non arriveranno neanche al livello di questi ultimi o addirittura lasceranno del tutto la strada dello studio. Potranno reggere solamente se vorranno arrivare ai livelli adatti al loro talento. Mi sembra che questi concetti siano brevemente riportati nel commento del Gaon ai Racconti del Talmud, trattato di Berachot, cap.1. Chiunque abbia esperienza didattica può constatare questo fatto. Quindi è un grave obbligo fare grandi sforzi affinchè coloro che hanno attitudini particolari sfruttino il loro potenziale, senza però esagerare pretendendo da loro che arrivino ancora più su delle già alte mete propostegli; in tale caso potrebbero crollare. Per soppesare la giusta misura nella qule pretendere da loro ci vuole un particolare aiuto divino.

SECONDA PARTE

1. Molto spesso proprio gli individui dotati di talento hanno delle qualità caratteriali che li disturbano nello studio della *Torà*, per esempio possono essere birichini o pigri.

2. Questo è da includere in quanto scritto nel talmud, trattato di Sukkà 52a:" Chi è più grande di un altro, anche il suo istinto è più grande." Più un'anima è elevata e più è probabile che le forze del male impieghino maggior forza per bloccare il suo progresso. Infatti quando una persona dotata d'anima elevata progredisce acquisisce grandi forze per il servizio divino, quello suo e quello del prossimo. Questo è stato già spiegato nella lettera del Chazon Hish stampata nel libro Kovez Higherot Chazon Isch e nella letterea del Kehillot Jaacov stampata nel libro Kariana Delgarta.

3. Perciò gli insegnanti devono fare bene caso a come possano aiutare gli allievi a superare tali difficoltà.

4. Sono accaduti degli episodi di grandi rabbini che già da giovani dimostarvano grande attitudine ma dovettero passare svariate,difficilissime prove. I loro maestri, che anche loro erano dei grandi, sacrificarano loro stessi, nel vero senso della parola, per aiutarli a salvarsi da quelle prove, ed ebbero così il merito di formare coloro che diventarono poi grardi figure rabbiniche.

APPENDICE

1. Abbiamo riportato nella prima parte le parole del Hafez Chaim nel libro Shem Olam, seconda parte cap.6: "Una persona dotata di talento ha un'anima più elevata". Il Chafez Chaim scrive lì inoltre che ai piedi del Monte Sinai fu assegnata per l'anima di ogni ebreo una parte della *Torà* e per i dotati di talento la parte è più grande. Vedasi in quel capitolo del libro tutte le parole del Chafez Chaim sull'argomento.

2. Nel libro Spiegazioni ai Racconti Talmudici ho riportato, nei commenti al trattato di Bechorot 8b, seconda parte, quanto detto dal Gaon: A volte il fatto che si miri a mete troppo alte è il motivo dell'insuccesso; in altri casi, al contrario, il motivo dell'insuccesso è l'aver mirato a mete troppo basse; vedasi lì quanto ho spiegato. Nello stesso libro, nei commenti al trattato di Nedarim 8, ho riportato sull'argomento spiegazioni dal libro Darash Moshè sui versi di Shemot che una volta Mosè è nominato prima di Aron ed un'altra Aron prima di Mosè e sui trattati di Pesachim 50a e Babà

Batrà 10b, sul brano che dice *ho visto un mondo capovolto etc.* vedasi lì tutta la spiegazione.

Quinto capitolo
Per diversi motivi l'insegnante deve fare molta attenzione a non offendere l'allievo

1. Diverse volte i Nostri Maestri si sono espressi duramente sul divieto di svergognare una persona in pubblico ed hanno detto:"È meglio buttarsi nella fornace piuttosto che svergognare una persona in pubblico". Oppure: "Chi svergogna una persona in pubblico non ha parte nel mondo a venire".

2. Degli insegnanti domandano come fare quando spesso, per l'educazione degli alunni, avrebbero bisogno di svergognare un alunno davanti agli altri, ma d'altro lato è grave svergognare. Non intendo qui rispondere alla domanda sicchè ogni insegnante domandi al suo rabbino come comportarsi quando due interessi si scontrano. [Il rabbino che risponderà alla domanda deve considerare che quando si offende un alunno la sua vergogna è indescrivibile perchè l'autorità dell'insegnante in classe è molto grande, e i presenti sono numerosi; questi due fattori ingrandiscono enormemente il divieto].

3. Veramente nella grande maggioranza dei casi la domanda non esiste perchè svergognare un bambino davanti agli amici non serve quasi mai ad educarlo e, peggio, lo porta ad odiare l'insegnante sicchè da ora in poi gli sarà difficile accettare i suoi insegnamenti. Anche se per un breve periodo si comporterà bene per paura di essere svergognato di nuovo, a lungo andare è più il danno che il vantaggio.

4. Ancora più grave: Spesso agli occhi dei bambini l'insegnante è il *rappresentante* del Signore, perchè gli insegna la Sua strada, sicchè quando l'insegnante si fa odiare, fa odiare insieme a se stesso tutta la *Torà* ed il servizio divino.

5. Inoltre questo alunno, insieme agli altri, riceve dall'insegnante un cattivo esempio di comportamento duro e insensibile e sviluppano loro stessi questa tendenza. Una volta interiorizzata la cattiveria di cuore, sarà difficilissimo estirparla.

6. In molti casi, quando degli insegnanti usano spesso svergognare l'alunno, questo non deriva da moventi didattici ma da linee caratteriali negative. Possono controllare e constatare che anche in altri casi, non inerenti all'educazione, inciampano in questo tipo di comportamento. Se pur vediamo che in casa o con gli amici non si comportano così, a volte è perchè nei confronti dei famigliari hanno misericordia e circa gli amici, temono di rovinare i rapporti, mentre il carattere negativo trova espressione con i bambini a scuola, sapendo che loro non possono opporsi.

7. Poi, l'esperienza dimostra meglio di centi testimoni che tutti gli scopi che l'insegannte vuole raggiungere svergognando l'alunno possone essere raggiunti cento volte più facilmente se onorerà l'allievo e l'incoraggerà. Il sistema di svergognare più che vantaggi reca danni indescrivibili. Noi abbiamo fidate testimonianze di casi nei quali alunni sono andati nella cattiva strada e si sono scrollati da dosso il giogo della *Torà* e delle *mizvot*. Tutto è iniziato da quando un insegnante a scuola o in *jeshivà* li ha offesi. Anche quando, una volta, si usava picchiare, delle volte la realtà ha dimostrato che anche le botte hanno causato un allontanamento del cuore dell'allievo dall'insegnante e di conseguenza lo hanno fatto precipatare giù, lontano dal mondo della spiritualità.

Sesto capitolo
Le parole del *talmud* nel trattato di Eruvin su Rav Freda circa l'importanza della grande pazienza per rispiegare ripetutamente agli alunni che non hanno capito

PRIMA PARTE

1. Il talmud, nel trattato di Eruvin 54b, racconta su Rabbì Freda che aveva un allievo che se non gli si ripeteva moltissime volte non capiva; lui gli ripeteva la stessa cosa per quattrocento volte e solamente allora capiva.

2. Una volta, mentre Rabbì Freda gli stava dando lezione, vennero delle persone per chiedere a Rabbì Freda di accompagnarli per una *mizvà*. Lui prima finì di ripetere le quattrocento volte la parte giornaliera di studio ma allora l'allievo disse che quel giorno, nonostasse gli avessero ripetuto la materia per quattrocento volte, non aveva capito. Rabbì Freda gli domandò per quale motivo quel giorno differenziasse dagli altri. Rispose che essendo venuta gente a chiamare Rabbì Freda gli era stato difficile concentrarsi e capire, per timore che in ogni momento l'avrebbe potuto lasciare. Allora Rabbì Freda gli chiese di concentrarsi perchè gli avrebbe ripetuto di nuovo; in effetti gli ripetè la materia per altre quattrocento volte.

3. Uscì una voce dal cielo è gli disse che per merito di questa enorme dedizione gli spettava una grande ricompensa, ma poteva scegliere tra due cose: Un'aggiunta di quattrocento anni alla vita oppure la possibilità per lui e per la sua generazione di entrare nell'*Olam HaBa~* mondo a venire. Lui scelse la seconda cosa.

4. Il Signore allora gli disse che gli avrebbero dato ambedue le cose: Gli avrebbero aggiunto quattrocento anni di vita ed avrebbe meritato, lui e la sua generazione, di entrare nel nell'*Olam HaBa~* mondo a venire.

SECONDA PARTE

1. Ecco, dato di fatto è che spesso tra gli alunni ce ne sono duri di comprendonio, e per l'insegnante è difficile e faticoso ripetere di nuovo per loro finchè capiscano. Dal brano di talmud del trattato di Eruvin sopra riportato vediamo però quale grande virtù è considerata la dedizione a simili allievi e qule grande ricompensa sia riservata per questo. Vediamo anche fino a che punto si può arrivare, tanto che Rabbì Freda riteneva opportuno ripetere perfino quattrocento volte e in una situazione particolare anche il doppio.

2. Certamente bisogna valutare ogni situazione perchè in genere nel gruppo ci sono anche allievi dotati di buone attitudini per i quali la ripetizione può essere noiosa e di conseguenza potrebbero smettere di ascoltare. Tanta è la bravura richiesta dall'insegnante per soddisfare i deboli da un lato, ma d'altro lato mantenere sveglio l'interesse di tutti!

Settimo capitolo
L'immane responsabilità dell'insegnante circa il futuro spirituale

degli alunni

1. Il Gaon nel suo commento ai Proverbi scrive che se una persona riesce a portare chi è nella cattiva strada in quella buona, non solo in cielo segneranno le *mizvot* compiute da chi ormai sta nella strada buona a suo merito, ma saranno segnate anche a merito di colui che lo ha fatto arrivare a questo buon punto. Quando poi anche i figli e la loro discendenza andranno nella buona strada del padre, tutte le *mizvot* compiute da tutti andranno anche a merito di colui che condusse nella buona strada il loro avo. Il contrario avviene, D.guardi, quando si conduce una persona sulla cattiva strada, per ogni peccato commesso sarà punito anche chi ha condotto il peccatore su quella strada.

2. Il talmud nel trattato di Rosh HaShanà 16b scrive che a Rosh HaShanà vengono aperti i Libri dei Vivi e i Libri dei Morti. Ci sono diverse spiegazioni sul motivo per il quale vengono aperti i Libri dei Morti; il Chafez Chaim spiega che a volte in questo mondo si fa la *mizvà* di portare il prossimo nella buona strada, in modo tale che ci sono buone conseguenze anche dopo la morte di chi ha fatto la *mizvà*, perchè anche i discendenti di chi è stato ricondotto sulla strada giusta si comportano bene.Grazie a questo il defunto deve essere di nuovo premiato; per questo motivo viene riaperto il suo libro. Il contrario, D. guardi, quando ci sono peccati al mondo che sono conseguenze di azioni che un defunto aveva fatto in vita.

3. È chiara realtà che il futuro spirituale degli allievi dipende in buona parte nel modo d'inseganmento del maestro. Se è stato capace di mettergli in cuore l'amore per la *Torà* ed il timor di D. andranno per tutta la vita nella buona strada e non solo loro stessi ma anche i loro discendenti saranno educati ad andare in quella strada.

4. Se al contario, D.guardi, l'insegnante causa un allontanamento dalla buona strada facendogliela odiare è possibile che questa colpa ricaderà anche su di lui per generazioni e generazioni ormai lontane dal Signore come conseguenza della strada presa dal loro avo.

5. Quando un insegnante pensa ormai di lasciare stare un allievo, perchè pensa non ci sia speranza di riuscire ad educarlo, o gli è troppo difficile, pensi bene se avrebbe abbandonato quell'allievo al suo destino anche se avesse saputo con chiarezza che per un enorme sforzo avrebbe ricevuto centinaia di migliaia di diamanti, ad esempio come ricompensa promessa da un uomo ricchissimo per la buon riuscita di quell'allievo. In genere per simile ricompensa ogni insegnante si sarebbe sforzato di più fin a vedere la buona riuscita dell'allievo. Bisogna ora considerare che la ricompensa divina di un rabbino per aver portato Un allievo alla buona riuscita vale molto più di centinaia di miglia di diamanti!

Questioni inerenti alla preghiera per la ricostruzione del Santuario

SOMMARIO

Primo capitolo La necessità della preghiera per la ricostruzione del Santuario e la riscoperta del Regno del Cielo in questo mondo. La Redenzione dipende dalle preghiere per questo. Il significato di questa preghiera. L'enorme vantaggio che aveva il popolo ebraico grazie al Santuario e alla Illuminazione divina in esso. L'enorme perdita alla sua distruzione. L'anima di ogni ebreo aspira alla vicinanza al Signore.

Secondo capitolo La grande *sofferenza* del Signore per la distruzione del Santuario e l'esilio d'Israele ed i Suoi *pianti* su questo.

Terzo capitolo Spiegazioni del talmud nel trattato di Rosh HaShanà e di Meghillà circa *l'esilio della scechinà*.

Quarto capitolo Nei Tikkunè HaZoar spiega che c'è l'obbligo di dispiacersi per il *dolore* del Signore a causa del Suo *esilio*; scrive anche che dobbiamo fare *tesciuvà~ritorno* per portar termine a questo esilio e pregare per questo, quando lo scopo è solamente portare onore al Signore e *soddisfarLo*.

Quinto capitolo Come riuscire a percipire la *sofferenza* del Signore per la distruzione del Santuario e l'esilio. Quando ci riusciremo potremo eseguire quanto scritto nel capitolo precedente.

Sesto capitolo Quando l'uomo prega su queste cose intendendo che la Redenzione sia per l'onore del Signore e per porre fine alla Sua *sofferenza*, è più facile che la sua preghiera venga accettata.

Anche nelle richieste inerenti a cose personali è bene pensare che si chiede perchè se saranno esaudite questo sarà di soddisfazione per il Signore. Qualche fonte sull'enorme potenza della preghiera di tramutare in bene una brutta situazione.

Settimo capitolo Raccolta di scritti sugli argomenti trattati nei capitoli precedenti.

Primo capitolo
La necessità della preghiera per la ricostruzione del Santuario e la riscoperta del Regno del Cielo in questo mondo La Redenzione dipende dalle preghiere per questo Il significato di questa preghiera L'enorme vantaggio che aveva il popolo ebraico grazie al Santuario e alla Scechinà ~illuminazione divina, in esso L'enorme perdita alla sua distruzione L'anima di ogni ebreo aspira alla vicinanza al Signore

PRIMA PARTE
1. Rashì su Osea 3,5 riporta quando detto dai nostri Maestri che il popolo d'Israele non vede un buon segno finchè non prega per il ritorno del Regno Celeste, del regno della Casa di David e del Santuario. Dobbiamo riportare le parole dei Maestri ed i versi ai quali si riferiscono.
2. Nel cap.8 del libro di Samuele I, il verso 7 si riferisce alla richiesta del popolo d'Israele di avere un re: "Il Signore gli disse: Da' retta al popolo quanto a tutto ciò che ti hanno detto: non te essi hanno rifiutato come loro capo, ma Me hanno rifiutato".
3. Nel libro dei Re I 12,16 è scritto:" E vide tutto Israele che il re non gli aveva prestato ascolto; il popolo rivolse allora la parola al re dicendo: Quale parte noi abbiamo con David e quale retaggio con il figlio di Isciai? Alle tue tende, o Israele! Ora provvedi alla tua casa, o David".
4. Nel libro di Osea 3,5 è scritto:" Poi i figli d'Israele tornarono a ricercare il loro D. e David, loro re, ed avranno timore affinchè torni il Signore ed il suo bene. Questo in un lontano avvenire."
5. Il Midrash Shemuel, *parashà* 13, sul verso di Samuele sopra citato, riporta Rabbì Shimon Bar Jochai che con l'espressione del verso *hanno rifiutato*, il Signore intende riferire a Samuele che ai tempi di Rechavam i figli d'Israele rifiuteranno tre cose: Il Regno Celeste, il regno della Casa di David ed il Santuario.Tutto ciò viene dedotto dal verso di Re sopra citato. Scrive ancora il Midrash Shemuel:" Ha detto Rabbì Shimon Ben Menassia: Israele non vedranno segno di benedizione finchè non richiederanno queste tre cose"; questo lo deduce dal verso di Osea sopra citato: *Poi i figli*

d'Israele torneranno a ricercare il loro D. si riferisce al Regno Celeste; *e David, loro re* si riferisce al regno della Casa di David; *ed avranno timore affinchè torni il Signore ed il suo bene questo in un lontano avvenire* si riferisce al Santuario.

6. Questo midrash è riportato nei seguenti scritti:

a. Yalkut Shimonì su Samuele, par.106.

b. Rashì su Osea 3,5.

c. Minchat Shai su Re I 12,16.

d. Shibbolè HaLeket cap.157.

e. Beth Josef, Orach Chaim cap.188, fine di pag. 245.

f. Prishà lì par.4. (Nei Hiddushè Aggaot sul Tur scrive che anche Rashì su Osea sopra citato riporta questo *midrash*).

7. Il talmud nel trattato di Meghillà 17 fine a, e 18 inizio a, scrive che quando gli Anziani della Grande Assemblea stabilirono nella *tefillà* dell'*Amidà* la *berachà* di *eth zemach David* sulla restaurazione della Casa di David dopo la *berachà* di *bonè Jeruscialaim* sulla ricostruzione di Gerusalemme, si basarano sul verso di Osea sopra citato.

8. Comunque vediamo dal midrash sopra citato, riportato come abbiamo visto da molti commentatori e *posekim*, che la redenzione di Israele dipende dalla loro preghiera per il Regno Celeste, il regno della Casa di David ed il Santuario.

9. Per questo i Nostri Maestri hanno formulato per l'*amidà* dei giorno feriali tante *berachot* su queste cose. Anche *nell'amidà* di *shabbat* e dei giorni festivi, dove mancano tutte le *berachot* dei giorni feriali, comunque ricordiamo questi argomenti nella *berachà* di *rezzè*, e così pure a *musaf* di *shabbat* si richiedono queste cose, ed ancora di più, nei *musafin* di *rosh chodesh*, dei giorni festivi, di *rosh ha-shanà* e di *kippur* ci sono lunghe richieste su queste cose; sappiamo che grandi personaggi rabbinici piangevano con commozione durante queste *tefillot*.

10. Scrive lo Shulchan Aruch, Orach Chaim 1,3:" È giusto che ogni timoroso del Signore si dispiaccia e si preoccupi per la distruzione del Santuario". Nel libro del Gaon Maasè Rav è scritto di svegliarsi a mezzanotte per recitare il *tikkun chazzot*; la maggior parte del *tikkun* tratta di *tefillot* per il Santuario. Anche chi non usa dire questo *tikkun* impari perlomeno dal Maasè Rav che è necessario trovare il tempo per implorare il Signore dal profondo del cuore su questo, o durante le *tefillot* formulate dai Nostri Maestri o in altro momento.

11. È scritto nel talmud, trattato di Babà Batrà 60b:" Quando il Santuario è stato distrutto per la seconda volta molti ebrei smisero di mangiare carne e bere vino. Gli disse Rabbì Jeoshua: Figli miei, perchè non mangiate carne e non bevete vino? Gli risposero: Come potremmo mangiare carne, cosa dalla quale si offer all'altare, ora che non c'è altare!? Potremmo forse bere vino, dal quale si portava libazione sull'altare che ora non c'è!? Ribadì: Allora non mangiamo pane perchè non ci sono più le offerte farinacee!? Risposero: In effetti si potrebbe mangiare frutta (al posto del pane)! Ribadì di nuovo: Allora neanche frutta non dovremmo mangiare perchè ora non c'è più l'obbligo di portare primizie in Santuario!? Reagirono: Si può mangiare frutta di specie esente da quest'obbligo! Gli dissero: Non beviamo neanche acqua perchè oggi non ci sono più le libazioni d'acqua! A questa osservazione si azzittirino. Gli disse: Figli miei, venite che vi spiego! Non essere affatto in lutto non è possibile, perchè è stato ormai decretato che bisogna esere in lutto, ma non si può neanche esagerare perchè non si decretano cose alle quali la maggior parte della gente non regge,etc!" (Vedasi lì il brano al completo). Hanno già osservato che da questo brano si impara che se non fosse perchè *la maggior parte della gente non regge* sarebbe stato giusto astenersi del tutto da carne e vino in segno di lutto per la distruzione del Santuario. Vediamo quindi come è grande l'obbligo di comportarci in modo che dimostra che facciamo caso a questa disgrazia della distruzione del Santuario!

12. Scrive lo Shulchan Aruch, Orach Chaim 580:"C'è chi dice che hanno decretato di digiunare ogni lunedì e giovedì per la distruzione del Santuario, per i rotoli della *Torà* che sono stati bruciati e per la profanazione del Nome; in futuro il Signore trasformerà questi giorni in gioia." La Mishnà Berurà lì, nel par.16, aggiunge che colui che non è in grado di digiunare in questi giorni perlomeno deve pregare per queste cose. Ai giorni d'oggi i rabbini dicono che la stragrande maggioranza di persone corrisponde alla definizione della Mishnà Berurà *non in grado di digiunare in questi giorni*, perchè se farà così tanti digiuni questo la disturberà molto nel servizio divino. Tuttavia ci rendiamo conto da qui quanto grande deve essere il dispiacere per queste cose, tanto che sarebbe stato giusto digiunare ogni lunedì e giovedì. Infatti la Mishnà Berurà scrive che se pur non digiuniamo dobbiamo però pregare sulle cose menzionate dallo Shulchan Aruch. Se questa è una preghiera che deve sostituire un digiuno sicuramente deve essera detta dal profondo del cuore e con molta emozione.

SECONDA PARTE

1. La *tefillà* e la richiesta per il Santuario comprendono due cose: Una, la possibilità di compiere, tra le seicentotredici *mizvot*, anche tutte quelle, e sono molte, che dipendono dal Santuario. Tra di esse, la *mizvà* di costruire il Santuario, quella di portare i sacrifici giornalieri e quelli aggiuntivi dei giorni particolari e tutto il lavoro del Sommo Sacerdote nel giorno di kippur, grazie al quale venivano espiati i peccati del popolo d'Israele e scendeva su di loro una grande, benefica influenza Divina.

2. La seconda, il ritorno di una Presenta Divina più percepibile dentro di noi. Infatti la Scechinà ~illuminazione divina nel Santuario era evidentissima, come è scritto nella *parashà* di Terumà:" Mi faranno un Santuario e risiederò *in loro*". I commentatori precisano dal fatto che il verso non dice *in esso* bensì *in loro* che attraverso la Scechinà ~illuminazione divina in Santuario la Presenza Divina entrava nel corpo e nell'anima di ogni ebreo, lasciandoci grande santità ed illuminazione. Questa Scechinà ~illuminazione divina nel Santuario era una questione centrale, fin al punto che Rashì sulla *parashà* di Terumà scrive che prima che il Signore si rivelasse nel Tabernacolo, il popolo d'Israele disse:" Per quale scopo abbiamo faticato così tanto a costruire il Tabernacolo!?" [Bisogna capire come potevano dire così quando in fondo avevano ubbidito al comandamento del Signore che aveva detto di costruirlo; dobbiamo spiegare che quando il Signore disse *Mi faranno un Santuario e risiederò in loro* loro avevano capito che la Sua residenza nel Tabernacolo non era solo una promessa ma una condizione, sicchè se il Signore ancora non si presentava era forse segno che non avevavono compiuto la *mizvà* come si deve!]

3. Il Gaon scrive [nella raccolta alla fine del commento al Sifra DeZeniuta foglio 38 colonna1] che quando è stato distrutto il Santuario e la Scechinà ~illuminazione divina se n'è parzialmente andata da lì[1], questo ha causato una certa misura d allontanamento anche dall'anima d'ogni ebreo. La Scechinà ~illuminazione divina è rimasta fin ad oggi nell'animo di ognuno ma con un'intensità molto inferior rispetto ai tempi del Santuario. Il Gaon scrive che la differenza tra la situazione dell'anima di un ebreo a quei tempi ed oggi è talmente grande da paragonarsi alla differenza tra l'anima di un vivo e quella di un morto: Mentre in vita l'anima dà vitalità ed è essa che permette di agire, presso il morto l'anima non può influenzare in nulla sul corpo; così, ai quei tempi, la Scechinà ~illuminazione divina presente nel Santuario e di conseguenza forte nell'anima, le dava vitalità e la faceva agire, mentre andata via dal Santuario ha lasciato in parte anche l'anima dell' ebreo, le cui forze d'animo da allora si sono indebolite. Nonostante il talmud nel trattato di Rosh HaShanà 30a scriva che già da prima della distruzione la Scechinà ~illuminazione divina lasciò parzialmente il luogo, vedasi quanto hospiegato più avanti che quello era un abbandono molto parziale mentre alla distruzione ancora una grande *Parte* abbandonò il luogo.

4. Le parole del Gaon sono comprensibili secondo quanto scritto dal Ramchal nel libro Adir BaMarom che l'anima dell'ebreo è una *luce divina* proveniente dal Signore [come lontano esempio possiamo portare i raggi del sole che non hanno una propria realtà ma dipendono dal sole]. Quindi l'essenza dell'anima è il legame al Signore e perciò questo è il suo perenne anelito, come scrive il re David nel salmo 42: "La mia anima ha sete di Dio, del Dio vivente. Quando potrò venire a mostrarmi davanto a Dio? "Più l'anima è legata al Signore e l'uomo percepisce questo legame, più la vitalità e la potenza dell'anima si rafforza, come è scritto nella *parashà* di VaEtchannan:" E voi che siete attaccati al Signore vostro D. siete tutti vivi oggi".

5. In tutti i tempi ed in tutte le situazioni la Scechinà ~illuminazione divina è presente nell'anima dell'ebreo, ma quando c'è il Santuario è più intensa e di conseguenza l'anima è più vitale e potente; allora cresce anche l'ardente desiderio dell'ebreo di percepire il Signore. Quando una *parte* della *Scechinà ~illuminazione divina*, che veniva grazie al Santuario, ha lasciato l'anima ebraica, questa si è indebolita, come indeboliti si sono la percezione del legame al Signore e l'anelito a Lui. Quando una *parte* della *Scechinà ~illuminazione divina* lascia l'anima, questa è considerata una specie di morte per l'anima, così come quando l'anima lascia il corpo è morte per il corpo.

6. Nonostante l'esistenza del Santuario sia d'enorme aiuto per percepire la vitalità dell'anima, in ogni epoca è possibile percepirla, se ci si sforza di avvicinarsi al Signore, come sottolinea il verso "siete *tutti* vivi *oggi*", ossia *tutti* ed in *ogni epoca*.

7. Nel momento che un uomo si dispiace per la distruzione del Santuario e prega per la ricostruzione, riceve un'*illuminazione* simile a quella che c'è quando il Santuario è costruito. Quest'illuminazione acquisita attraverso la preghiera dà vitalità all'anima, e se pur non è una completa illuminazione come quando c'è il Santuario, comunque è grandissima.

8. Le nostre implorazioni devono comprendere due cose: Devono esprimere una nostra grandissima volontà di poter eseguire tutte le grandi *mizvot* che oggi ci mancano perchè dipendono dal Santuario, come detto nel paragrafo 1. Inoltre, la volontà per la *Scechinà ~illuminazione divina* dentro di noi, che sarà conseguenza della ricostruzione del Santuario, come spiegato dal par.2 in poi. Questo secondo aspetto implica una preghiera per un maggior legame dell'anima al Signore anche oggi, nel frattempo. Dobbiamo quindi lamentarci e dispiacerci perchè il legame della nostra anima al Signore non è forte come dovrebbe essere secondo il livello dell'anima quando è stata creata; l'anima, grazie alle sue particolari caratteristiche, meriterebbe infatti un legame molto più intenso.

9. Nelle benedizioni che precedono la lettura dell'*aftarà* è scritto:" Abbi misericordia per Sion, poichè essa è *la casa dell nostra vita*". Questo va spiegato secondo le parole del Gaon sopra riportate che così come l'anima dà vitalità al corpo, anche la *Scechinà*

~*illuminazione divina* dà vitalità all'anima, ma il *Suo luogo* è il Santuario [nonostante una *parte* della *Scechinà* abbia abbandonato il luogo, certamente una grande *parte* è rimasta ed è infatti vietato anche oggi andare nel luogo del Santuario in stato di impurità; questo in base al concetto di *alachà* che il luogo è stato santificato con una santità che è rimasta anche dopo la distruzione (Maimonide nelle Hilchot Beth haBechirà, Maghen Avraham e Mishnà Berurà Orach Chaim 561]. Se così, il Santuario è appunto *la casa della nostra vita*, ossia dell'anima che è essa la nostra vita. Dobbiamo risvegliare in noi qusata sensazione che il Santuario è in effetti *la casa della nostra vita*.

10. Abbiamo trattato un poco l'argomento del legame dell'anima al Signore per spiegare il fatto della *Scechinà* ~*illuminazione divina* nel Santuario. In effetti c'è l'obbligo per ogni ebreo di sapere che questo legame e la sua percezione stabilisce il livello spirituale dell'uomo. Le grandi figure rabbiniche che arrivarono a grandissimi livelli nello studio della *Torà* e nel servizio divino anche nel legame dell'anima al Signore erano ad alti livelli. Quindi, ognuno deve sforsarzi di trovare le strade per rafforzare questo legame, ognuno secondo il suo livello e le proprie qualità caratteriali: Per alcuni è più facile attraversa una preghiera detta con commozione, per altri attraverso uno studio con molta concentrazione, per altri ancora attraverso uno studio lungo; delle persone invece possono arrivarci dicendo i Salmi etc. In ogni caso la questione del legame al Signore non va trascurata perchè grazie ad essa il livello dell'individuo migliora e le forze spirituali crescono, facilitandogli enormemente il successo nello studio della *Torà* e nel servizio divino.

Secondo capitolo
La grande *sofferenza* del Signore per la distruzione del Santuario e l'esilio d'Israele ed i Suoi *pianti* su questo

1. È scritto nel libro di Geremia 13,17:" ... piangerò in *mistarim* a causa dell'orgoglio; *lacrimar lacrimerà e farà scendere lacrima il mio occhio*, poichè sarà deportato il gregge del Signore".

2. Il talmud nel trattato di Chaghigà 5b riporta questo verso e spiega a nome di Rav Shemuel Bar Inia che il Signore ha un luogo che si chiama Mistarim dove piange.

3. E su quanto scritto che il pianto sarà *a causa del vostro orgoglio*, scrive il talmud: "Che significa *a causa del vostro orgoglio*? Ha detto Rav Shemuel Bar Izchak: A causa dell'orgoglio di Israele che ghi è stato tolto ed è stato dato ai popoli. Rabbì Shemuel bar Nachmani ha detto: A causa dell'orgoglio del Regno Celeste". [Vedasi lì il seguito del brano].

4. Poi ancora spiega il talmud a nome di Rabbì Elazar perchè il verso per tre volte parla di lacrime:" Queste tre lacrime, perchè? Una, per la distruzione del Primo Santuario; la seconda, per la distruzione del Secondo Santuario e la terza, per l'esilio di Israele; c'è chi dice che la terza era perchè smisero di studiare la *Torà*. Secondo l'opinione che era per l'esilio possiamo capire quanto scritto *poichè sarà deportato il gregge del Signore*, ma secondo l'opinione che era perchè smisero di studiare, perchè è scritto *poichè sarà deportato il gregge del Signore*!?" Risponde il talmud che l'esilio era la causa più grave per via della quale smisero di studiare.

5. Certamente la questione delle lacrime presso il Signore non può essere interpretata letteralmente, poichè il Signore non ha corpo nè niente di simile. Anche il fatto che abbia un luogo chiamato Mistarim non va interpretato alla lettera, poichè il Signore si trova nella stessa maniera ovunque! Sono questi particolari segreti, ma in generale possiamo dire che in Cielo c'è un forte dispiacere per la distruzione del Santuario e la situazione del Popolo d'Israele, sia per quaella spirituale causata dalla distruzione e dall'esilio che per quella materiale che è stata la loro conseguenza.

6. Racconta il talmud nel trattato di Berachot 3a: "Ha detto Rabbì Jossè: Una volta, camminando per strada, entrai in una delle rovine di Gerusalemme per pregare. Venne Elia, sia ricordato in bene, mi fece da guardia all'entrata e mi aspettò finchè finii di pregare. Finita la preghiera, mi domandò quale voce avessi udito dentro le rovine [Prima gli aveva detto che non doveva entrare, vedasi lì il motivo] e gli riferii di aver udito una voce che emetteva suoni come una colomba dicendo, *poveri figli che a causa dei loro peccati ho distrutto la Mia casa, bruciato la Mia sala e li ho mandati in esilio* *tra i popoli*. Elia reagì giurandomi che non soltanto in quel momento, ma tre volte al giorno la vove diceva così. Aggiunse che non solo questo, ma quando i figli d'Israele entrano nelle sinagoghe e nei Battè Midrash e rispondono *Yeè Shemè Rabbà Mevorach* il Signore dice, *felice il re che viene lodato in casa sua, ma che è rimasto ad un-Padre i Cui figli sono andati in esilio! Poveri quei figli che sono stati allontanati dalla tavola del loro Padre!*" [Questo racconto è il primo nel talmud dove si parla di una visione di Elia, e vediamo che la ebbe Rabbì Jossè; mi hanno fatto notare che alla fine del trattato di Sanedrin è scritto che Elia era solito presentarsi da Rabbì Jossè].

8. Il Midrash Rabbà, nel par.24 dell'introduzione alla *meghillà* di Echà, descrive con parole impressionanti il dolore del Signore Benedetto a causa della distruzione del Santuario, vedasi lì.

Terzo capitolo
Spiegazioni del talmud nel trattato di Rosh HaShanà e di Meghillà circa *l'esilio della Scechinà*

PRIMA PARTE

1. Scrive il talmud nel trattato di Rosh HaShanà 31a:"Ha detto Rav Jeudà bar Idi a nome di Rabbì Jochanan: La *Scechinà ha fatto queste dieci tappe* [spiega Rashì quando se ne è andata via in esilio da Israel a causa dei loro peccati]:1.Dal coperchio [dell'Arca Santa nel *kodesh ha-kodascim*] al cherubino [che stava anche esso sull'Arca Santa]; 2.Dal cherubino alla soglia; 3.Dalla soglia al cortile; 4.Dal cortile all'altare; 5.Dall'altare al tetto; 6.Dal tetto alle mura; 7.Dalle mura alla città; 8.Dalla città alle montagne; 9.Dalle montagne al deserto; 10. Dal deserto è risalita al Suo posto." Vedasi lì che il talmud ricava queste tappe da versi.

2. Ci sono anche versioni diverse:

a. Secondo la versione del Gaon il tetto era la tappa prima del cortile e non dopo l'altare.

b. Secondo la versione dei nostri libri di talmud c'è una tappa in più, "da un cherubino all'altro", ma è stata cancellata dall'Aggaot

HaBach e il Masoret HaScias scrive che anche secondo l'En Jaacov va cancellata, perchè altrimenti sarebbero undici tappe!? Secondo i nostri libri bisogna dire che sono comunque dieci, perchè *dal deserto è risalita al Suo posto* non è considerata una tappa. Anche da un cherubino all'altro è considerato un esilio perchè è andata dal cherubino di destra a quello di sinistra che è meno importante; inoltre è comprensibile secondo le spiegazioni cabaliste su ciò che rappresentano I cherubini, ma non è qui il luogo per dilungarsi su questo.

3. Scrive il talmud nel trattato di Meghillà 29a: "Rabbì Shimon Bar Jochai dice: Guarda come i Figli d'Israele sono cari al Signore! Ovunque sono andati in esilio, la Scechinà ~illuminazione divina è andato con loro! Sono andati in esilio in Egitto, la Presenza Divina era con loro, come è scritto [Samuele I 2,27] *Non mi rivelai Io forse alla casa di tuo padre quando essi erano in Egitto...*? Sono andati in Babilonia, la Scechinà ~illuminazione divina era con loro, come è scritto [Isaia 43,14 vedasi lì Minchat Shai] *per voi sono stato mandato in Babilonia*! Anche in futuro, quando saranno redenti, la Scechinà ~illuminazione divina sarà con loro, come è scritto [*parashà* di Nizzavvim 30,3] *e il Signore tuo D. tornerà i tuoi prigionieri che erano in esilio*; non è scritto "farà tornare" bensì *tornerà*! Questo ci insegna che il Signore ritorna con loro dalla diaspora!"

4. Questi due brani di talmud sembra si contraddicano perchè mentre nel trattato di Rosh HaShanà è scritto che la Scechinà ~illuminazione divina *è risalita al Suo posto*, nel trattato di Meghillà è scritto che è andata con Israel in Babilonia!? Per conciliare i due brani dobbiamo dire che esistono diversi aspetti e livelli di *Scechinà ~illuminazione divina*, per cui *una parte della Scechinà ~illuminazione divina* è andata con loro in Babilonia mentre *un'altra* è risalita la Suo posto.

5. Nell'introduzione al Midrash Rabbà, par.24, su Echà, è scritto che la Presenza Divina se Ne è andata quando è stato bruciato il Santuario, vedasi lì, ma secondo quando abbiamo detto questo si riferisce solo ad una *parte* della Scechinà ~illuminazione divina.

6. Ecco, la santità del Santuario iniziava dal fatto che lì c'era la

Scechinà~illuminazione divina e quindi sembrerebbe logico dire che lì è rimasta!? Questo lo possiamo forse imparare dal Maimonide il quale scrive nelle Hilchot Beth HaBechirà che c'è "la santità del Santuario" nel "luogo del Santuario"; anche il Maghen Avraham e la Mishnà Berurà in Orach chaim 561 stabiliscono che colui che entra oggi nel luogo del Santuario è passibile di *karet*~recisione, per via della Scechinà ~illuminazione divina che è rimasta lì; così pure è scritto che il Signore non ha mai abbandonato il Muro Occidentale. Tutto questo sembra contraddire I brani talmudici di Rosh HaShanà e Meghillà dove è scritto che anche la Scechinà~illuminazione divina andò in esilio!? La risposta sarà quanto scritto sopra che ci sono diversi *parti di Scechinà ~illuminazione divina* e al momento dell'esilio circa ogni *parte* sono successe cose diverse.

7. Bisogna capire che significa *Scechinà ~illuminazione divina in un determinato luogo*, perchè sappiamo che il Signore si trova nella stessa maniera ovunque, in tutti i *mondi* e al di fuori dei *mondi*, come spiegato nelle parole dello Zohar [riportate nel libro Nefesh HaChaim]:"Il Signore circonda tutti mondi e riempie tutti i mondi"; neppure c'è differenza nella *Realtà Divina* da un momento all'altro! La spiegazione è che quando si parla di *Scechinà* a volte ci si riferisce ad un *illuminazione Divina* che agisce per unire le anime del popolo ebraico al Signore; su questa abbiamo detto sopra che agisce in determinati luoghi mentre rispetto ad altri è *andata in esilio*.

8. Tuttavia la questione di questa *illuminazione Divina* è molto profonda ed è impossibile spiegarla qui; chi vuole capire meglio veda il Nachmanide nel commento alla *Torà, parashà* di VaJiggash 46,1; lì riporta sull'argomento il Maimonide nella Guida dei Perplessi, prima parte cap.27, ma non è d'accordo con la sua opinione. [Forse si possono avvicinare le due opinioni secondo l'idea riportata in diversi libri della *luce infinita* che *mitlabbesh* nelle *sfere*].

9. Circa l'*esilio della Scechinà ~illuminazione divina* vedasi ancora nei *Tikkunè HaZohar*, nell'edizione che include il commento del Gaon, nell'introduzione, pag. 2a e nel *tikkun* 6 pag. 22b con relativo

commento del Gaon; vedasi anche quanto scritto a nome del Gaon nel libro Shevò VeAchlamà, volume delle Regole, prima parte foglio 16 colonna 2 nella nota, e nel libro Kabalat HaGaon volume 1, nel Breve Commento al commento del Gaon ai Tikkunè HaZohar.

10. Nella *tefillà* dell'*Amidà*, nella benedizione sulla ricostruzione di Gerusalemme, chiediamo il ritorno della *Scechinà ~illuminazione divina*; il ritorno del Signore è ricordato più precisamente con l'espressione *Scechinà ~illuminazione divina* alla fine della benedizione sulla restaurazione del Servizio Divino nel Santuario, dove diciamo "Benedetto....che fa ritornare la Sua Presenza a Sion". Rav C.S. Dvik nella sua biografia, stampata all'inizio del suo libro Peat HaSadè, racconta che quando diceva l'*Amidà* pronunciava queste parole con particolare attenzione; una volta, per via di così tanta concentrazione, delle implorazioni, della nostalgia e del dispiacere, svenne mentre diceva queste parole. Il fatto che il posto dove più si trova la Scechinà ~illuminazione divina sia il Santuario è scritto nella *parashà* di Terumà 25, 8:"Mi faranno un Santuario e risiederò presso di loro", ossia che attraverso il Santuario c'è la *Scechinà ~illuminazione divina*. [Vedasi quanto ho scritto più particolareggiatamente su questo verso nel cap.1, seconda parte.]

SECONDA PARTE

1. È scritto nel libro di Geremia 2,8:" I sacerdoti non hanno detto: Dov'è il Signore? I detentori della *Torà* non-Mi hanno conosciuto...". Geremia si lamenta della sua generazione su queste cose, ma bisogna capire questa lamentela: Dove è scritto nella *Torà* un comandamento per ognuno o per i sacerdoti di dire *dov'è il Signore*, e qual'è la mancanza se non si dice così?

2. Mi sembra che Rav Izchak Zeev di Brisk abbia spiegato che il verso si riferisce a quanto scritto nel talmud, trattato di Rosh HaShanà 30a, citato sopra nella prima parte: Già da prima della distruzione del Santuario la Scechinà ~illuminazione divina è andata in esilio ed i sacerdoti di quella generazione percepirono questa cosa perchè erano ad un livello spirituale elevato.

3. Per questo Geremia li accusa. Avendo visto che la *Scechinà*

~illuminazione divina abbandonava il Santuario, avrebbero dovuto invocare il Signore di far tornare la Sua Presenza e sforzarsi di migliorare le loro azioni affinchè in effetti la *Scechinà ~illuminazione divina* tornasse subito in Santuario.

4. Per capire meglio riportiamo il talmud nel trattato di Taanit 29a:" Hanno detto *rabbanan*: Quando è stato distrutto il Santuario, subito i sacerdoti adolescenti si riunirono in gruppi, salirono sul tetto con le chiavi del Santuario in mano e, rivolti verso il Cielo, dissero: -Signore Idd.o, poichè non abbiamo avuto il merito di essere guardiani fedeli siano le chiavi in mano Tua-, e le gettarono verso l'alto; uscì dal cielo una mano che le prese. Loro si gettarono nel fuoco [cosa difficile da comprendere poichè suicidarsi è un grave peccato, ma non è qui il luogo per rispondere a questa domanda]. Su loro pianse Isaia (cap.22 v.1,2), dicendo:-Profezia sulla valle della Visione. Che cos'hai dunque che sei salita tutta quanta sui tetti? O piena di grida, città di tumulto, città allegra, i tuoi caduti non son caduti per la spada, nè morti in guerra-! Anche sul Signore è scritto in Isaia 22,5:-abbatte le mura e il grido sale al monte."

5. Il profeta Geremia, quando disse *i sacerdoti non hanno detto dov'è il Signore*, intendeva quindi: Se loro sono ad un così elevato livello spirituale da comprendere che se non c'è il Santuario non hanno motivo per continuare a vivere, avrebbero dovuto già da prima, quando la *Scechinà ~illuminazione divina andò via dal Santuario*, come scritto nel trattato di Rosh HaShanà sopra riportato, dispiacersi in quella maniera! Infatti il Santuario fu costruito essenzialmente per la Scechinà ~illuminazione divina, come dice il verso nella parashà di Terumà(25,8) *Mi faranno un Santuario e risiederò tra di loto!* Anche Rashì, nella *parashà* di Sheminì 9,23, scrive che prima dell'*arrivo* della *Scechinà ~illuminazione divina* al Tabernacolo, i figli d'Israele dissero:"Se non viene la Scechinà ~illuminazione divina perchè abbiamo faticato così tanto per una costruzione il cui scopo essenziale è la Scechinà ~illuminazione divina.!? " Se così, già da prima si dovevano ugualmente dispiacere come quando si buttarono nel fuoco! Se allora si fossero dispiaciuti così tanto, non avrebbero avuto poi bisogno di gettarsi nel fuoco, bensì piangendo e aggiustando le proprie azioni avrebbero permesso un immediato ritorno della *Scechinà ~illuminazione divina* nel Santuario e ne avrebbero evitato la distruzione!

6. Avendo citato la prima parte del verso di Geremia 2,8, è qui il caso di spiegare anche la seconda parte del verso. Prima è scritto:" I sacerdoti non hanno detto: Dov'è il Signore? ... ". Poi è scritto: I detentori della *Torà* non-Mi hanno conosciuto ...". Si intende che studiavano la *Torà* senza l'intenzione di legarsi al *Signore* attraverso questo studio. Il Bach, nel suo commento al Tur, Orach Chaiim par.47, ha spiegato a lungo che c'è l'obbligo di studiare *Torà* con l'intenzione di legare l'anima al Signore e far

arrivare un'influenza spirituale dal Signore su di essa.Ha scritto anche che la mancanza di questa intenzione è la causa principale dell'esilio del popolo ebraico dalla sua Terra Dobbiamo spiegare che il profeta Geremia si esprime appunto "i *detentori* della *Torà*" e non "gli *studiosi* della Torà", perchè attraverso lo studio *la luce spirituale* della *Torà* si unisce alla *luce* dell'anima, quindi si acquisisce un qualcosa che è realmente percepibile, un qualcosa sulla quale ci si può esprimere col verbo *detenere*. Ma coloro che dovrebbero *detetenerla* sono accusati da Geremia di non averlo fatto, perchè studiando senza la giusta intenzione, il legame alla *luci* della *Torà* è molto debole e non lo si *detiene*. Notiamo appunto la formula delle benedizioni sullo studio della *Torà* [stabilita dagli Uomini della Grande Assemblea, come spiega il talmud nel trattato di Berachot 33, benedizione che secondo la *Torà* è obbligatorio recitarla (Mishnà Berurà 47)]; chiediamo di essere *conoscenti del Nome del Signore e studiosi della Torà* ... Vediamo che hanno aggiunto, anzi anteposto, al fatto dello studio la conoscenza del Signore. Questo nello spirito dell'ammonimento di Geremia che disse *i detentori della Torà non-Mi hanno conosciuto.*

7. È scritto nel talmud, trattato di Berachot 8a, che *dal giorno nel quale fu distrutto il Santuario non è rimasto nulla al Signore se non "quattro braccia* (unità di misura) *di alachà"*. Perchè proprio quest'espressione *quattro braccia di alachà*? Perchè ci si riferisce al verso che dice *Mi faranno un Santuario è risiederò fra loro* e si intende che anche attraverso lo studio della *Torà* c'è la Scechinà ~illuminazione divina; trattando di *luogo* per la *Scechinà ~illuminazione divina* si usa un'espressione che indica un'unità per la misura di superfici. In pratica dobbiamo imparare da qui che come nel Santuario la *Scechinà~illuminazione divina* era veramente essenziale, lo è anche nello studio della *Torà*, in particolar modo dopo la distruzione del Santuario, quando lo studio sostituisce in qualche modo la *Presenza Divina* che era nel Santuario.

Quarto capitolo
Nei Tikkunè HaZoar spiega che c'è l'obbligo di dispiacersi per il *dolore* del Signore a causa del Suo *esilio*; scrive anche che dobbiamo fare *tesciuvà~ritorno* per portar termine a questo esilio e pregare per questo, quando lo scopo è solamente portare onore al Signore e *soddisfarLo*
1. È scritto nei Tikkunè HaZohar, *tikkun* 6:" Poveri loro gli uomini che il Signore è prigioniero insieme a loro e la *Sua Presenza* è prigioniera insieme a loro e su di Essa è detto *il detenuto non può liberare se stesso dalla prigione.* La Sua salvezza, che è la *tesciuvà~ritorno,* il *parzuf* della *binà,* dipende dalle cinquanta porte del *cherut* che sono con lei; cinquante porte rispettivamente a cinquanta volte che è menzionata l'Uscita dall'Egitto nella *Torà*. Il numero cinquanta si deduce anche dal verso che dice *si voltò ko~di qui va-kò~e di là, e vide che non c'era nessuno,* perchè il valore numerico di *ko va-kò* nella *lashon ha-kodesh* corrisponde a cinquanta. Il cinquanta di questo verso si riferisce alle cinquanta lettere che pronunciamo dicendo due volte al giorno *shemà Israel etc.* (nella frase *shemà Israel etc.* ci sono venticinque lettere) attraverso le quali sarebbe possibile *liberare* la Scechinà ~illuminazione divina dalla prigionia; ma il verso dice *si voltò verso questo 25 più 25* (per vedere se ci fosse qualcuno che dicesse lo *shemà* con la giusta intenzione), ma *vide che non c'era nessuno.* E la gente neanche si vergogna del fatto che non c'è nessuno che si preoccupa affinchè la *Scechinà ~illuminazione divina* ritorni. Se pur gli uomini fanno qualche buona opera, non è se non per interesse personale!" Vedasi lì tutto il brano.

2.Il contenute delle parole sopra citate [e di altre parole di quel testo che non abbiamo citato] è una lamentela e un dispiacere per il fatto che le creature non si dispiacciono per la *sofferenza* del Signore; Lui *soffre* del fatto che le *luci divine* che si trovano nel popolo d'Israele non sono abastanza *unite* a Lui; questa è per *Lui*, (esprimendoci in forma umanamente comprensibile), una grande sofferenza! È obbligo per ogni ebreo sforzarsi di aggiustare questa mancanza attraverso la *tesciuvà~ritorno*, la *Torà*, la *tefillà* con *tallit* e *tefillin*, e la lettura dello *shemà*.

3.La lamentela è anche perchè le creature si occupano ognuna delle proprie faccende e non si preoccupano di alleviare la sofferenza del Cielo per l'esilio della *Scechinà ~illuminazione divina*.

4.E perchè anche quando fanno veramente cose buone e *mizvot* intendono per il proprio bisogno e non per eseguire *tikkunim* in cielo; quando pregano è per se stessi e non per il *Cielo*!

Quinto capitolo

Come riuscire a percipire la *sofferenza* del Signore per la distruzione del Santuario e l'esilio. Quando ci riusciremo potremo eseguire quanto scritto nel capitolo precedente.

PRIMA PARTE

1. Con tutto quanto sopra spiegato circa la grande sofferenza del *Cielo* per la distruzione del Santuario e l'esilio, e sull'importanza della preghiera per *alleviarla*, molte persone che vorrebbero arrivare a questo livello, pur avendoci provato, non riescono a sentire un vero profondo dolore per la mancanza di onore che c'è in Terra verso il Signore e per il Suo *esilio* [se non per il fatto che ci perdono loro personalmente]; a maggior ragione sono lontani dal farsi venire le lacrime per questo!

2. Ci sono diversi sistemi attraverso i quali si può arrivare a percepire *lo stesso dolore della Scechinà ~illuminazione divina* ed alla capacità di implorare per porre fine a questo dolore. Spiegheremo qui due sistemi principali.

3. Uno è assumere la regola generale che riguarda tutto il servizio divino, di tenere presente mentre si compiono le *mizvot* quale deve essere lo scopo: Il Maimonide nelle Hilchot Tesciuvà cap.10 scrive che la strada giusta è lavorare il Signore con lo scopo di *farGli piacere*. Lì già il Maimonide (vedasi lì attentamente) si dilunga specificando i sistemi per arrivare a quest'intenzione e quindi in questo libro non ci dilungheremo su questo.

4. Il secondo sistema si basa su quanto scritto dal Gaon nel commento al Sefer HaYezzirà cap.1 *mishnà* 6, foglio 9 colonna 4: L'*illuminazione divina*, chiamata *scechinà*, è attratta enormemente dal Signore; questa è una forza di attrazione potentissima, soprannaturale [perchè le forze dei *mondi superiori*, ai quali appartiene l'*illuminazione divina*, sono molto più forti delle forze del nostro mondo]. Quest'*illuminazione* si trova nelle anime del popolo ebraico e per questo esso prova un'enorme attrazione verso il Signore. L'intensità varia secondo la persona ed il momento in base alla misura del legame dell'anima con la *Scechinà ~illuminazione divina* che *risiede* in essa.

5. Cose simili sono state scritte anche nel commento dell'Or HaChaim sulle *parashot di Acharè Mot* e di BeChukkotai. (Vedasi lì attentamente).

6. Impariamo in pratica da quanto detto che nell'anima di ogni ebreo risiede la *Scechinà ~illuminazione divina*. A volte l'anima si lega ad essa al punto di ricevere le stessa forza d'attrazione verso il Signore che ha la *Shechinà~Presenza Divina o illuminazione divina*.

7.Attraverso il medesimo legame dell'anima alla *scechinà*, che ci porta a provare le stesse sensazioni della *scechinà*, potremo partecipare al dolore della *schechinà* per la sua *lontananza* dal Signore e per il suo trovarsi in esilio insieme al popolo d'Israele. Quindi, più rafforziamo il legame con la *scechinà* che è in noi, più saremo capaci di pecepirne il dolore. Molte sono le strade per rafforzare questo legame; ogni rafforzamento nella *Torà*, nella *Tefillà*, nell'adempimento alle *mizvot* e l'attenzione ai peccati, lo rafforza! Quando poi c'è entusiasmo per il Signore, in quel momento il legame è particolarmente forte [e ne rimane l'influenza anche dopo]. Per alcuni la capacità essenziale di percepire il dolore della *Scechinà* esiste solamente nei momenti d'entusiasmo dell'anima per il Signore.

SECONDA PARTE

1. Avendo trattato del grande attaccamento dell'anima al Signore e del legame tra il popolo d'Israele ed il Signore, è giusto riportare qui il Salmo 137:" Pressi i fiumi di Babele, là noi sedevamo e piangevamo al ricordo di Zion. Ai salici, in mezzo a quella terra, avevamo appeso le nostre cetre, perchè là i nostri rapitori ci chiedevano parole di canto e (che) con le nostre lire (suonassimo musica di) gioia: Cantateci un canto di Zion! Come potremmo cantare un salmo ad Hashem in terra straniera? Se ti dimenticherò, o Yeruscialaim, che la mia destra dimentichi (la sua abilità). Si attacchi la mia lingua al palato se non ti ricorderò, se non innalzerò Yeruscialaim sull'apice della mia gioia."

2. Ogni verso del *Tanach* può essere interpretato in una di queste quattro chiavi: *Psciat*, *Remez*, *Drash*, Sod. Secondo la chiave del *Sod~segreto*, questi versi trattano del fortissimo legame esistente tra l'anima di ogni ebreo, senza eccezioni, ed il Signore, nel punto più profondo dell'anima. Questo tipo di legame è la forza più profonda dell'anima ed in generale la forza più potente che esiste al mondo [vedasi sopra nella prima parte par.4].

3. Purtroppo ci sono ebrei che non si considerano così attaccati al Signore, ma questo avviene perchè non arrivano allo strato più profondo della loro anima ed hanno a che fare solo con le parti più esteriori dell'anima e con le forze negative che la circondano.

4. Il canto per molte persone proviene dal profondo dell'anima, ed anche se in genere non dai punti più profondi, comunque sempre da strati più interni rispetto alle altre azioni quotidiane. I nemici chiesero agli ebrei di cantare un "canto di Zion", che era un canto sul legame tra il popolo d'Israele ed il Signore. Questo è un canto che proviene dalla parte più profonda dell'anima, ma i popoli volevano che fosse cantato per scopi profani!

5. A questa richiesta gli ebrei risposero:" Come potremmo cantare un salmo ad Hashem in terra straniera?" Ossia che non erano disposti ad usare lo strato più profondo dell'anima per scopi profani, bensì solo per il legame con il Signore Benedetto.

6. Spieghiamo il seguito del salmo: "...se non innalzerò Yeruscialaim sull'apice della mia gioia". Secondo la cabala ci sono due tipi di classificazione per stabilire quali sono le parti più elevate dell'uomo (e dei *mondi superiori* rispettive all'uomo) e quelle meno. Il primo, dall'alto in basso, quando la parte più elevata è la testa; rispettivamente alla testa, nelle *sfirot* dei *mondi superiori* c'è *keter*, *chochmà*, *binà* e *daat* che sono i *mochin~* "cervelli" e tutto ciò che è a loro collegato. Il secondo, dall'esterno all'interno, riguarda le parti dell'anima che sono, secondo l'ordine: *nefesh*, *ruach*, *neshamà*, *hayà*, *yechidà* [in sigla נרנח"י]. Il Rashash scrive nel suo libro Naar Shalom che le azioni eseguite con entusiasmo agiscono sulla parte più interna dell'anima, la *yechidà*. Questo intende il verso dicendo *"se non innalzerò Yeruscialaim all'apice della mia gioia"*: *Gerusalemme*, che è e rappresenta il luogo del legame tra l'anima ed il Signore sarà messa *all'apice*, ossia nei punti più elevati dell'uomo, i *mochin*, e nella parte più profonda, la *yechidà*; è scritto *sull'apice della mia gioia* perchè la *yechidà* agisce attraverso la gioia. [Il fatto che l'espressione sia *sull'apice* e non *nell'apice* è comprensibile secondo quanto troviamo negli scritti dell'Arì che c'è ancora qualcosa di superiore ai *mochin* che si trova intorno al cranio]

7. Possiamo trarre una conclusione pratica dai concetti esposti sopra. Se individuiamo nel fondo del nostro pensiero e della nostra volontà delle cose negative questa è una situazione definibile *come potremmo cantare un salmo ad Hashem in terra straniera?* Questo significa che in effetti esiste in noi una grande forza di *legamento* al Signore, ma è stata presa in prigionia. Così come in quella generazione gli ebrei furono presi nella prigionia babilonese, anche questa forza è stata presa dalle forze del male, che ne usufruiscono per scopi negativi. Sappia l'uomo che quando viene particolarmento attratto da cose negative questo è segno che è insita in lui una forza potente destinata al legame col Signore! Il suo essere così attratto dal male corrisponde a quanto scritto nel trattato di Sukkà 52 fine pag. *alef*:" Se una persona è più grande di un altra, anche il suo istinto è più grande". Se questi si sforzerà al massimo di legarsi al Signore con iniziativa proveniente dal profondo di se stesso, e di allontanarsi dal legame con cose cattive, grazie a ciò arriverà a livelli altissimi. Infatti nel libro Nefesh HaChaim *shaar* 3, ed ancora di più l'Iben Ezra in diversi punti del commento alla *Torà*, scrivono che attraverso l'attaccamento del pensiero al Signore si ricevono potentissime forze soprannaturali. [Vedasi Iben Ezra Shemot 3, 15, VaErà 6,3, Ki Tissà 33,21, Chukkat 20,8. Per la comprensione dell'Iben Ezra vedasi alla fine del libro Divrè Jaacov, volume intitolato *Argomenti nel Talmud*, nel capitolo *MiDarkè HaAlyà* cap.10]. Quindi, per l'uomo il cui pensiero sprofonda in cose cattive e viene attratto da esse, un buonissimo consiglio è mettere in moto la forza d'attrazione, insita nell'anima, verso il suo legame naturale , che è il legame con il Signore; deve *riversare affetto sulla* sua radice sublime, il Signore: Così l'anima riceverà vitalità e potenza, come scritto nella *parashà* di VaEtchannan:"E voi che siete attaccati al Signore vostro D. siete tutti vivi oggi".

Sesto capitolo

Quando l'uomo prega su queste cose intendendo che la Redenzione sia per l'onore del Signore e per porre fine alla Sua *sofferenza*, è più facile che la sua preghiera venga accettata. Anche nelle richieste inerenti a cose personali è bene pensare che si chiede perchè se saranno esaudite, questo sarà di soddisfazione per il Signore. Qualche fonte sull'enorme potenza della preghiera di tramutare in bene una brutta situazione

PRIMA PARTE

1. Scrive Rav Chaim di Vologin in un Discorso per i Giorni della *Tesciuvà*, verso la fine [stampato in alcune edizioni nella fine del libro Nefesh HaChaim]: " Se in tutte le *tefillot* e le richieste al Signore lo scopo fosse solamente, se così ci si può esprimere, per *porre fine alla Sua sofferenza*, sarebbero state esaudite ed avremmo avuto il merito di vedere la completa Redenzione. Invece siamo colpevoli perchè alla *Sofferenza* del Signore non ci pensiamo affatto, ma chiediamo solo per porre fine alla nostra sofferenza e per i nostri buoni guadagni: Per questo le nostre preghiere vengono esaudite parzialmente, solo riguardo ai nostri guadagni, per sopravvivere, ma la soddisfazione spirituale che ci sarà nel futuro noi, poveri corpi materiali, non la percepiamo affatto. La *Presenza Divina* deve ora purtroppo incaricare il *ministro celeste* del popolo sotto il quale gli ebrei sono sottomessi che si preoccupi della loro sopravvivenza e possano scampare tra i popoli." Vedasi lì anche il seguito.

2. Vedasi nel libro Nefesh HaChaim, *shaar* 2, cap.11,12 dove spiega ampiamente che intendere nelle nostre richieste che vengano esaudite per l'onore del Cielo è una cosa di enorme importanza. Lo dimostra dai contenuti delle preghiere che si recitano nei *Yamim Noraim* (giorni di Rosh HaShanà e Kippur) la maggior parte dei quali sono per la rivelazione dell'onore di D. in questo mondo, come ad esempio la *tefillà* che dice:"Regna su tutto il mondo con il Tuo onore e innalzaTi su tutta la terra ...". Questi giorni sono quelli che più degli altri stabiliscono quel che sarà la situazione della società e di ogni singola persona, e se i nostri Maestri hanno stabilito per quei giorni preghiere su questo argomento, ciò dimostra che le richieste di questo genere sono le più importanti e le più proficue.

3. Certamente bisogna pregare anche per i bisogni personali. Infatti il Maimonide nelle Hilchot Tefillà cap.1 scrive che questo è incluso nella *mizvà* del "pregare", una delle *mizvot positive* della *Torà*. Quindi astenersi dal pregare per i propri bisogni per via della grande volontà di chiedere per l'*onore del Cielo*, è una grande mancanza.

4. Il Chazon Hish disse una volta ad un uomo che se non chiedeva al Signore che si preocupasse di fargli avere le scarpe, questa era una grande mancanza. Meravigliatosi questi, domandò perchè. Lui gli rispose che se fosse stata una persona alla quale non interessa affato possedere le scarpe e la quale non si preoccupa di guadagnare per comprarsele, avrebbe potuto esentarlo da questa preghiera, ma poichè non era così, ma era invece una persona che si preoccupava per ottenere le scarpe a lei adatte, doveva sapere che l'indirizzo dove rivolgersi per questo è il Signore.

5. Tuttavia è scritto nel libro Nefesh Hachaim, *shaar* 2 cap. 11, che anche quando si prega che il Signore ci liberi da una sofferenza, se si intende per la *soddisfazione* del Signore, anche quando il permanere del dolore non comporterebbe una profanazione del Suo Nome, questo dimostra un gran livello spirituale. La questione è comprensibile secondo il talmud nel trattato di Sanedrin 46a, dove è scritto che quando una persona soffre *anche in Cielo c'è sofferenza*; è possibile anche pregare per porre fine a questa sofferenza. Il Nefesh HaChaim nel cap.12 spiega con questo il talmud nel trattato di Berachot 63a, dove è scritto:" A chi nella sua sofferenza fa partecipare il Nome, gli si raddoppiano i guadagni". Ossia, spiega il Nefesh HaChaim, se una persona, chiedendo per i suoi bisogni personali, intende affinchè non ci sia in Cielo sofferenza, allora si salverà molto meglio dai suoi problemi personali.

6. Nonostante quanto detto fin ora, ognuno deve conoscere il proprio livello: Se un individuo sente di poter commuoversi e piangere quando prega per la sua sofferenza personale, certamente è meglio che preghi in questa maniera; altrimenti perde la possibilità di una preghiera che lo potrebbe innalzare più in alto rispetto a una preghiera per il Signore recitata senza troppa commozione. Infatti più la *tefillà* proviene dal profondo del cuore, più in alto ascende.

7. A maggior ragione considerando che l'uomo ha l'obbligo di risolvere molti dei suoi problemi, specialmente quelli legati alla sua vita spirituale, ma anche i materiali che causano poi problemi spirituali. Molto spesso tutta la soluzione sta nel pregare dal profondo del cuore sul problema. Quindi, se una persona riesce a pregare dal profondo del cuore solo se pensa alla propria sofferenza, astenersi da questo tipo di *tefillà* e rimanere con il problema sarebbe una perdita enorme!

SECONDA PARTE

1. Dobbiamo portare qui degli esempi per dimostarre fino a dove arriva la forza della preghiera per la salvezza dalle disgrazie generali della società e da quelle del singolo. In molte generazioni troviamo che attraverso la *tefillà* tutta la situazione si capovolse da male in bene. Sull'epoca dell'Uscita dall'Egitto è scritto nella *parashà* di

Shemot cap.2 -23,24:" ...Allora i figli d'Israele gemevano a causa del duro servaggio, implorando l'aiuto del Signore, e il loro grido per causa della dura servitù giunse al Signore. Il Signore ascoltò il loro gemito e ricordò il patto stipulato con Abramo, Isacco e Giacobbe". E nel cap. 3 -7:" ... ho accolto il loro grido per l'oppressione dei suoi aguzzini...". Nella *parashà* di VaErà cap.6-5 è scritto:"Infine ho ascoltato il gemito dei figli d'Israele asserviti all'Egitto, quindi Mi sono ricordato del Mio patto".

Nella *parashà* di Ki Tavò cap.26-7 è scritto:" Allora gridammo al Signore D. dei nostri padri ed Egli ascoltò la nostra voce, vide la nostra afflizione, il nostro travaglio e la nostra oppressione". Nel libro di Samuele I 12,8 è scritto:" Dopo che Giacobbe fu andato in Egitto i vostri padri gridarono al Signore ed Egli mandò Mosè ed Aron che fecero uscire i vostri padri dall'Egitto e li stanziarono in questo luogo". Tutti questi versi dimostrano che grazie alle *tefillot* del popolo d'Israele uscirono dall'Egitto [Una parte di questi versi vengono menzionati nel *musaf* di Rosh HaShanà, nella parte dei *zicronot*]. Anche se era già stato promesso ad Abramo che sarebbero usciti dall'esilio, grazie alla preghiera la redenzione fu molto anticipata: Il decreto dell'esilio era per quattrocento anni e grazie alla *tefillà* i quattrocento anni furono calcolati dalla nascita di Isacco, sicchè furoni in Egitto solamente duecentodieci anni, vedasi Rashì, *parashà* di Bo 12,40.

2. Anche circa il Passaggio del Mar Rosso è scritto nel cap.14, 10:" Quando il Faraone fu vicino, i figli d'Israele, alzando gli occhi, videro gli Egiziani che si dirigevano verso di loro; presi da spavento esclamarono verso il Signore". Allora erano in reale pericolo di vita avendo il mare davanti e gli Egiziani dietro, ma grazie alla loro preghiera meritarono enormi miracoli e prodigi con l'Apertura del Mar Rosso.

3. Nel libro di Samuele I, 12,8, sopra citato, vediamo che l'Uscita dall'Egitto fu grazie alle preghiere. Poi entrarono in Erez Israel ed è scritto dal verso 9 in poi:"Ma essi dimenticarono il signore loro D., e Questi li consegnò in mano di Siserà, generale di Chatsor e in mano dei Filistei e del re di Moav che combatterono contro di loro. Essi gridarono al Signore e dissero: Abbiamo peccato, in quanto

abbiamo abbandonato il Signore e abbiamo prestato culto ai Ba'al e alle Astarti: ora salvaci dalla mano dei nostri nemici e noi serviremo Te. Il Signore allora mandò Jerubbà'al Bedan, Jefte, Samuele e vi salvò dalla mano dei vostri nemici che stavano intorno a voi, e siete vissuti sicuri. Quando poi etc.".

4. Da questi versi impariamo che i grandi miracoli avvenuti al popolo d'Israele durante le guerre descritte nel libro dei Giudici e all'inizio del libro di Samuele, furono grazie alle preghiere di Israele. [Insieme alle preghiere fecero anche *teshuvà*, come vediamo dal verso sopra citato:" Abbiamo peccato, ora salvaci dalla mano dei nostri nemici e noi serviremo Te"].

5. Nel Tanach troviamo anche descrizioni di grande salvezze per singole persone, avvenute grazie alla preghiera. All'inizio del libro di Samuele vediamo che alla profetessa Channà, per merito della sua preghiera, nacque un figlio, che diventò poi il profeta Shemuel, chiamato il Rav dei Profeti [apparte Mosè che era al di sopra di tutti]. Vedasi negli Scritti dell'Arì, Shaar Ruach HaKodesh, foglio 1b, Shaar HaGhilgulim introduzione 33 foglio 36a e nel Shaar HaPesukim inizio di Samuele, dove spiega che all'infuori di Mosè, il più alto livello di profezia fu raggiunto da Samuele; si spiega inoltre che tutti gli altri profeti raggiunsero la profezia grazie a Samuele, il quale annullò in cielo gli impedimenti che si erano creati per via dei quali non ci sarebbe dovuta più essere la profezia in Israele. Invece poi grazie a lui ci furono molti profeti. Tutto ciò fu merito di Channà, grazie alla sua *tefillà*.

6. Dalla *tefillà* di Channà impariamo anche il modo come pregare (Samuele 1,15). Channà racconta ad Elì HaCoen:"...stavo effondendo l'anima mia dinanzi al Signore"; quindi la *tefillà* proveniva dal profondo del cuore. In effetti è possibile arrivare a questi livelli perchè l'anima proviene da un luogo molto elevato, vicino al Trono del Signore; sennonchè, trovandosi nel corpo in questo mondo, il legame con il Signore si indebolisce rispetto a quello che potrebbe essere. Nel momento della *tefillà*, mentre si parla col Signore, l'anima si unisce al Signore, e si effonde dinanzi alla sua radice sublime, il Signore Stesso.

7. Nel libro Maasè Hish, biografia sul Chazon Hish

[nell'introduzione è scritto che Rav Chaim Kanievsky ha controllato tutto il contenuto prima che il libro venisse stampato], nel settimo volume pag.19, racconta sul Chazon Hish:Aveva grande fiducia nel Signore e credeva fermamente che con la forza della preghiera sincera solamente si può mandar via ogni brutto decreto e disgrazia, sicchè nella maggior parte dei casi, quando gli si raccontavano problemi, reagiva dicendo, "Il Signore desidera la preghiera". [Nonostante a volte certamente dobbiamo agire direttamente per risolvere problemi, tuttavia bisogna avere fiducia nel Signore e pregare].

8. Nel libro Higrot Chazon Hish scrive sulla preghiera che essa è *la potente verga che l'uomo ha in mano, con la quale può cambiare tutta la sua strada nella vita* [Non ho in questo momento il libro a portata di mano per poter copiare l'espressione con la massima precisione]. Questo è un concetto con aspetti pratici: Spesso l'uomo sente di non avere solamente un problema specifico, ma che tutta la strada della sua vita è complicata e piena di disturbi. Sappia quest'uomo che se implorerà il Signore ha la possibilità di cambiare del tutto questa strada! Forse quando il Chazon Hisc si esprime *la potente verga* vuole accennare all'Apertura del Mar Rosso che avvenne grazie alla preghiera, come spiegato sopra; lì troviamo la *verga*, come scritto nella *perashà* di BeShallach, 14,16:" E tu, alza la tua verga, stendi la tua mano sul mare ed aprilo...!"; poi nel verso 21:" e Mosè stese la sua mano sul mare...". Poi, quando il mare si richiuse, è scritto nel verso 26:"Ed il Signore disse a Mosè: Stendi la tua mano sul mare affinchè le acque ritornino...."; e nel verso 27:"E Mosè stese la sua mano ...".[Bisognerebbe approfondire l'argomento dell'apertura del Mar Rosso e del ritorno delle acque, ma non qui].

9. Avendo menzionato il libro Maasè Hish, dobbiamo ricordare che nelle pagine dopo si raccontano cose sul Chazon Hish strettamente collegate ai concetti riguardanti il legame col Signore, dei quali abbiamo trattato sopra. "Quando ancora stava in quell'appartamento, appena dopo che s'era fatto buio, lo vidi in cortile, concentrato a contemplare le stelle, in uno stato di estasi e di attaccamento al Signore, ed abbondanti lacrime gocciolavano dai suoi occhi; per un certo lasso di tempo neanche si accorse che eravamo lì".

10. È scritto poi a pag.15:" Quando avevamo a che fare con qualche complesso problema di *alachà* era solito dirmi, staremo svegli tutta la notte! [Si intende per studiare tutta la notte con perseveranza e fatica fino ala comprensione dell'argomento]. Come potrei andare al letto senza capire a fondo la *Torà*!? Questa frase l'ho sentita da lui tante volte".

11. Leggasi lì ancora circa altri meravigliosi comportamenti del Chazon Hish.

Settimo capitolo
Raccolta di scritti sugli argomenti trattati nei capitoli precedenti

PRIMA PARTE
VERSI DAI SALMI

1. È scritto nel salmo 132:" Canto dei gradini. O Hashem, ricordati di David, di tutte le sue sofferenze. Di ciò che giurò ad Hashem, dei voti che fece al D. di Ya'akov: Non entrerò nella tenda della mia casa; non salirò sul giaciglio del mio letto; non concederò il sonno ai miei occhi, nè l'assopimento alle mie palpebre; finchè non avrò trovato un luogo per Hashem, un soggiorno per il D. di Ya'akov".

2. Nel trattato di Berachot 3b il talmud spiega che il re David evitava il sonno, fino ad un punto che sembra quasi impossibile. Alcuni spiegano che il talmud si riferisce al verso sopra citato: il motivo per il quale David si asteneva dal sonno era appunto per il giuramento che aveva fatto di non dormire regolarmente finchè non fosse stato costruito il Santuario. Il Santuario non fu costruito in vita sua.

3. Ma David giurò anche di *non entrare nella tenda della sua casa* e quindi come possiamo spiegare che, nonostante il voto, ci entrò nella tenda della sua casa!? Per questo spiega Rashì che la formula del giuramento *finchè non avrò trovato un luogo* significa appunto che non sarebbe entrato in casa sua finchè non avesse *trovato* un luogo per Hashem e non che avrebbe prima *costruito* una casa per Lui. Invece il Malbim scrive che David intendeva *finchè non avrò* *costruito* [vedasi nel commento del Malbim come risolve la questione di David che sembra aver infranto il giuramento entrando nella sua tenda prima che il Santuario fosse costruito].

4. È scritto nel salmo 84,3:" La mia anima anela e si strugge per il Santuario di Hashem; il mio cuore e il mio corpo innalzano una preghiera al D. vivente". Commenta Rashì *nicsefà,* "anela", *caltà,* "desidera" (la ricostruzione) dei cortili del Signore, perchè sono distrutti". Sulle parole *il mio cuore e il mio corpo innalzano una preghiera* commenta Rashì:" Una preghiera per la fine dell'esilio".

SECONDA PARTE
SCRITTI DI GRANDI RABBINI SULL'ARGOMENTO
[CHE HO VISTO GIÀ RACCOLTI IN LIBRI CONTEMPORANEI]
1. Il *Magghid* (angelo che parlava al Beth Josef) gli disse [Il fatto è riportato nel libro dello Shlà]:" Se vi immaginereste sia pure una minima parte della sofferenza del Signore non potreste essere allegri e neanche sorridere, etc".
2. Scrive Rav Josef Emdin nel libro di preghiere Bet Jaakov, nella parte inerente alle regole di tishà be-av, parte 6 par.16, circa l'obbligo d'essere in lutto per la distruzione del Santuario:"Secondo me questo è il motivo più rilevante ed evidente di tutti i terribili ed impressionanti stermini dei quali ha sofferto il nostro popolo in ogni luogo della diaspora; motivo per il quale siamo stati perseguitati e non ci hanno dato pace,etc.: Il lutto per la distruzione del Santuario si è allontanato dal nostro cuore".
3. Rav Jeonatan Aivsciz scrive nel suo libro Jearot Devash, nella parte inerente al mese di elul, che nell'*amidà,* mentre si dicono le *berachot* per la ricostruzione di Gerusalemme e la venuta del *masciach,* bisogna piangere a dirotto, perchè queste cose sono lo scopo della nostra vita. Vedasi lì tutte le sue parole, molto forti e coinvolgenti.
4. Vedasi la poesia composta dall'Alscich, da recitarsi nel *tikkun chazzot:*" È uno scandalo! Nessuno fa caso...!".

FINE

1. Come conclusione su questi argomenti dobbiamo riportare le parole dei Nostri Maestri nel talmud, trattato di Taanit 30b e di Babà Batrà 60b:" Chi si mette in lutto per Gerusalemme meriterà di vederne la gioia, come è scritto: Rallegrate Gerusaleme e gioite in essa tutti voi che l'amate, sareti contenti insieme a *lei*, tutti voi che siete in lutto per lei! (Isaia 66,10)". [Il verso di Isaia fa parte dell'*aftarà* che si legge a *rosh chodesh*]. Dalla Traduzione di Gerusalemme al verso, impariamo che Isaia disse questa profezia nel suo ultimo giorno di vita, prima che l'uccidessero, come spiegato nel trattato di Yevamot 49b. Una parte di questa Traduzione è riportata da Rashì sul trattato di Taanit 26b. Vedasi quanto scritto nel libro Divrè Jaacov, Commenti ai Racconti dei Nostri Maestri, nella parte inerente al trattato di Taanit.

2. Inoltre, secondo la cabala, grazie al dispiacere per la Distruzione del Santuario e le suppliche per la sua ricostruzione, anche ora l'anima riceve un'illuminazione simile in qualche modo a quella che c'era nel Santuario. Era un'illuminazione fortissima, come spiegato sopra nel cap.1., una specie di vera e propria presenza Divina che entrava nell'animo di ogno ebreo e portava il popolo d'Israele ad essere profondamente attratto dal Signore. Questo effetto al completo c'è quando il Santuario è costruito, ma anche l'effetto parziale che c'è su coloro che si dispiacciono per la distruzione e pregano per il Santuario, è notevolissimo. Più le suppliche sono numerose e provengono dal profondo del cuore, più intenso sarà l'effetto che meriteranno.